教育行政首案
评注与扩展思考

饶亚东 著

知识产权出版社
全国百佳图书出版单位
—北 京—

图书在版编目（CIP）数据

教育行政首案评注与扩展思考/饶亚东著. —北京：知识产权出版社，2023.9
ISBN 978-7-5130-8858-9

Ⅰ.①教… Ⅱ.①饶… Ⅲ.①教育行政—行政诉讼—研究—中国 Ⅳ.①D925.304

中国国家版本馆 CIP 数据核字（2023）第 145997 号

内容提要

本书围绕田某诉北京科技大学案判例展开评注，从法官的角度对此案的立案、审理、判决进行了深入细致的注解，并扩展思考，对教育领域相关纠纷的性质及解决方式和途径进行了思考。

本书可为法律及高校相关从业人员提供参考。

责任编辑：阴海燕 **责任印制：孙婷婷**

教育行政首案评注与扩展思考
JIAOYU XINGZHENG SHOUAN PINGZHU YU KUOZHAN SIKAO
饶亚东 著

出版发行：知识产权出版社有限责任公司		网 址：http://www.ipph.cn	
电 话：010-82004826		http://www.laichushu.com	
社 址：北京市海淀区气象路 50 号院		邮 编：100081	
责编电话：010-82000860 转 8693		责编邮箱：laichushu@cnipr.com	
发行电话：010-82000860 转 8101		发行传真：010-82000893	
印 刷：北京中献拓方科技发展有限公司		经 销：新华书店、各大网上书店及相关专业书店	
开 本：720mm×1000mm 1/16		印 张：15.25	
版 次：2023 年 9 月第 1 版		印 次：2023 年 9 月第 1 次印刷	
字 数：284 千字		定 价：79.00 元	

ISBN 978-7-5130-8858-9

光荣总是属于那些勇毅而不凡的开拓者，饶亚东法官就是。

作为新中国的第一代行政审判人，其所经历的筚路蓝缕，值得我们永远感念。《中华人民共和国行政诉讼法》（以下简称《行政诉讼法》）在三十多年前实施之时，有人把她称作"早产儿"，有人把她当作舶来物。如何让这部保障人民群众基本权利的法律落地生根，开花结果，是新中国第一代行政审判人肩负的历史使命。疏朗的七十五个条文，是保障民生权益的宣言书，是监督政府依法行政的责任状。我曾经评价，行政诉讼法的立法质量之高，逻辑之严密，达到了修改一条必定摇撼全法的地步。同时，司法实践需要从法律上得到正确的解释、准确的适用。行政诉讼法中蕴含着这样的良善解释的空间。

在行政诉讼法中，诉讼权利和受案范围互为表里，相互印证，相互呼应，成为开创性适用法律的典范。《行政诉讼法》在总则中明确，法律保障人民群众的合法权益。只要人民群众认为合法权益受到侵犯，即可以提起诉讼。与此相适应，受案范围则采用列举方式对最重要的人身权利、财产权利等合法权益作了明确。这就形成了概括式保护和列举式保护的条文格局，既确保了法律适用的开放性，也确保了法律适用的准确性。

我不能确信立法者是不是作了这样精心的考虑，能够确信的是这种科学的授权式规定开创了行政审判的新天地。毫无疑问，饶法官终身引以为傲的贡献当属"田某诉北京科技大学案"。这个案件审理当时，我正在中国政法大学攻读硕士研究生。马怀德教授将此案作为课件交由大家讨论。我们都没有预料到饶法官最终能作出一个引起受教育权保护、正当法律程序、课予义务判决、裁量缩减为零、规范性文件审查、高校办学自主权、特别权力关系等大讨论的有影响力的判决。作为基层法院的行政法官，援引法律，大胆探求，勇于应对，照亮前方，从容审判，是属于第一代行政审判人的荣光。

　　饶法官从事三十多年的行政审判工作，审理过众多具有广泛影响力的案件，作出过许多具有指向价值的判决。她的判决文风整洁准确，朴实平和，不故作高深，不舞文炫技，令人信服；她的判决具有中国特色，中国风格，不"生吞活剥"，不食洋不化，彰以公信；她的判决丝丝入扣，娓娓道来，不面目可憎，不疾言厉色，德润人心。

　　这本书是她三十年行政审判经验的一个侧影。她从受教育权类行政案件的审理切入，回顾了历史的瞬间，重放了审判的场景，展示了内心的波澜。这是一本值得细细阅读品味的书，也是一本值得致敬感念的书。

　　祝各位阅读愉快！

最高人民法院行政审判庭副庭长

第九届全国杰出青年法学家

2023 年 8 月 8 日

教育中的法律问题是一个非常重要的法律领域，尤其是在教育公共服务日趋重要的当代行政法之中。受教育权，是公民依法享有的一项重要权利，受到宪法和法律的严格保护。基于有效保障公民权利和依法履行政府公共服务职能的考量，将教育行政案件纳入行政诉讼的受案范围是非常必要的。教育公共服务具有极强的专业属性，司法介入的方式及其正当性一直备受关注，本书对此提供了一个最优实践的典型案例分析及其理论探讨。

在此，我非常荣幸地向各位读者推荐资深法官饶亚东的新书《教育行政首案评注与扩展思考》。饶亚东法官不仅在北京法院系统深耕审判工作多年，还是法院审理教育行政案件的重要开拓者，是著名的"田某诉北京科技大学案"（以下简称"田某案"）的主审法官。该案判决在1999年获评最高人民法院公报案例一等奖，被列为最高人民法院第九批指导性案例第38号，在2018年入选国家博物馆改革开放四十周年展览"40个重大司法案例"，在2019年被中国法学会行政法学会评为"推进中国法治进程十大行政诉讼典型案例"之一。

本书中，饶亚东法官从分析田某案出发，对教育行政案例进行了扩展性分析。她从行政法学的角度出发，对教育行政领域中比较敏感和复杂的问题进行了深入探讨，包括公立高校的行政诉讼被告资格问题、学术自治与司法审查的边界、规范性文件的审查、正当程序的思考、高校行政赔偿责任的承担等。这些问题不仅是教育行政案例中经常出现的核心问题，也是时至今日仍属于热点难点的问题，饶亚东法官的深入分析和探讨，将有助于我们加深对教育行政案例的理解和认识。

与已有教育行政法理论著作相比，这部专著具有体现法官思维的鲜明特色。

根植于生动鲜活的实践，富有实践指导意义。田某案是一起备受关注的教育行政案件，该案件涉及北京科技大学不予颁发毕业证、学位证和毕业派遣证，以及行政赔偿的问题。该案虽然发生于 20 世纪 90 年代，却是首例大学生因受高校退学处理产生的教育行政纠纷案件，是教育行政法领域的开山案例，更是我国行政诉讼发展史上里程碑式的案件。北京市海淀区人民法院作为开先河者，开创性地将高等院校学生教育纠纷纳入了行政诉讼的范围。

放眼全球，同时立足于中国，具有时代特色。本书既有在田某案前，对引起司法调整的教育领域案例（如中学教师卢某诉某区教育委员会不作为案件、大学生哈某不服学校劝退学的决定案件等）的回顾，又有在田某案后对饶亚东法官审理的刘某文案的思考与研究，还有近年来对新案例的研究与剖析。此外，本书通过对德国、法国、美国等相关案例精神的解读与剖析，为我们拓宽了视野，提供了新的研究思路和方法。

深度还原案件审理的思考历程，既有原汁原味的实践回顾，又富有丰富的理论研究。饶亚东法官从田某案案件背景、原告诉状、被告答辩状、双方代理词以及法院判决等多个方面进行了深入分析，对判决进行了逐字逐句的评注，深度还原了案件审理的思考历程，深入剖析了田某案件的事实和法律问题。这种多角度、全方位、全过程的分析方法，不仅丰富了教育行政案例研究的内容和深度，而且有助于读者更全面地理解和把握案件的实质和法律问题。

饶亚东法官主张，法官在日复一日的工作中，不要被繁杂的工作冲刷掉内心的主观能动性；要善于理解法律，自觉地运用法律的精神解释法律条款的内涵。感谢饶亚东法官的辛勤工作和出色的学术研究，她在教育行政案例研究领域的深入探讨和独特见解，必将对教育行政案件的审理和判决产生积极的影响和推动作用。

作为一位资深的行政法官，饶亚东法官在繁忙的日常工作之余，以极大的热情开展理论研究，为行政法理论研究领域呈献佳作。她是我能想到的中国行政法官的样子，睿智、大气、有担当。她长期工作在行政审判一线，能够准确把握住实践需求与理论回答之间的契合点。从某种意义上讲，行政法是一门实践重于理论的学科。看到实务界的同志在理论研究方面取得成就，我深为庆幸，并充满期待。

这本书不仅对教育行政案件的研究提供了有价值的参考和思路，而且也对我们加深对法律、司法和教育的理解和认识具有重要的意义。我相信，这本书会成为教育行政案例研究领域的重要参考书籍，不仅对法律从业者、法律专业学生、教育工作者和广大读者都有很高的参考价值，还将会对提升我们的法律素养和教育素养产生积极的推动作用。我希望这本书能够引起广大读者对教育行政案例研究新的关注和重视，促进我们对教育行政案件审理的深入思考和探讨，为促进我国法治建设和教育事业发展做出更大的贡献。

是为序！

清华大学公共管理学院教授
政府法制研究中心主任
中国法学会行政法研究会副会长

2023 年 8 月

法官的荣耀莫过于由审判推动法治进程。

1989 年 4 月中国颁布了一部超前的法律——《行政诉讼法》，"民告官"那是多么的新鲜。在此之前，法院只审理几类部门法有规定的可以诉讼的行政行为，法院审理此类案件依据的是《中华人民共和国民事诉讼法》（以下简称《民事诉讼法》）。直到《行政诉讼法》颁布之后，法院设立了行政审判庭，1990 年 2 月，笔者有幸加入这个行列成为第一批实践者，开启了行政审判职业生涯的篇章，从此与行政审判事业结下了不解之缘。

行政法律制度是现代国家一项十分重要的制度，行政诉讼是保障宪法实施的重要法律制度。《行政诉讼法》从 1989 年 4 月颁布，正式引入了现代意义上的行政诉讼制度，标志着法治成为国家治理体系和治理能力现代化的基本取向和原则。这部法律在三十多年的实施中，在国家法治建设层面起着重要的作用，公民、法人或其他组织通过行政诉讼，其合法权益得到依法保护，政府的治理管理能力有了很大的提升和转变。作为审判实践最前沿的法官，捧着这部先进的法宝在行政法律法规中寻求解决行政纠纷的答案。司法怎样监督，是很大的难题。案子收进来了，就要解决怎样判出去的问题。怎么判？在法无明文规定、案无先例可循的情况下，行政法官们能做的就是从基础做起，研究行政诉讼法以及部门法，从依法保护行政相对人的合法权益、监督和维护行政机关依法履行法定职责的立法宗旨出发，审慎处理好每一件案件。在从事行政审判的初期，法无明文规定，案无先例可循，而每一件案子都涉及法治建设面临的诸多难题和挑战，笔者困惑过、兴奋过，也苦恼过。作为第一代行政法官，笔者从基础做起，探索了很多行政管理领域的法律问题，审过的案件涉及公安、土地、工商、卫生、城建、环保、税务、教育、证券、商标、专利、信息公开、行政协议、行政赔偿、行政非诉执行等领域，基本上囊括了我国的行政管理类别，同时对行政救济和司法救济程序的衔接问题也进行了深入的研究。

在从事行政审判工作三十余年中，笔者主审过众多首案和重大疑难、具有社会和国际影响力的案件，在行政审判领域做了一些具有开创意义和指导示范效应的案例。例如，笔者审理的"田某诉北京科技大学拒绝颁发毕业证、学位证案"，作为全国受理因高等学校教育引起的行政纠纷案件，首次将司法审查的权力指向了大学行政管理权，同时开创性地将行政法领域的正当程序规则应用到案件的审理中，明确指出行政机关对相对人作出不利处理时要听取他的申辩。该案于 1999 年入选最高人民法院公报案例，2014 年被选作最高人民法院指导案例，被业界誉为"中国行政法学第一案"。该案被评为"推动中国法治进程十大行政诉讼典型案例"，作为"改革开放四十周年 40 个重大司法案例"入选国家博物馆"伟大的变革——庆祝改革开放 40 周年大型展览"。

对法官职业的使命与担当就是笔者的追求。作为一名法官，很高兴能够在法治进程中留下自己的脚印，这是职业生涯的荣耀。笔者在长期的行政审判工作中，坚持以司法公正为标准，努力在司法审查中实现公平和正义，在行政审判初期的艰难岁月中，努力寻求更多解决问题的思路、方法和途径，通过对一个个案件的审理和裁判，让普通公众可以通过观察法律实施的过程，对照法律规定的标准，对案件进行价值评价时可以作出公正的评价，以实现"看得见的正义"。

本书的写作起于 2001 年，其间涉高校的学籍管理、学业证书、学位证书等行政纠纷经历了不同的审理模式，在该案于 2014 年被最高人民法院确定为指导案例后，重拾起来，是在该案之后二十几年继续实践、学习和深度思考的产物。本书在写作过程中，也备受多位前辈和老师的鼓励。作为一名居中裁判者，笔者力争从行政法学的角度出发，对教育行政领域中敏感复杂的问题进行深入探讨，这些问题不仅是教育行政案例中经常出现的核心，时至今日仍属于热点难点问题。希望本书中的分析和探讨能对理解和认识教育行政案例提供一些帮助。

2023 年 4 月 12 日

/ 目 录 /

第一章

绪　论

第一节　教育类案件的研究背景

　　1998 年 9 月 21 日，《北京晨报》在第一版以《这起"作弊"冤案何时能平反》为题，宣传报道了大学生田某在考试中途上厕所时，身上掉下一张小纸条，学校因此认定他考试作弊，勒令退学，系里、学院，包括 7 名博士生导师在内的 30 名资深教师为其申诉的事件。文章以犀利的笔锋，触及长时期以来，司法、行政对教育领域中的教育权与受教育权发生纠纷时无从管理的问题，为法学界人士提供了崭新的研究课题，也引起了长期从事行政审判的笔者的关注。1998 年 10 月 19 日田某委托律师将北京科技大学告上法庭，理由是北京科技大学拒绝履行为其颁发大学毕业证书、学士学位证以及毕业派遣证的法定职责。

　　在教育领域，教师与学校、学生与学校之间的纠纷频繁发生，能够引起司法调整的案例凤毛麟角，法院在处理方式上存在差别。

　　在案例一❶ "中学教师卢某诉某区教育委员会行政不作为案"中，法院审理后，学校对卢某的问题给予了合理的处理。

　　在案例二❷ "大学生哈某不服学校对其作出的劝其退学的决定纠纷"中，法院认为不属于行政诉讼受案范围，裁定不予受理。

---

❶ 案例一：1995 年 4 月，中学教师卢某称：她是体育教师，在授课时不慎将腰扭伤，然后休病假，其间有医院的病假证明。痊愈后上班时，学校通知她已被解聘。为此，卢某委托律师向该校所在区教育委员会递交了申诉书。区教育委员会在收到申诉书后 30 日内未予处理，也未予答复。于是，她向法院提起行政诉讼。经过审理，学校对卢某的问题给予合理的处理。

❷ 案例二：大学生哈某不服学校对其作出的劝其退学的决定却申诉无门。从记者提供的材料看，哈某曾经以优异的成绩考取某音乐学院。1997 年 7 月，学院以其"与同学打架，并擅自与外国专家联系，给学校的形象造成了很坏的影响"为由，劝其退学。哈某不服，向文化部申诉，文化部对哈某的答复是维持学校的处理决定。哈某为此以文化部为被告向法院起诉，法院认为不属于行政诉讼受案范围，裁定不予受理。

案例三❶ "刘某聚、王某、张某、马某四人诉河南省平顶山煤矿技术学校责令退学、注销学籍的处分决定案"，是田某案被受理之前在报纸上刊登的一则新闻，但笔者未能找到该案的判决书。

亲历审判和研究媒体报道的案例，为笔者继续研究如何处理教育领域内的纠纷提供了大量素材。笔者发现，在教育领域中因招生不公平问题引发的纠纷，在施教过程中学生与学校之间的纠纷，在招生和毕业中因乱收费问题引发的纠纷，教师与学校之间因聘用待遇、服务与处分、保障引发的纠纷，以及社会力量办学纠纷等不断发生。这些纠纷属于什么性质、如何解决、谁来解决都是难点问题。正式受理了田某与学校的纠纷引发的行政诉讼案，又为笔者提出了新的研究课题。

案件受理后，如何依法办案，是法官最为关心的问题。对于常规案件，从受案到结案，每一步如何进行，应该适用哪些程序，已经有法可依，法官的主要精力会放在证据的审查和认证方面，而田某案件的确给法官出了一大难题。

在审理田某案之前，笔者在 1995 年主审过一起涉及教师申诉行政案，即"中学教师卢某诉某区教育委员会行政不作为案"。在这起案件中，教师申诉行为是否具有可诉性引起了很大的争议，在实践和理论上具有一定的难度。教师是履行教育、教学职责的专业人员，其合法权益应当受到法律的保护。1994 年 1 月 1 日起实施的《中华人民共和国教师法》（以下简称《教师法》）❷，为教师本人和教师管理机构提供了有章可循、有法可依的法律保障。特别是该法第三十九条的规定，为教师提供了一项维护其合法权益的行政救济程序制度。如何认识和理解教师申诉制度？根据《教师法》的规定，教师担负着教书育人、

---

❶ 案例三：1995 年，河南省平顶山煤矿技术学校与学生刘某聚、王某、张某、马某及其家长所在单位签订了委托培养合同，学校收取四位学生的培养费各 3500 元。当学校发现四人在考试中有抄袭舞弊行为，将四人逐出考场，随后于 1996 年 5 月对四位学生作出责令退学、注销学籍的决定。四位学生及其家长多次找学校交涉，并向有关部门反映问题，均未得到解决。四人不服，于当年 7 月 16 日向平顶山市湛河区法院起诉，要求撤销上述决定。湛河区法院认为，根据劳动部 1990 年颁布的《技术学校学生学籍管理规定》第二十七条规定，对违反纪律和犯错误的学生，学校应当进行批评，情节严重或屡教不改者，可给予警告、严重警告、记过、留校察看、责令退学或开除学籍等纪律处分。四原告之后能够主动承认错误，不属于屡教不改，学校对四原告注销学籍的做法违反了该法规的立法目的、精神和本意，显属适用法律错误。而且，《教育法》第二十八条规定，处分学生应当经校务会讨论，经校长批准执行。其中责令退学和开除学籍的处分应当报学校的主管部门批准，并报劳动部门备案。而被告对四原告作出的行为虽经校务会的讨论，但未报主管部门批准，故被告对四原告作出的决定显属违反法律程序。被告系法律法规授权的组织，符合行政诉讼的被告主体资格，被告辩称其不属于行政机关，不能作为行政诉讼的被告主体的理由不成立。法院判决撤销被告对四原告作出的责令退学、注销学籍的处分决定，并责令恢复四原告学籍。（参见 1997 年《法制日报》）

❷ 鉴于田某案发生于《教师法》2009 年修正之前，如无特别说明，本书中的《教师法》统一指1994 年通过实施的版本。——编辑注

培养社会主义事业接班人和提高民族素质的使命。教师的法律地位既不同于传统的自由职业者,也有别于国家公务员,具有专门性,同时也具有一定的公共性。只有经过严格选择和专门训练,并且经过国家教师资格考试合格的人,才能取得教师资格。《教师法》的实施,使教师资格、培训、考核、任用等方面的工作有章可循、有法可依;使学校和教育机构对教师的管理走上科学化、规范化、法治化的轨道。教师除依法享有《教师法》第七条规定的基本权利外,《教师法》第三十九条又为教师特别规定了教师申诉制度,即教师在其合法权益受到侵害时,可以依照该法的规定,向主管行政机关提出申诉理由,请求处理。这是一项维护教师合法权益的行政救济程序的制度。

围绕教师权利保护,笔者以教师申诉行为在行政法范畴的可诉性为题进行了论证,提出了四个方面的研究内容:(1)在教师申诉行为中提出申诉的主体是特定的,即由取得教师资格的教师本人提出;(2)受理申诉的机关是特定的,是依法享有行政职权的国家行政管理机关,即教育委员会、人民政府以及有关行政管理部门;(3)申诉的范围是特定的,即教师依法享有的各项权利;(4)其处理程序和结果将直接对申诉人或被申诉人设定义务。因此,这一制度不是一般的申诉,也不是内部行政行为,是行政机关在执行职务的管理活动中,对具体的人或具体的事所采取的能够产生法律后果的行为,是可诉性的具体行政行为。

这个案例的启示是——当教育者的权利受到不法侵害寻求救济时有法可依,教师们可以通过司法途径维护自己的合法权益。田某与学校的纠纷引发的行政诉讼案涉及的是受教育者的权利保护问题,受教育者的权利是否也能得到司法的保护,司法救济的方式如何,以及学校对受教育者管理行为的性质是什么,等等。带着问题,笔者开始查找资料,请教行政法学界的专家。能够查到的资料只能限于教育方面的法律、法规、规章或规范性文件,缺乏理论性的指导文章,更无可以参照的案例,专家们的意见也众说纷纭。

从教师申诉行为的内容看,《教师法》第三十九条第一款规定:教师对学校或者其他教育机构侵犯其合法权益的,或者对学校或其他教育机构作出的处理不服的,可以向教育行政部门提出申诉。教育行政部门应当在接到申诉的30日内作出处理。第二款又规定:教师认为当地人民政府有关行政部门侵犯其根据该法规定所享有的权利的,可以向同级人民政府或者上一级人民政府有关部门提出申诉,同级人民政府或上一级人民政府有关部门应当作出处理。教师申诉行为作为《教师法》规定的一项维护教师合法权益的行政救济程序制度,对于是行政机关所为的、影响到管理相对人权利和义务的具体行政行为，不管有无书面决定，只要符合人民法院行政诉讼受案范围的，都应当予以受理。

虽然在《教师法》中未规定向人民法院提起诉讼的条款，但教师管理工作同其他行政法律关系一样，受到法律的调整。无论是教师，还是教育行政部门，如有违反《教师法》规定的，都要承担相应的法律后果。同时，教育行政部门、人民政府或其他行政主管机关作出的行政行为对教师有不利影响的，其在得到行政救济权的同时，也有权得到司法上的救济。根据《行政诉讼法》❶第十一条第一款的规定，教师与学校或其他教育机构作为申诉人与被申诉人对教育行政部门作出的处理决定不服的，均有权向人民法院起诉，要求保护其合法权益。对于教育行政部门只作了口头答复，没有出具书面处理决定的，人民法院在进行审查时，不应受到有无书面处理决定的限制。所以说，将教师申诉行为纳入司法监督范围有充分的必要性，具有理论和现实意义。

在司法实践中，解决教育纠纷的方式、结果存在不同。有的采取民事诉讼，如某大学学生齐某（体育特长生）在进行训练时，教练未在现场指导，齐某受伤，不能继续学习。齐某认为其受伤与学校有关，要求法院判令学校赔偿损失及给付医疗、营养等费用，法院以民事判决的方式给予了支持。有的采取信访形式解决，如数学老师黄老师在学校受伤，要求学校按工伤认定。学校认为黄老师受伤是其不小心所致，与学校无关，不同意按工伤对待。经过黄老师长时期地向有关部门反映情况，引起了关注，其工伤的认定才得以解决。在教育领域中，作为民事案件诉讼或采取信访形式解决问题的案例在全国非常普遍，真正能够纳入行政诉讼调整的案件极少，形成原因大致有以下观点。

一种观点认为，学校是事业单位，其与学生之间所发生的争议的性质，依当时的法律法规难以确定。学校与学生之间的争议不同于国家行政机关与公务员的争议，学校与学生之间属于平等主体之间的争议，学校根据国家法律的规定，制定招生条件，招收学生，对学生进行管理，应视为一种合同关系。学校录取符合条件，同时愿意接受校纪校规约束的学生入学。而学生一旦被学校录取，便构成了学校依据校纪校规对其进行管理的关系，这是一种平等的双向选择关系，是一种平等的主体之间的法律关系。

另一种观点认为，学校享有办学自主权，是学校专有的权利。没有办学自主权，便意味着学校在法律上不享有实施教育、教学活动的资格和能力。从学生入学开始，学校即按照学校的章程和管理制度对学生行使管理的职能，学生

---

❶ 鉴于田某案发生于《行政诉讼法》2014 年第一次修正之前，如无特别说明，本书中的《行政诉讼法》统一指 1989 年通过的版本。——编辑注

对学校的管理应当无条件服从。从 1995 年《中华人民共和国教育法》（以下简称《教育法》）❶ 和《普通高等学校学生管理规定》（简称《7 号令》）的规定看，学校除享有教育、教学权外，还享有对学生进行学籍管理，实施奖励或处分等权力，这些权力的行使是学校的特有权力，有助于对学校的自我约束和调动其办学积极性。

两种观点均认为，《教育法》第四十二条虽然规定了学生对于学校给予的处分不服可以向有关部门提出申诉，其人身权、财产权受到侵害时，有权申诉或向法院起诉，但是，该申诉制度在现实中并不完善，没有明确的规定，诸如向谁申诉，依据什么程序申诉，申诉机关作出决定的效力如何，能否纳入行政诉讼调整的范畴，这些都是问题。从保护学校和学生双方合法权益的角度出发，应当允许学生向教育行政机关申诉，由教育行政机关解决争议，作出决定，学生对教育行政机关的决定不服的，可以以教育行政机关为被告提起行政诉讼，此类纠纷以学校为被告，法律依据不明。

以上观点强调的是教育者的权力，而忽视了受教育者的权利，同时也忽略了教育者在实施教育教学活动中，还应当在法律监督下进行活动。《教育法》第二十九条规定了学校要"维护受教育者、教师及其他职工的合法权益"。那么，在高等教育中的教育权由谁来监督，监督权如何行使，都是亟待解决的问题，也是健全教育法规的问题。因为任何权力的行使都不是绝对的，必须有一定的监督制约机制与之相匹配，才能在合法公正的道路上健康发展。否则，将导致权力的滥用。

法院对田某案件的审理将沿着什么方向，作出怎样的判决，是该案件的关键。

第二节　"田某诉北京科技大学 拒绝颁发毕业证、学位证案"基本情况

一、当事人诉讼意见

（一）原告诉称及诉讼请求

1996 年 2 月 29 日，原告田某参加电磁学补考时，无意将写有公式的纸条带

---

❶　鉴于田某案发生于《教育法》2015 年第二次修正之前，如无特别说明，本书中的《教育法》统一指 1995 年通过实施的版本。——编辑注

到考场，在考试时未查看。中途其上厕所时掉出，被教师发现。被告北京科技大学错误地认为其考试作弊，并作出退学决定。但该决定并没有正式通知本人，学校及相关部门也未按此决定执行。1996 年 9 月学校为其补办了丢失的学生证，使其一直正常参加学习和学校组织的一切活动，重修了电磁学课程，经考试合格，参加了学校组织的英语及计算机等级考试并获得了相应的证书；又按学校计划参加了毕业实习设计、论文答辩，学校按照标准发放了毕业设计费；还参加了学校组织动员的义务献血活动。田某按规定向学校缴纳教育费用、注册学籍，在学校学习期间，完成了被告制订的教学计划，学习成绩和毕业论文已经达到高等学校毕业的要求。然而，1998 年 6 月临近毕业时，学校通知系里，以其不具备学籍为理由，拒绝颁发毕业证书、学位证书和毕业派遣手续。原告依据《教育法》《中华人民共和国学位条例》（以下简称《学位条例》）及《中华人民共和国学位条例暂行实施办法》（以下简称《学位条例暂行实施办法》），向人民法院起诉，要求被告履行颁发毕业证书、学位证书等法定职责，请求法院：（1）判令被告为其颁发大学毕业证书、学士学位证书；（2）及时有效地为其办理毕业派遣手续；（3）赔偿经济损失 3000 元；（4）在校报上公开向原告赔礼道歉并为其恢复名誉；（5）承担该案诉讼费。

（二）被告辩称及答辩意见

学校于 1994 年制定了《关于严格考试管理的紧急通知》［校发（94）第 068 号］（简称《068 号通知》），该通知规定，凡考试作弊的学生一律按退学处理，取消学籍。1996 年 2 月 29 日，原告在电磁学课程的补考过程中，因夹带写有电磁学公式的纸条，被监考教师发现，并当即停止田某的考试。学校依据《068 号通知》的规定，于 1996 年 3 月 5 日在学校的《期末考试工作简报》中通报了田某考试作弊一事，并决定对田某按退学处理，通知各部门办理田某的退学手续，并通过校内信箱向原告所在的学院送达，至此原告的学籍已被取消。原告本人不配合办理有关手续，学校的一些部门工作不到位，部分教职工不了解情况等原因，造成田某被退学后仍继续留在学校学习的事实。但学校某些部门及教师默许原告参加学习等活动的行为不代表学校，也不表明恢复了原告学籍。因此，学校对田某作出的退学处理决定是正确的。田某已经不具备学籍，也就不具备高等院校大学生的毕业条件，学校不能为其颁发毕业证书和学位证书，也不能为其办理有关的毕业派遣手续。请法院依法驳回原告的诉讼请求。

二、一审法院判决理由和结果

被告有代表国家对受教育者颁发相应的学业证书、学位证书的职责。原告在补考中随身携带纸条的行为属于违反考场纪律的行为，可以按照有关法律、法规、规章及学校的有关规定处理，但被告依其制定的《068 号通知》对原告作退学处理，直接与《7 号令》第二十九条规定的法定退学条件相抵触。而且退学处理的决定涉及原告的受教育权利，从充分保障当事人权益原则出发，被告应将此决定向本人送达、宣布，听取当事人的申辩意见。而被告既未依此原则处理，未尊重当事人的权利，也未实际给原告办理迁移学籍、户籍、档案等手续。被告于 1996 年 9 月又为原告补办了丢失的学生证，并予注册，应视为被告改变了其对原告所作的按退学处理的决定，恢复了原告的学籍。之后，被告又安排原告修满四年学业，参加考核、实习及做毕业设计并通过论文答辩等。上述一系列工作虽系被告及其所属院、系的部分教师具体实施，被告理应承担。

因原告完成了学业内容，符合上述高等学校毕业生的条件，被告应当依《教育法》第二十八条第一款第五项及《7 号令》第三十五条的规定，为原告颁发大学本科毕业证书。

在学位授予工作中，被告应组织有关院、系审核原告的毕业成绩和毕业鉴定等材料，确定原告是否已较好地掌握本学科的基础理论、专业知识和基本技能，是否具备从事科学研究工作或担负专门技术工作的初步能力，再决定是否向学位评定委员会提名列入学士学位获得者的名单，学位评定委员会依名单审查通过后，由被告对原告授予学士学位。

关于高等院校的毕业生派遣问题，被告在原告取得大学毕业生的资格后，理应按程序，履行其职责。

虽然原告因被告的行为未能按时办理毕业手续，致使原告失去与同学同期获得工作的机会，可能失去取得一定劳动收入的机会，但是，根据《中华人民共和国国家赔偿法》第三条、第四条的规定，国家赔偿的范围应当是违法的行政行为对当事人的人身权或财产权造成的实际侵害。该案被告拒绝颁发证书的行为，未对原告形成人身权和财产权的实际损害。而且，国家当时对于大学生毕业分配实行双向选择就业的政策，原告以被告未按时颁发毕业证书致使其既得利益造成损害的主张不成立，被告不承担赔偿责任。被告对原告作出退学决定虽然无法律依据，但原告在考试中违反考场纪律，携带与考试有关纸条的事实客观存在。被告未对原告的名誉权造成实际损害，因此对于原告起诉要求法院判令被告赔偿损失、赔礼道歉并在校报上为其恢复名誉的诉讼主张法院不予支持。

北京市海淀区人民法院于 1999 年 2 月 14 日依照《教育法》第二十一条、第二十二条、第二十八条第一款第五项，《学位条例》第四条，《学位条例暂行实施办法》第三条、第四条、第五条、第十八条第三项，《行政诉讼法》第五十四条第三项、第五十三条，参照《普通高等学校学生管理规定》第十二条、第三十五条，《普通高等学校毕业生就业工作暂行规定》第九条第二项的规定，判决：（1）被告在判决生效之日起30日内向原告颁发大学本科毕业证书；（2）被告在判决生效之日起60日内组织该校有关院、系及学位评定委员会对原告的学士学位资格进行审核；（3）被告于判决生效后30日内履行向当地教育行政部门上报有关原告毕业派遣的有关手续；（4）驳回原告的其他诉讼请求。

三、二审法院判决理由和结果

被告不服一审判决，提起上诉，请求二审法院判决撤销原判，驳回原告的诉讼请求。

被告上诉理由是：田某已被取消学籍，原判认定学校改变了对田某的处理决定，恢复了田某学籍的事实认定错误。学校依法制定的校规、校纪及依据该校规、校纪对所属学生作出处理属于办学自主权范畴，任何组织和个人不得以任何理由干预；上诉人还认为其在一审提交的从教学档案中提取的有关证据不应属于违法取证，法院应予采信。

二审法院经过审理，于1999年4月26日作出终审判决：驳回上诉，维持原判。理由如下：上诉人在被上诉人取得该校学籍并在校学习期间，确曾因被上诉人在电磁学补考中随身携带了与考试有关的纸条而作出认定被上诉人夹带作弊、并给予其退学处理决定。但该决定由于未向被上诉人宣布、送达，上诉人也未给被上诉人办理注销学籍、迁移户籍、档案等退学的手续，故该处理决定实际未予执行。此后，上诉人允许被上诉人继续在校以大学生的身份参加正常学习、考试及学校组织的活动，并收取其缴纳的历学年学宿费，为其进行学籍注册、发放大学生补助津贴、毕业设计结业费等。上述行为均证明上诉人的退学决定因其没有执行而实际没有生效，上诉人应对被上诉人按有学籍的毕业生对待。原判认定事实清楚、证据充分，适用法律正确，审判程序合法，法院应予维持。

同时，二审法院还指出上诉人认为被上诉人已不具有北京科技大学学籍，没有事实根据，法院不予采纳。学校有权制定校规、校纪，并有权对在校学生进行教学管理和违纪处理，因此而引起的争议不属于行政诉讼受理范围。从而上诉人提交的从教学档案中调取的客观记录不属于在行政诉讼中未经法院同意自行向证人调取的证言，但因其不能证明上述证据是于作出退学决定时形成的，故法院不予认定。

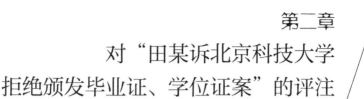

第二章
对"田某诉北京科技大学拒绝颁发毕业证、学位证案"的评注

第一节　对原告起诉的审查内容

一、原告起诉的资格

原告田某，北京科技大学应用科学学院物理化学系学生。

原告称：其完成了被告制订的教学计划，学习成绩和毕业论文已经达到高等学校毕业的要求。然而，1998 年 6 月临近毕业时，学校通知系里，以其不具备学籍为理由，拒绝颁发毕业证书、学位证书和毕业派遣手续。被告应当履行颁发毕业证书、学位证书等法定职责。

【点评】

关于原告资格的确立问题。行政诉讼权是公民的一项重要权利，只要公民认为自己的权益受到侵害，不管客观上是否真正受到侵害，他们都可以行使行政诉讼权，去寻求司法的保障。法院在审查时，应当最大限度地保障公民诉权的充分行使。《行政诉讼法》第二条规定："公民、法人或者其他组织认为行政机关和行政机关工作人员的具体行政行为侵犯其合法权益，有权依照本法向人民法院提起诉讼"。这一条文对行政诉讼的原告资格作出的认定在于"具体行政行为"和"原告的合法权益"。在《行政诉讼法》第十一条中列举了行政诉讼的受案范围，并在第一款第八项和第二款中作了概括、兜底性规定，即"认为行政机关侵犯其人身权、财产权，以及法律、法规规定可以提起诉讼的其他行政案件"。从两个条款的内容可以看出在立法上已将两者有机结合：从我国行政法治的现状出发，将"权利"作为法律保护的核心，同时又未将法律保护的范围与原告资格限定于"权利"范围，赋予行政诉讼的原告资格充分的发展空间与余地。根据当时实施的《最高人民法院印发关于贯彻执行〈中华人民共和国行政诉讼法〉若干问题的意见（试行）》（简称《115条》）第一条，"具体行政行为"是指国家行政机关和行政机关工作人员、法律法规授权的组织、行政机关委托的组织或者个人在行政管理活动中行使行政职权，针对特定的公民、法人或者其他组织，就特定的具体事项，作出的有关该公民、法人或者其他组织权利义务的单方行为。所以，行政诉讼的原告是指认为行政主体及其工作人员的具体行政行为侵犯其合法权益，明确表示对具体行政行为的不服，并以自己的名义，依法向人民法院提起诉讼，从而引起行政诉讼程序发生的公民、法人和其他组织。

该案原告诉争的内容符合司法解释规定的内容，其向人民法院提起诉讼是行政程序发生的前提，是引起行政诉讼程序发生的人。田某作为学校拒绝颁发学位证书和毕业证书决定的直接对象，认为北京科技大学的不作为行为侵害其合法权益，在形式要件上符合法律规定的原告主体资格。

教育管理是教育活动的核心内容之一。从旧时期的私塾时代的教育教学方式，到现代社会科学的教育教学制度的变化，反映出在管理上的区别。私塾式的教育，学生交钱，先生教学，他们之间的关系类似商品交易，无章可循。现代教育管理制度从法律上明确了教育者和受教育者的权利和义务，这些权利义务来源于宪法、教育法和相关的法规。在此案受理之时，我国尚未颁布教育行政处罚方面的实施办法、学生申诉办法等具体处理办法。学生与学校产生纠纷之后，如何给权利人一个争辩是非的机会，笔者认为，在法无明文禁止的前提下，我们应当在法律层面，将高等学校对学生的学籍管理、学历证书、学位证书的颁发等职责理解为国家法律法规授予学校的公权力行为，是行政法意义上的职责，符合行政诉讼法所确立的立法精神，属于行政诉讼所调整的范畴。该案原告的起诉主张涉及其受教育权，其诉权应给予法律上的保护。

二、被告的主体资格

被告北京科技大学，住所地北京市海淀区学院路30号。

被告辩称：学校对田某作出的退学处理是正确的。田某已经不具备学籍，也就不具备高等院校大学生的毕业条件，本校不能为其颁发毕业证书和学位证书，因而也不能为其办理有关的毕业派遣手续。

【点评】

关于被告的主体是否适格及职权依据问题。该案争议的焦点涉及国家法律授予学校的行政管理职责,学校拒绝履行法定职责时,受教育者可以按照《行政诉讼法》第二十五条第四款的规定,以学校为被告提起行政诉讼。被告作为教育者在行政诉讼中的法律地位取决于被告作出什么样的行为。根据法律的规定,被告享有教育自主权的同时,还依法享有教育行政权。在该案中,被告是作为什么主体?如果行使的是教育自主权,行政诉讼对此应当持保留态度,不便直接审理。如果行使的是教育行政权,应当属于行政诉讼法的管辖范畴。如果属于后者,这里还有一个问题,就是学校作为行政诉讼的被告的法律依据问题。根据《教育法》和《学位条例》的规定,北京科技大学是法律法规授权行使行政职权的组织,是该案的被告。

通常,行政诉讼的被告是行使国家行政职能,依法独立享有与行使职权的国家行政机关,这里的行政机关必须是经过人民代表大会产生或正式列入国务院编制序列的机关。除此之外,《行政诉讼法》第二十五条第四款规定"由法律、法规授权的组织所作的具体行政行为,该组织是被告"。

从高等学校的建构上看,学校虽然不是法律意义上的行政机关,但是根据法律的规定,高等学校对受教育者进行学籍管理等权力是国家法律所授予的。根据《教育法》第三十条的规定,学校区别于社会的其他组织,学校作为一种社会组织,是教育法所调整的重要对象,享有一定的权利并承担一定义务。表现在教育管理活动中,学校的管理活动参与到行政法律关系中,其自然行使的是行政方面的权力;其参与到民事活动中,又属于民事关系的主体。也就是说,学校在教育教学活动中存在双重的主体资格。按教育法的规定,学校,特别是高等学校享有办学自主权,其为了实现其办学宗旨,独立自主地进行教育教学管理,实施教育活动,这是学校的专有权力。享有该权力,其就应具备和享有实施教育教学活动的资格和能力,这种权力属性是一种公共权力,该权力的行使必须符合国家和社会的公共利益,不得滥用办学自主权。高等学校拥有办学自主权,并不意味着学校办学由此就可以放任自流,无拘无束。有自我约束、自我完善的义务,也需要来自政府和法律的干预和监督。干预和监督体现在立法、行政、经济等方面,以立法为监督,主要体现在国家发布法令,承认大学的自治、学术自由的同时,也明确规定了一定的范围。如《教育法》在第二十八条中规定了教育者享有的权利,学校必须在法律规定的范围内活动。行政干预手段,则体现在政府以行政的手段和监督方式,对学校的自主权加以限制。如《教育法》第十四条规定,国家对教育实行分级管理,高等教育由国务院和省、自治区、直辖市的人民政府管理,并明确划分了各自的职责。

三、被诉行政行为的可诉性

原告的诉讼请求如下：（1）请求人民法院判令被告颁发大学毕业证书、学士学位证书；（2）及时有效地为其办理毕业派遣手续；（3）赔偿经济损失3000元；（4）在校报上公开向原告赔礼道歉并为其恢复名誉。

【点评】

（一）被诉行政行为的性质

该案诉讼请求涉及的主要问题是：被诉行为的性质是否为行政行为，该行为在符合《行政诉讼法》第二条、第十一条的规定的情况下，才属于人民法院行政诉讼的受案范围。

关于此类案件的性质一直争论不休，这个问题主要关系到公立高等教育机构和本校学生之间的管理关系的法律属性。公立高等学校和学生之间既存在民事关系也有行政关系。田某的诉请中主要涉及学籍管理和文凭颁发等与教育职能密切相关的行为，因此，我们需要着重分析这种关系的性质。

对于这种关系的性质，属于公法关系还是私法关系，存在不同的观点。有人认为属于公法关系❶，有人认为随着教育的产业化，教育市场的开放，学校和学生之间的关系将完全等同于教育服务贸易的提供者和消费者的私法关系。❷日本室井力教授认为："公务员之勤务关系、公立学校、公立医院等营造物之利用关系为民法上之契约关系。"按照他的见解，"公立学校之利用关系与私立学校无异，应视其为民法上之契约，对义务教育可解为'强制契约'。学校对学生之命令权或惩戒权，系利用学校的契约关系，为达成教育之目的，本质上教师应具有的权利，无碍其为契约之一种"❸。

有人认为属于准行政关系，这种关系的产生从形式上看需要一个意思表示的过程，这类法律关系的成立在一定程度上依赖法律关系主体的意思表示。其中公民的意思表示行为由报考行为和报到注册行为两部分行为组成，教育机构的意思表示行为由公布招生信息、招生、注册三部分组成。但是这种法律关系，从形式上看由意思表示设定，实质上并不完全由意思表示决定，在很大程度上

---

❶ 马怀德. 公务法人问题研究 ［J］. 中国法学，2000（4）.

❷ 劳凯声. 我国教育法制建设的宏观改革背景 ［G］//中国教育法制评论：第 1 辑. 北京：教育科学出版社，2002：18.

❸ 翁岳生. 行政法与现代法治国家 ［M］. 台北：祥新印刷有限公司，1990：149.

受国家规制。如学校的招生和收费等事项上的权力是受限制的。❶

判断这种关系是属于公法关系还是私法关系，在世界范围内，在不同法系的国家法律制度下表现不同。在公法和私法划分的国家，如以法国、德国为代表的大陆法系国家通常将公立高等学校和学生的关系作为公法关系的一种，出现的纠纷由行政法院按照行政法的基本理论和法律规定审理。对于私立高等学校和学生的关系则被视为私法关系，发生纠纷则由普通法院按照民事法律的相关规定审理。而在以美、英为代表的英美法系国家，司法制度中不划分公法和私法，因此，对于公立高等学校和私立高等学校在司法中被同样看待。

基于这种情况，将这种关系作为公法关系还是私法关系，其根源在于不同国家的司法制度的不同。在我国因为司法制度中设立了民事法庭和行政法庭，划分公法关系和私法关系不仅是理论界的共识，也是司法实践的需要。但是对于如何判断公法关系还是私法关系，至今仍然是一个争议颇多的问题。学者们也提出了多个标准。判断公法关系和私法关系的基础是公法和私法的区别。

在公立学校和学生之间既有民事法律关系，也有公法关系。但是学校和学生之间的教育和被教育关系、管理和接受管理的关系，显然不是一般的民事关系，而是"以权力服从为基本原则，以领导与被领导、命令与服从的行政领导和管理为主要内容的教育行政关系"❷。

因为如果将学校和学生之间的教育关系视为普通民事关系，则无法解释为什么学校对学生享有特殊的管理权限，如纪律处分、颁布学历学位证书、制定校规校纪。❸

在学校和学生之间没有签订合同的行为，而平等主体之间签订合同是民事行为的一个重要表现。没有合同，是否招生行为可以认为是合同的协商，学生报志愿是邀约，学校决定接受是承诺？但是，公立学校和学生之间的关系不是按照合同的约定进行的，而是按照有关的法律规定。学生没有和学校签订合同，也没有规定权利义务。所以，学生不同于一般的消费者，接受学校的管理和监督，而一般的消费者，则只承担合同明确的义务。

在一些招生行为中有合同形式，如《研究生委托培养协议》，虽然也存在一定的提供服务并付费的行为，但是因为其中强烈的权力色彩，这种协议从总

---

❶ 蒋少荣. 公民受教育权及其实现中的法律关系 [G] //中国教育法制评论：第 1 辑. 北京：教育科学出版社，2002：394.

❷ 劳凯声，李凌. 关于高等学校法人地位问题探讨 [J]. 中国高等教育，1992 (11).

❸ 马怀德. 公务法人问题研究 [J]. 中国法学，2000 (4).

的原则来看，作为关系一方主体的学生和学校的地位不完全平等，学生必须接受学校的管理。学校有制定内部规则、制裁管束学生的权力，甚至可以将学生开除出学校，从根本上改变其法律地位。因此，学生与学校之间不是普通的民事关系。而作为一般的消费者，除了合同约定的义务之外，不需要接受供货商的管理。

（二）关于学籍管理中的注册与退学问题

学生享有学籍是认定田某为北京科技大学本科学生的关键内容。受教育者的身份应当是具有学籍的学生，这是依法取得学历、学位证书的基础条件。《7号令》第二章对学籍管理作出了明确规定，包括入学注册、成绩考核、升级与留降级、转系转学、休学与停学复学、退学、毕业七章内容。

【注册问题】《7号令》第五条、第六条规定，普通高等学校按照招生规定录取的新生，持录取通知书和学校规定的有关证件，按期到校办理入学手续。入学后，学校在三个月内进行复查，经过注册后复查合格，即取得学籍。

【退学问题】《7号令》第八条、第二十九条至第三十三条进行了规定。包括：每学期开学时，学生按时办理注册。未经请假逾期两周不注册的，按自动退学处理。

《7号令》第二十九条第一款规定了十种应予退学的情况，以及办理退学的审批、善后处理及结果，学生有其中情形之一者，应予退学。

该案涉及的一个关键问题是，退学的法律依据是什么？在该章规定中，退学的方式包括两种，一种是不符合继续学习的九种条件，由学校审批予以退学；另一种是学生自动申请退学，经说服教育无效的退学。很明显，在上述规定中并不包括以作弊行为为理由将学生按退学处理的规定。这里需要将涉案的"按退学处理"的法律适用以及事实认定分析清楚。

（三）关于受案范围问题

对于当时出现较多的关于学生处分的案件，如退学等，是否可诉，有不同的意见。有人认为根据当时的法律规定是不应该受理的。理由是：

第一，对开除学籍处分，法律、法规并未明文规定可向法院起诉，而是申诉。

《教育法》第二十八条第四项、第四十二条第四项规定，受教育者有"对学校给予的处分不服向有关部门提出申诉，对学校、教师侵犯其人身权、财产权等合法权益，提出申诉或者依法提起诉讼"的权利。尽管开除学籍，也是对受教育权的剥夺，包含在"人身权、财产权等合法权益"内，但并不能向法院起诉，因为对开除学籍等处分而引起的纠纷已经规定了特殊的解决机制，即学生可以"向有关部门提出申诉"。

第二，按照现行的法律规定，学校对于学生的处分权不是行政权。

在我国现行法律上，公立学校的权力即使具有支配性和公益性，也并不当然属于行政权。某种权力是不是行政权，只能根据法律的规定来确定。在我国立法技术上，对作为国家权力的行政权的文字表述一般用"职权""职责""权力""负责……工作"或者"主管……工作"等。在现行法律规范中，还没有把行政权称为"权利"的现象。也就是说，被称为"权利"的肯定不会是行政权，还不至于把行政权混淆为行政相对人的"权利"。

那么《教育法》第二十八条赋予学校的处分权到底是不是一种行政权呢？"学校及其他教育机构行使下列权利：……（四）对受教育者进行学籍管理，实施奖励或者处分。"与此相适应，该法使用了"义务"而没有采用"职责"一词。该法第二十九条规定："学校及其他教育机构应当履行下列义务……"这就表明，无论学校的处分权在本质上是否应当作为一种行政权，法律是否应当作为行政权来加以规定，但就现行法律规定而言，它并不是一种行政权。

第三，认为学校的处分权是一种授权或委托的观点，并不正确。

如果某项权利本身并非行政权，即使它来源于法律、法规和行政机关，也并非行政诉讼法上的行政授权或行政委托。家长对未成年子女的监护权，私营企业对人财物的管理指挥权，都来源于法律，但显然不是行政授权，而是法律的权利赋予。行政机关委托律师代理法律事务，也不是行政委托，而是一种民事委托。权利来源于法律或行政机关与这一权利是何种性质的权利，并没有必然的逻辑联系。相反，如果某项权力是行政权，那么即使授权或委托并不合法，也仍然是行政权。

以上观点虽然并不符合扩大行政诉讼受案范围的大趋势，也不符合世界范围内人权保护的发展，但是也在一定程度上表明了现行法律的不足以及理论界不同观点的交锋。首先，《教育法》的这个规定似有矛盾之处，这个问题和我国法律界对于受教育权的性质认识不清有一定关系，从该条的用语来看，学校的处分和学校、教师侵犯其人身权、财产权等合法权益的行为是并列的关系，但事实上，学校对于学生的错误处分不仅可能侵犯学生的受教育权，也可能侵犯学生的财产权，如开除学生的决定使学生无法按计划完成学业，将使其遭受经济损失。同时也应该看到，由于我国法制还不够完备，在很多问题上还存在空白，需要法院灵活地运用法治的一般原则和宪政的基本原则审理案件，不能因循守旧，对于没有明确法律条文规定的情况一概不理，从而放弃推动我国法治进步的责任。其次，对于学校对学生管理权的性质认识，学生和学校之间的关系曾被认为是特别权力关系，随着人权理论的发展和法治的进步，这种理论已经逐渐消亡。我国台湾学者将特别权力关系的特征归纳为五项：（1）当事人法律地位不对等；（2）义务不确定，属权利服从关系；（3）有特别规则，约束相对人且无须法律授权；（4）有惩戒罚；（5）不得争讼。❶ 日本最高法院 1977年 3 月 15 日在富山大学学分不认定案件中仍然"承认部分性秩序为特别关系"，"国立大学的关系是具有自律性法规范的特殊的部分社会"，"大学不管是公立或私立，都以教育学生与研究学术为目的之教育研究机构，为达成其设置之目的，对于必要之事项纵使法令无特别之规定，也可依学则等为必要之规定，并付诸实施。因此学校应拥有自律性概括性之权限，在此情形下当然与市民社会不同，而是形成特殊之部分社会，这种特殊之部分社会的大学，其有关法律上之纷争，当不得列为司法审判之对象"❷。但是，当"此种关系涉及市民秩序时（例如学生的退学处分），就要接受法院的司法审查"❸。

学校的地位以及和学生之间关系的特点表明，学校相对于学生处在主导地位，学校作为独立于政府的自治机构，在法律授权范围内具有制定内部规定的权力，作为学生必须遵守学校的规定。学校对于学生进行管理的行为是在行使权力，而不是平等主体之间的权利。

四、关于起诉的事实和理由

（一）对作弊行为的认定和处理

（关于不是作弊行为的诉称内容）原告称：1996 年 2 月 29 日，其参加电磁学补考时，无意将写有公式的纸条带到考场，在考试时未查看。中途其上厕所时掉出，被教师发现。学校错误地认为其考试作弊，并作出退学决定。

【点评】

对于考试作弊的，《7 号令》第十二条中给予了明确的规定，凡擅自缺考的或考试作弊者，课程成绩以零分计，不准正常补考。如确实有悔改表现的，经教务部门批准，在毕业前可给一次补考机会。考试作弊的，应予纪律处分。被告发现田某考试夹带纸条后，作出按退学处理的行为是什么性质的问题，需要

---

❶ 吴庚. 行政法之理论与实用 [M]. 增三版. 台北：三民书局，1996：196.

❷ 转引自：劳凯声. 中国教育法制评论 [M]. 北京：教育科学出版社，2012：70. 原载于：谢瑞智. 教育法学 [M]. 台北：文笙书局，1996：65-66.

❸ 盐野宏. 行政法 [M]. 杨建顺，译. 北京：法律出版社，1999：30.

进一步研究。为此，法院在审查该项内容时需要查明以下问题：第一，夹带行为是否都是作弊行为；第二，有无作弊事实发生；第三，作弊行为与退学决定的关系。

按《7号令》第二十九条、第六十三条规定，取消学籍有两种形式。

第一种：退学。从《7号令》第二十九条规定的10项退学情形看，对于受教育者在学校学习期间达不到教育者制订的教学计划，成绩不合格，或因身体原因无法继续参加和完成教学计划的，或本人申请退学经说服教育无效的，具备其一，由教育者审批，予以退学。退学决定一旦作出，受教育者就不能再以该校学生的身份参加学习、考试并取得相关学习经历的证明。

第二种：勒令退学或开除学籍。《7号令》第六十二条规定："对犯错误的学生，可视情节轻重，给予批评、记过或处分。处分包括警告、记过、留校察看、勒令退学、开除学籍。"该条第二款规定："留校察看以1年为期。受留校察看的学生，1年内有进步表现的，可解除留校察看；经教育不改的，可勒令退学或开除学籍。"对于勒令退学，该规章又规定，对于认错较好，真诚悔改的，可酌情减为留校察看。从以上内容看，勒令退学和开除学籍的行为比退学处理更加严厉。这两种取消受教育者学籍的处理形式，直接影响到受教育权能否继续享有。《教育法》第二十八条规定学校依法享有"对受教育者进行学籍管理，实施奖励或处分"的权利。其中包括了学籍管理方面的公权力和实施奖励或处分的私权力两方面的内容，不能混为一谈。教育者在对受教育者实施管理中，法律赋予的教育权有一定的办学自主权，可以根据教育行政部门关于学籍管理方面的规定，针对受教育者的具体情况制定有关入学、注册、考试、考勤、休学、复学、转学以及退学等具体的管理办法，从而对受教育者实施学籍管理活动。同时，还可以根据国家有关学生奖励或处分的规定，结合本校实际，制定具体的措施和办法。这就要求教育者在制定具体的操作规章时，必须符合国家法律、法规和部门规章以及规范性文件的规定。对于与法律、法规或规章精神不一致或有冲突的内容，自然不能得到合法的保障。田某在补考中随身携带纸条的行为属于违反考场纪律的行为，被告可以按照有关规定予以处理。但其依据的该校《068号通知》关于"夹带即为作弊，按退学处理"的规定，明显与《7号令》以及教育行政部门的有关规定不一致，其对田某作退学处理的行为，直接与《7号令》第二十九条规定的法定退学条件相抵触。因北京科技大学对田某按退学处理之后，不但未向田某本人宣布，听取田某申辩意见，而且也未实际按照教育行政部门规定的程序为田某办理注销学籍，迁移户籍、档案等手续，并允许其继续在校参加正常的学习等活动，以及为其补办了丢失的学生证并注册等一系列事实行为，说明北京科技大学仍然将田某视为该校有学籍的大学生。

（二）关于学籍问题

原告关于学籍的诉讼意见：学校作出的该决定并没有正式通知本人，学校及相关部门也未按此决定执行。1996 年 9 月学校为其补办了丢失的学生证，使其一直正常参加学习和学校组织的一切活动，重修了电磁学课程，经考试合格，参加了学校组织的英语及计算机等级考试并获得了相应的证书；又按学校计划参加了毕业实习设计、论文答辩，学校按照标准发放了毕业设计费；还参加了学校组织动员的义务献血活动。

【点评】

关于田某是否享有北京科技大学的学籍，是田某能否以北京科技大学大学生的身份取得相关学业证书的关键。

学生经考试被学校录取之后，学校与学生之间就是教育与被教育、管理与被管理的关系。教育者对被教育者的管理体现在对受教育者的学籍管理中，学籍是受教育者接受教育者的教育、教学管理的前提条件。受教育者为取得学籍与教育者之间签署了管理与被管理的合同，这种合同正像英国学者威廉·韦德所说，"合同被行政手段利用来贯彻某种政策"❶。国家正是靠这种手段来达到对受教育者的管理职能。学校在录取学生、学生报到注册后，即与学生签订了"以实施管理为目的，与被管理的公民、法人或其他组织意思表示一致而签订的协议"❷，此时学校才能根据《教育法》第二十八条的规定，对受教育者进行学籍管理，对受教育者从入学、注册、教学、考核、纪律等方面实施学籍管理活动；按照国家有关学生奖励、处分的规定，结合学校的实际，制定并实施奖励、处分的具体办法。田某参加全国高考，成绩合格被被告录取，从其到北京科技大学报到注册之后即享有该校大学生学籍，取得了在学校学习的资格，即是行政合同确定的开始。

（三）关于学历、学位证涉及学生能否获得公正评价的问题

（关于被告不予颁发学历学位证的诉讼意见）原告称：其按规定向学校缴纳教育费用、注册学籍，在学校学习期间，完成了被告制订的教学计划，学习成绩和毕业论文已经达到高等学校毕业的要求。然而，1998 年 6 月临近毕业

---

❶ 韦德. 行政法 [M]. 徐炳，译. 北京：中国大百科全书出版社，1997：488.
❷ 应松年. 行政法学新论 [M]. 北京：中国方正出版社，1999：344.

时，学校通知系里，以其不具备学籍为理由，拒绝颁发毕业证书、学位证书和毕业派遣手续。根据《教育法》《学位条例》及《学位条例暂行实施办法》的规定，被告应当履行颁发毕业证书、学位证书等法定职责。

【点评】

学历证书、学位证书制度是国家为保证教育活动有序进行和保障教育质量而实施的行政管理制度；是国家承认的具有法定效力的证书；是个人学历、知识水平、专业技能等方面的证明；是个人能够进入高一级学校学习或从事相应职业的必要证件；也是用人单位对应聘人员进行优先选拔和录用的凭证。基于行政合同理论，学生通过了学校安排的学习、考试、考核，达到一定水平，有权取得教育者颁发的相关证书。这涉及两个问题：

第一，教育者颁证权的取得是法律赋予的权力，是代表国家对受教育者的学习经历、学业水平作出的评价，与国家行政管理机关为管理相对人颁发的许可证同类。

第二，受教育者必须完成教育者制订的教育教学计划并考试合格。获得公正评价权是学生通过参加学习、考试之后，由教育者对学生进行品行考核，对学生的学业成绩和品行作出公正的评价。学校或其他教育机构应当依法对符合规定条件的学生颁发相应的学业证书；经国家批准设立或认可的学校及其他教育机构按照国家有关规定，对达到一定学术水平或专业技术水平的人员授予相应的学位，颁发学位证书。这就意味着学业、学位证书的发放行为是一种国家特许的权力，这种权力的行使应当接受来自行政和司法的监督是不容争辩的事实。

第二节 被告的答辩意见

1998 年 11 月 3 日，北京科技大学提交了答辩状和相关材料，不同意原告的起诉，请求法院依法驳回原告的诉讼请求。

一、答辩的事实依据

被告称：原告田某违反本校《068 号通知》❶ 中的规定，在补考过程中夹带写有电磁学公式的纸条被监考教师发现，本校决定对田某按退学处理，通知校

---

❶ 北京科技大学于 1994 年制定校发（94）第 068 号《关于严格考试管理的紧急通知》，该通知规定，凡考试作弊的学生一律按退学处理，取消学籍。

内有关部门为田某办理退学手续,给田某本人的通知也已经通过校内信箱送达到田某本人所在的学院。至此,原告的学籍已被取消。由于田某不配合办理有关手续,校内的一些部门工作不到位,再加上部分教职工不了解情况等原因,造成田某在退学后仍能继续留在学校学习的事实。但是,校内某些部门及教师默许田某继续留在校内学习的行为不能代表本校意志,也不能证明田某的学籍已经恢复。没有学籍就不具备高等院校大学生的毕业条件,本校不给田某颁发毕业证、学位证和不办理毕业派遣手续是正确的,法院应当依法驳回田某的诉讼请求。

【点评】

(一)关于办学自主权

学校在教育教学活动中存在双重的主体资格。根据《教育法》的规定,高校享有办学自主权,为了实现办学宗旨,可以独立进行教育管理,实施教育活动,这是高校的专有权力。办学自主权包括:(1)教学自主权,学校有权为实现办学宗旨,独立自主地进行教育教学管理活动;(2)招收学生及其他受教育者;(3)组织教学、科研,对学生进行考试、考核;(4)聘用教师;(5)管理和使用本单位的设备和经费;(6)拒绝任何组织或个人对教育教学活动的非法干预。

对于《068号通知》,应当理解为是学校为实施管理而颁发的规范性文件,该文件是根据原国家教委的文件精神制定的,在内容上应当与其一致。这个问题是法院无法回避的。如果《068号通知》存在问题,也不应该由法院判决认定,法院在司法审查中,对学校制定并符合法律法规的相关规定,应予以尊重。

(二)行政处理程序问题

学校在对学生作出按退学处理的行为有无法定的程序?法律、法规、规章在此问题上是否有规定?北京科技大学以工作简报的方式通报对田某的处理属于什么性质的行为?该案涉及的退学处理方式是否符合相关的规定,将直接导致田某能否继续享有北京科技大学学籍。这需要进一步研究。北京科技大学在制作了九联单后,职能部门是否根据学校的规定,将九联单分别转送?是否向田某本人送达?如果这些程序全部进行完毕,应该可以认定北京科技大学对田某的处理行为结束。这里的问题是学校职能部门与教师的行为产生什么法律后果,是个人行为还是职务行为,这关系到田某的学籍问题。学籍问题是关键。

学生没有学籍，也就不能依法取得相关的认可和相关的待遇。被告的观点是，作退学处理属于高校自主权范围内在学籍管理上的一种合法、有效的处理方式。这里有两个问题需要研究。

第一，教育者对被教育者的管理取决于被教育者的学籍登记、注册，学生经过考试合格被学校录取后，即取得了在该校学习的权利，学校根据《教育法》第二十八条的规定，对学生进行学籍管理，实施奖励或者处分。而教育者无论公立学校，还是私立学校，在学业管理中，教育者的权利并不是一纸录取通知书，这种管理主要是对学生的学业管理。在我国，学生的权利义务不是由录取通知书全部概括和设定的，学校与学生之间的权利与义务应当受国家有关法律法规的约束。

第二，教育者取消被教育者的学籍应当符合法定条件。行政合同的特点在于行使权力的主体享有 "行政优益权"❶。受教育权是宪法权利，国家将施教和受教的权力以法律的形式确定下来，施教者以法律的授权代替国家对受教育者进行管理，取得行政的优益权，受教育者必须服从。因此，这种学籍的管理权是国家法律赋予的，是公权力的行使，教育者应当严格依照有关规定代行国家的管理职权。

二、对答辩请求的审查

被告的答辩请求：依法驳回原告的诉讼请求。

【点评】

驳回诉讼请求是指法院经过审理，认为原告的实体诉讼请求不能成立从而不予支持的判决形式，适用于实体问题。与维持判决的实质效果基本上相同，二者都对被诉具体行政行为没有任何形式上和实体上的变更。驳回诉讼请求意味着原告符合法律规定的起诉条件，但其请求不能成立，法院不予支持，否定的是当事人的实体请求权，用判决方式结案。

在《行政诉讼法》第五十四条中没有规定驳回诉讼请求的判决方式。根据具体行政行为的不同情况，分别作出维持、撤销（含部分撤销并可判决被告重新作出具体行政行为）、限期履行、变更等判决。行政驳回诉讼请求判决并非行政诉讼法规定的判决形式之一，也就是说，行政驳回诉讼请求判决并未被行政诉讼法所确认。在该案判决之前，一审法院虽然在判决方式上进行了一定的尝

❶ 应松年. 行政法学新论 ［M］. 北京：中国方正出版社，1999：346. "行政主体享有的优益权" 特征：（1）履行合同的监督权；（2）因公共利益单方面变更合同的权力；（3）为公共利益解除合同的权力；（4）制裁权。

试，但是在法律根据上总还是有些不足。而且，在适用裁定驳回起诉还是判决驳回诉讼请求方面存在争议，做法也不一致。审判实践中，对于具体行政行为存在的瑕疵，法院判决参照了《民事诉讼法》驳回原告诉讼请求的判决方式，以解决原告的诉讼请求不应得到支持的问题。之后，最高人民法院于 2000 年 3 月 8 日公告公布了《关于贯彻执行〈中华人民共和国行政诉讼法〉若干问题的解释》，该司法解释第五十条、第五十六条确立了驳回原告诉讼请求的行政判决裁判方式，从司法解释上肯定了行政判决驳回原告诉讼请求的法律适用。

第三节　庭前准备工作

一、对原告起诉期限和管辖的审查

原告田某于 1998 年 10 月 19 日向北京市海淀区人民法院提起行政诉讼。原告称，其于 1998 年 6 月临近毕业时候被学校告知不予颁发毕业证、学位证和毕业生派遣手续。

【点评】

法院收到田某的起诉状后，经过审查，认为原告的起诉符合行政诉讼法的起诉条件，而且，北京科技大学在北京市海淀区人民法院的管辖区域内。该案件的立案符合行政诉讼法的相关规定。北京市海淀区人民法院在 7 日内决定立案，在法定期限内向田某发出了立案通知书及预交案件诉讼费通知书。田某按期缴纳了诉讼费，符合行政诉讼法及最高人民法院关于人民法院诉讼费收费办法的相关规定。

根据《教育法》第二十七条的规定，学生对其权益受到侵害享有申诉的权利。田某为了取得毕业证、学位证向学校提出了异议，学校不予颁发毕业证和学位证，是一种明示的拒绝履行职责的行为。田某直接向人民法院提起行政诉讼符合《行政诉讼法》第四十一条的规定。

北京市海淀区人民法院依法审查，在法定期限内立案。

二、关于庭前预备庭工作

1998 年 12 月 8 日召开预备庭，由双方当事人陈述了各自的意见，并在主审法官的主持下，双方交换了证据。经过预备庭的审查，原告、被告委托的代理人身份真实、代理权限有效，符合法律规定，可以参加该案的诉讼活动。

案件中争议问题：

（1）学校 1996 年 3 月 5 日对原告作出的行为是"按退学处理"，而非勒令退学。按照《7 号令》第二十九条的规定，按退学处理的学生是不具备学习能力，或者不能坚持学习，或者本人申请退学的学生。案件中，原告考试夹带纸条的行为，属于违反考场纪律的行为，不属于该规章第二十九条所规范的内容。如果其情节严重的，可以按照该规章第六十二条、第六十三条的规定进行处理。

（2）学校的主体资格问题。按照《教育法》第二十八条的规定，学校对受教育者进行学籍管理，实施奖励或处分、对受教育者颁发相应的学业证书。被告作为国家法律授权进行管理的机构，依照该法的规定享有对原告的学籍进行管理，对原告的学业进行教育、教学的权利和义务；对符合条件的学生应当颁发相应的证书。该案原告经过入学考试，取得该校的学籍，依法享有受教育的权利。原告完成了被告规定的教学计划和各项要求，按照《教育法》第四十二条第三项的规定，原告在完成学业后，应当获得公正的评价，被告应当向其颁发相应的学业证书、学位证书。

（3）学位证书的颁发问题。按照《学位条例》第八条规定，学士学位由国务院授权的高等学校授予。授予学位的高等学校及其可以授予学位的学科名单，由国务院学位委员会提出，经国务院批准公布。第九条规定，学位授予单位，应当设立学位评定委员会。第十条规定，学位评定委员会负责审查通过学士学位获得者的名单。《学位暂行办法》第四条规定，授予学士学位的学校由系逐个审核本科毕业生的成绩和毕业论文的成绩，向学校学位评定委员会提名，由学位评定委员会审查通过。对于学士学位的授予条件包括完成教学计划，其课程学习和毕业论文的成绩能够表明其较好地掌握本门学科的理论和技能。

（4）原告的起诉权问题。根据《教育法》第四十二条第四项的规定，学生享有对学校给予的处分不服向有关部门提出申诉，对学校、教师侵犯其人身权、财产权等合法权益，提出申诉或依法提起诉讼的权利。从上述规定看，学生可以选择申诉或诉讼，申诉并非法定的必经程序。原告认为学校没有颁发毕业证书、学位证书，侵害了其合法权益，其有权提起诉讼，因此具备合法的诉讼资格。

【点评】

任何理想的实现都要有其存在的客观基础，在现实向理想迈进，传统的审判方式向现代的审判方式过渡的过程中，应当选择更加适应的方式。庭审前准备工作并非简单的发起诉书副本、通知开庭时间等一些简单事务性工作，法官在开庭前要做好的开庭准备工作，包括对原被告的诉辩意见的审查，对各方提供证据的有效性的审查，对焦点问题适用法律的准备等。为做好庭前准备工作，笔者探索以预备庭的方式，解决以往在法庭开庭之前的准备工作分散、合议庭成员之间的职责不明、庭前准备工作流于形式的问题，参照《民事诉讼法》第一百一十三条至一百一十九条关于庭前准备工作的规定，将庭审前的准备工作全面公开化，以规范庭审前的各项活动。在庭审前准备阶段，利用预备庭的形式进行公开审判前的准备工作是比较适当的。根据法律规定，直接面对当事人完成的庭审前准备工作主要包括以下几项内容。

第一，核对当事人的主体资格并对其诉讼代理人的代理权限进行审查，根据案情决定是否需要追加第三人，并审查第三人及其诉讼代理人的代理资格。

（1）对当事人主体资格的审查。这里既包括对原告主体资格的审查，又包括对被告的执法主体资格的审查。首先，在对原告主体资格的审查时，根据《行政诉讼法》第二条的规定，原告应当是行政管理的相对人，或者是相关人。也就是说原告应当具备的条件是具体行政行为指向的权利人或义务人。其次，在对被告主体资格的审查时，根据行政诉讼法和最高人民法院的司法解释，确定被告的主体资格。

（2）对诉讼代理人代理资格和权限范围的审查。代理人分为法定代理人、委托代理人、指定代理人三种，他们在诉讼中各自享有不同的诉讼权利，承担不同的义务。法定代理人是指根据法律规定，代理无诉讼行为能力的当事人进行诉讼，直接行使诉讼代理权的人。指定代理人是法院指定的对无行为能力或限制行为能力的人代理诉讼的相关人员。委托代理人则是受当事人的委托代为诉讼的人。委托代理人的权限在于委托人的授权，包括全权委托和一般委托。在诉讼中，根据《最高人民法院印发〈关于适用《中华人民共和国民事诉讼法》若干问题的意见〉的通知》第六十九条的规定，全权代理的权限包括代为承认、放弃、变更诉讼请求，进行和解、提起反诉或上诉。行政诉讼不包括和解和反诉。法官在审查当事人及其诉讼代理人时，需要根据当事人提交的委托材料对代理人的代理资格逐一核实，以确认代理人的代理资格完全符合规定。对于特别授权的代理人，法官还要严格审查代理人的代理资格及权限的范围，以约束代理人在诉讼过程中的行为。

（3）对于需要追加第三人的，在预备庭召开之前能够确定的，通知第三人参加预备庭，第三人及其诉讼代理人的代理资格应当符合行政诉讼法的有关规定，审查的原则与原被告相同。在预备庭召开后发现需要追加第三人参加诉讼的，法官应当宣布通知某某为本案第三人，并询问原被告有无其他分歧意见。经法庭审查，需征询当事人意见，确定各方当事人及其代理人的出庭资格有效，法庭才能准许以上代理人出庭参加当天的预备庭审活动，以给正式庭审活动奠定基础。

第二，宣布合议庭组成人员，告知诉讼权利义务，以保障当事人的合法权益。参照民事诉讼法的规定，合议庭组成人员在确定之后，需要在3日之内通知当事人及其诉讼代理人。所以，预备庭可以由一名法官主持，向当事人及其诉讼代理人宣布合议庭组成人员，给当事人一个认识了解合议庭组成人员的过程，当事人可以在庭审前对于合议庭成员及书记员是否与本案有利害关系进行调查。同时将当事人的其他各项权利提前宣布。这样可以在开庭审理时减少因交代诉讼权利占用的时间，也能为当事人充分了解、行使其诉权提供方便，慎重处理相关权利，切实保护当事人的诉讼权利。

第三，听取当事人的陈述意见，听取当事人是否有财产保全、证据保全、先予执行抚恤金、停止执行具体行政行为等项诉讼保障权利的申请，并决定是否准许当事人的上述请求。在预备庭调查阶段，法官还需要听取当事人的陈述，询问当事人是否申请财产保全、证据保全、先予执行抚恤金、停止执行等问题。

第四，根据当事人的诉讼主张，明确当事人争议的焦点，确定开庭审查的主要内容。根据《行政诉讼法》第五条的规定，人民法院审理行政案件对具体行政行为的合法性进行审查。其包括对行为本身的审查和对行为的合法性进行审查。许多当事人对行政诉讼不甚了解，诉讼当中提出许多与行政审判无关的事项和请求。在行政审判中法官们往往要对此向当事人做大量的解释工作，庭审中可能要占用大量的时间。如果当事人不能接受法官们的意见，往往还起不到好的效果。所以，可以利用预备庭的形式，由法官明确该案将要审查的主要内容。明确法庭审查的具体行政行为是什么，哪些不属于行政审判中审查的内容，哪些问题是行政审判无权裁判的。当事人如有不同意见，可向案中审理法院提出书面意见，由合议庭在庭审中再研究决定，以尽量避免公开审判中庭审阶段可能出现的反复解释。

第五，交换证据工作。根据《行政诉讼法》第三十二条的规定，被告对其作出的具体行政行为负有举证责任。被告在诉讼中应当提交证据包括：（1）执法主体资格及职权权限方面的依据；（2）执法程序方面的证据；（3）具体行政行为认定事实方面的证据，包括案件的起因、查处经过、作出决定的时间及是否已经执行的证据等；（4）具体行政行为适用的有关法律文本及条款。

主持预备庭的法官应将被告提交的证据材料交给原告、第三人各一份，由原告、第三人进行收验。根据行政诉讼法的有关规定，原告和第三人有权利和义务向法院提交支持其诉讼的理由和请求，以及反驳被告辩称的证据或证据线索。法官需要询问原告、第三人是否有证据向法院提交。如果原告或第三人已经准备了证据，能够交换证据的，法官可以宣布将以上证据交给被告（第三人）各一份，在开庭审判中予以质证。

第六，明确诉争的焦点。通过预备庭的形式进行庭前准备，在期间明确争议焦点，并告知当事人法院在该案的审判中依法审查的主要内容，双方围绕该事项举证，证据为庭审提供了便利条件，对当事人来讲也有一定的准备时间。对于双方在预备庭中均已认可的争议焦点，法官可以直接明确，对不属于案件审查范围的证据，明确告知不出示。预备庭时已经明确的争议焦点，如果属于确定错误的，经合议庭评议之后，可以更改。对于当事人坚持或不同意合议庭确立的庭审中审查的内容，又不能提出相应的法律、事实依据的，法庭在开庭审判时不受当事人观点的左右。当事人如提出相应的事实和法律依据确属法院依法审查的内容，合议庭在庭审中应予依法审查。

法院在受理田某案后，在没有先例可循的情况下，进行了大量的理论研究，请教了很多著名学者，才支撑起田某案的开庭准备工作。

第四节　开庭审理

1999 年 2 月 5 日，北京市海淀区人民法院公开开庭审理了此案。原告田某与委托代理人，被告北京科技大学的委托代理人均到庭参加诉讼。双方在法庭审理中充分发表了各自的意见，并在庭审结束后向法院提交了各自的代理词。合议庭经过评议，于 1999 年 2 月 14 日作出一审行政判决。

开庭审查的内容：

（1）被告法定职责问题，包括颁发毕业证书、学位证书、毕业派遣证三项法定职责，包括上述三证的颁发条件及程序问题。

（2）退学与勒令退学的区别，学校对原告作出退学处理是否符合法定的条件。按照法律规定的退学处理的方式、程序及如何实施。

（3）原告的夹带行为是否符合退学处理的条件。该行为是否只有作出退学处理才能解决，对于情节严重的将如何处理？

（4）学校作出退学处理行为之后，每学期对原告注册、收取教育有关费用，以及按照该校大学生同等对待发放补助费用，办理报考有关考试手续，支付毕业实习设计费用，动员其参加义务献血等一系列行为的性质。

（5）原告在学校作出退学处理的决定之后，通过了该学科全部课程的学习和论文答辩，被告并未阻拦的事实与退学处理行为的关系。

（6）原告在学业上有无未完成教学计划的项目。

（7）根据《7号令》的规定，原告考试夹带，属于违反考场纪律的行为，如果情节严重，可以按照该规章第六十二条或第六十三条的规定对原告进行处分。为何实行第二十九条的规定？（学校强调原告作弊行为按照学校规定，只有作出退学处理。学校的规定是否与法律、法规及规章相符？如果有抵触的，该校的规定自然失去效力。）

（8）被告对原国家教委1998年5月18日书面函中认定的事实的理解，又如何复查，以及复查的结果和依据。

（9）不予颁发毕业证书、学位证书、毕业派遣书的法律依据。

一、诉讼各方意见

（一）原告代理词

代理词

审判长、审判员：

受原告田某的委托，北京市大通-正达律师事务所的指派，今天参加田某诉北京科技大学拒不颁发毕业证、学位证一案的审理。通过法庭调查和双方举证、质证，认为本案的事实已经清楚，被告拒不颁发"两证"的行为没有事实和法律依据，因而是违法的行政行为。为了更清楚地认识被告行为的违法之处，本代理人发表如下代理意见，请法庭参考。

被告拒发"两证"的事实依据不足。

被告拒绝颁发毕业证、学位证的重要理由是原告不具备颁发两证的前提条件，即不是合格的毕业证。其逻辑推理过程是：田某考试作弊—按学校规定应予退学处理—从此丧失学籍—丧失毕业生资格—不能颁发两证。我们姑且不论以上推断是否站得住脚，仅就被告表明其逻辑关系列举的事实，就不难发现其漏洞和失实之处，下面就被告所依据的几个关键事实作一分析。

（一）"田某考试作弊"的事实是否成立

众所周知，作弊对学生来讲是违纪行为，无疑会导致一系列严重的后果。因而对作弊的认定应当十分慎重。否则就可能导致冤案，发生难以挽回的损失。而作弊的认定不仅要有严格的定性标准，还要有恰当的处理程序。原告田某在1996年2月29日电磁学的补考中将需要加强记忆的公式留在身上没有按要求放在指定的地点，这种疏忽固然违反了考场纪律，但并不构成作弊。因为作弊是指偷看夹带内容等被发现的行为。本案被告无法证明原告偷看掉在地下的字条，而事实上原告也确实没有使用这个字条,更何况字条上所记载的公式与当天考试内容无关。原告被终止考试时卷面分已经达到 50 分,如继续考一定能及格,这是监考老师已经证明的事实。因此,认定原告作弊是不公正的,也是不客观的,田某的行为至多是违反考场规定。

(二)原告的行为是否严重到了必须令其退学的程度

退一步讲,即使被告可以将田某的行为认定为作弊,那么被告也不能不分情节轻重,直接令其退学。按照《普通高等学校学生管理规定》第十二条,"凡擅自缺考或考试作弊者,该课程成绩以零分计,不准正常补考,如确实有悔改表现的,经教务部门批准,在毕业前可给一次补考机会。考试作弊的,应予纪律处分。"另外,《全日制普通高等学校学生学籍管理办法》第十二条也规定了相同规定。原国家教委于 1996 年 5 月发布的《国家教育委员会关于严格高等学校考试管理及有关问题的通知》再次申明"考试作弊的,应予以纪律处分。对于作弊手段恶劣,性质严格的要予以勒令退学和开除学籍","在对考试作弊学生的处理中,要注重以事实为根据;对违反考场规定而未构成作弊行为与已构成作弊行为的,要分清性质区别处理,避免处理失当"。

原告于 1996 年 3 月以后多次向学校缴纳学费,每学期开学学校注册盖章,毕业时学生工作处还在就业推荐表上盖章,这些行为都表明,学校对田某一直按正常学生对待的,所以根本不是个人行为。

综上,原告完全符合法律法规规定获得本科毕业证、学位证的条件。被告拒不颁发两证,损害了原告的合法权益,给原告造成痛苦,请求法院依法确认被告行为的违法之处,判令被告限期颁发两证的法定职责,维护原告的合法权益。

此致

北京市海淀区人民法院

原告诉讼代理人 马怀德 孙雅申

1999 年 2 月 5 日

(二)被告代理词

代理词

审判长、审判员:

受本案被告北京科技大学的委托担任其诉讼代理人。接受委托之后,我作了必要的调查取证和开庭准备工作,刚才又参与了法庭调查,现发表代理意见如下,供合议庭裁决时参考。

首先,关于不予颁发原告毕业证书、学位证书的法律依据。

根据原国家教委高教司的指示精神北京科技大学于 1994 年 11 月 16 日发布的《关于加强考试管理的紧急通知》的精神，即《068 号通知》。该文件第一条明确规定"凡考试作弊者，一经有查出，一律按退学处理"，第三条又规定了作弊的九种形式，其中第五种为"夹带者，包括写在手上等作弊行为者"。本案中的原告在 1996 年 2 月 29 日的电磁学补考中夹带写有公式的字条被作退学处理，实为取消了学籍。根据《教育法》第二十八条的规定，赋予了高等学校的办学自主权。北京科技大学对原告作退学处理，即为进行学籍管理中的一环。

根据《7 号令》第三十五条、第三十八条，《北京地区普通高等学校学生学籍管理办法》第四十五条、第四十八条，《北京科技大学学生学籍管理办法》第三十八条、第四十五条，本案原告已被取消、终止了学籍，因而不具备本科生资格。

根据《学位条例》第四条❶，《学位条例暂行实施办法》第三条、第四条规定，高等学校本科毕业生，成绩优良……授予学士学位，授予学士学位的高等学校应当由系逐个审核本科毕业生的成绩和毕业鉴定等材料。本案中，原告的毕业资格和学位资格恰恰是原告所在的应用学院否定的，学校当然不能颁发其毕业证和学位证书。

其次，不予颁发两证的事实依据也是本案争议的焦点与症结问题。

第一，原告于 1996 年 2 月 29 日在电磁学补考中夹带写有公式的字条这一行为的性质是作弊还是其他违反考试纪律，这是本案的事实基础。对这种作弊，学校是这样认定的：在考试开始后至结束前发现考生携带与考试内容有关的纸页或其他物品，以及把与考试有关内容写在身体某部位，监考老师发现时学生看与不看不是认定这种作弊是否成立的必备条件。因为监考老师不可能每时每刻盯着每名考生。本案原告即属于这种情况，考试中间又去卫生间，出门时掉在地下被监考老师发现，完全符合上述夹带作弊的认定要件。至于原告代理人辩称的原告坐的位置、考试内容与纸条上的公式无关，监考老师未发现原告看纸条等均不影响夹带作弊的既遂而非未遂。正像刑法中以危险方式危害公共安全的几种犯罪一样，只要具备相应的行为方式即可构成犯罪。夹带作弊具有预谋性和明显的目的性，中国古代即定为严重的作弊行为；现代高校也绝非北京科技大学一家把它定为作弊，这绝非北京科技大学的首例与独创。

第二，作退学处理属于高校自主权范围内在学籍管理上的一种合法、有效

---

❶《学位条例》第四条规定，授予学士学位的高等学校，应当由系逐个审核本科毕业生的成绩和毕业鉴定等材料，对符合该暂行办法第三条及有关规定的，可向学校学位评定委员会提名，列入学士学位获得者的名单。

的处理形式。它略带惩罚又未列入学生违纪后的处分范畴，其法律根据源于《普通高等学校学生管理规定》第二十九条和第三十条的规定。所谓退学是由学校行政部门对已获入学资格、正常注册的学生，因后来发生的若干情势变化而取消或终止学籍的一种处理方法或处理决定。它可以分为自愿退学和非自愿退学，本案中学校对原告的处理即为此。退学处理的本质要义在于取消或终止了学生的学籍，在本人档案中不记原因退回原籍或原单位，学生还可以再次参加高考，由学校教务处归口管理，这就与处分中的勒令退学不同。从这一点上讲，学校对考试作弊的学生按退学处理还是出于善意的。

第三，本案原告作退学处理后，又补办了学生证和注册是否就恢复了学籍？这是本案的核心问题。作退学处理的本质在于取消学籍。学校1996年第003号工作简报已张榜公布了对原告的处理决定。从这一天起原告的学籍被终止，在学校的诸多管理环节上都有体现，就在事发的第二学年第二学期原告没有履行正常的注册手续，据称是学生证丢失。但由于凭学生证可以享受半价火车票的优惠及其他便利，原告应当在1996年3月4日至8日这一周履行补办手续，不应在半年后再去补办。故称学生证丢失与常规不合，但无论如何这一学期未曾注册是一个不争的事实，这一点原告在此法庭上也未否认，仅从形式上看一个有正常学籍的学生必须是四个学年八个学期连续不间断注册，原告却差一个学期。

在补办学生证的程序上，学校存在制度方面的漏洞，即仅凭院系的盖章、本人说明和辅导员签字，教务处填写后把校办的钢印拿过来盖上并同时给注册。学校曾发生在补办中将十几人一起写成原籍海口、广州，旨在享受半价火车票的事件。原告正是利用了补办程序的欠缺，而在事发半年后补办成功的。另外，为原告具体履行填写手续的是一位将退休而去教务科临时帮忙的老师，他的这种临时代理行为也超越了只能给有学籍的学生补证的代理权限，应属无效。当然，理化系也不应给原告出具证明并盖章。

在原告的举证中，除学生证外，都不能直接必然证明原告享有正常的学籍，这些证据大多是跟班进修生也可享受的权利或应履行的义务。但是，一个学生是否享有正常的学籍，在学生一方的一般凭证是学生证给予注册，更重要的是校方的学生登记卡片、花名册、学生档案及电脑磁盘。1996年3月5日的处理决定取消了原告的学籍，学校曾多次要求理化系协助、催促其办理退学手续。1998年6月2日，复查报告仍然维持了1996年的处理结论。最后，应用学院的毕业资格和学位审批表又否定了原告的毕业资格，这一切说明原告早已丧失学籍，因而不能获得北京科技大学本科毕业证，也不能获得学士学位证书。

最后，如何认识、看待本案中的几个问题。

1. 如何看待对原告的退学处理是否偏重。所谓重与不重是和同类可比事务的比较中得出的相对判断。学校执行《068号通知》态度是坚决的、一贯的。截至1998年1月共有24人因考试作弊受到退学处理，其中8人为夹带作弊而受到处理，唯有原告没有办理离校手续。同样的作弊形式受到同样的处理，怎么能说对原告处理偏重呢？

2. 学校的《068号通知》是对原告进行处理的法律依据，在行政审判中这种可以称为"准抽象行政行为"的内部规范性文件应当获得法院的支持。根据行政诉讼法的规定，法院有权审查规章以下的行政规范性文件的合法性。就本案而言，在高等学校自主权范围内，未与国家重要法律、法规相抵触的校规校纪理应受到行政审判权的支持。就《068号通知》而言，其制定发布程序也是合法的，其内容也抄报了国家教委高教司、冶金部人教司、北京市教育工委和北京市高教局，均未被提出异议，因而《068号通知》的合法性是毋庸置疑的。

3. 如何认识学校1996年3月5日决定的执行问题。原告及代理人认为学校1996年3月5日的作退学处理根本就没有执行，这实为一种误解。我们说取消学籍就是取消了原告的本科生资格，相关手续得需要原告亲自去办。有的部门如学生处就停发了副食补贴，而大部分部门必须得等原告来后才能办手续。执行九联单还需要到教务科领取一个需要盖14部门章的转单，最后到档案室提供一个档案寄回原籍何处的详细地址，由档案室寄回档案。这都得需要原告自己去办。学校并没有对学生的人身强制权，只能催促学生抓紧办，学校从未允许原告继续留下来学习。

4. 如何认识在学籍问题上学校的处理决定与院系个别工作人员行为的关系。

在学籍问题上，只有学校行政部门才有权决定学籍的存续与否，这可以说是学校行政的专属权限。学校1996年3月5日的处理及1998年6月2日给教育部学生司的复函，即两个具有最高法律效力的决定均对同一问题有一致的结论——取消原告学籍。这期间一切与学籍有关的校内院系个别工作人员的意思表示，凡与两个决定相抵触的均属无效。因为它侵犯了学校行政的专属职权。这些意思表示如前述分析，有的是超越代理权的；有的是在承办人有重大误解下作出的；有的则是故意违背学校的决定，属有令不行，有禁不止的，是应受查处的违反政纪的行为。

另外，本案中学校行政与作为学生的被管理者之间，应属于内部行政法关系，受合法规则的支配。根据法律公理，这种具有内部具体行政行为性质的处理决定，一经合法作出，效力预决，相对人的申诉也不能当然产生阻止其发生法律效力的作用，只有其自己或上级通过法定程序以相同的决定才能予以改变或撤销。故而学校的处理决定始终处于确定状态，原告的申诉、事实上的继续学习及院系个别的意思表示都不能动摇或否定其法律效力，更何况它又得到了1998年6月2日复查报告的维持。

以上代理意见仅供合议庭评议时参考，谢谢！

被告代理人　张锋　李明英

1999年2月5日

二、开庭对证据的审查

证据是用来证明案件事实的客观材料。行政诉讼的证据是能够证明行政案件真实情况的一切真实材料或手段，是在行政争议当事人之间法律关系产生、发展和变化过程中形成的。行政诉讼的证据类型包括：（1）书证，是以文字为主的形式在纸张等物品上表达一定意思，其内容能够证明案件事实的证据形式；（2）物证，是以物品的存在、形状、规格等能够证明案件事实的证据材料；（3）视听资料，是利用录音、录像或电子计算机储存的资料来证明案件事实的证据形式；（4）证人证言，是证人向人民法院所做的口头或书面的陈述；（5）当事人陈述，是当事人向人民法院所做的有关案件事实的陈述；（6）鉴定结论，是鉴定人对案件中某些专业性问题，通过鉴定所作的结论性意见；（7）勘验笔录、现场笔录，是行政机关为了查明案件事实，对有争议的现场或物品依照法定的程序进行现场勘验或检查，并将勘验、检查的情况和结论如实记录而形成的证据材料。

（一）关于行政诉讼中证据的性质

行政诉讼的证据与刑事诉讼、民事诉讼中的证据有着明显的不同，这一点是由于行政管理的特殊性决定的。在证明对象上具有特殊性，举证责任的承担者为作出具体行政行为的行政机关，这些证据的效力已经经过行政机关的反复审查、内部审查或复议程序的审查，基本上符合证据的特性，可以适用。行政诉讼中的证据具有以下特性。

第一，客观性。它是指证据的事实必须是客观存在的事实，不能带有任何主观的成分。行政法律关系和行政诉讼法律关系的发生、变更、消灭都与周围的环境、人或事件产生一定联系，并形成不同形式的事实材料。作为定案证据的事实必须是客观存在的，不带有任何的主观成分，一切虚假的、主观想象或猜测的所谓证据材料不能作为案件的证据。如某规划管理机关的执法人员在查处一起违法建设时，对违法建设的面积未进行实际测量，即以目测的面积来确定为违法建设的面积。这个案例中虽然违法建设的面积很小，但是不进行实际测量不能随意确定违法事实，法庭经过审查，认为违法建设的主要证据不充足，遂判决撤销被告作出的具体行政行为。

第二，合法性。要求证据的形式要合法，包括证据的来源、调取证据的主体都是合法的。当事人提交的证明材料本身可能是合法的，也可能是不合法的。按照《中华人民共和国行政处罚法》（以下简称《行政处罚法》）第三十七条的规定，执法人员在执法中不得少于二人，同时还要向管理相对人出示证件，告知身份。如果被告的执法人员在执法中既不表明身份，又不告知相对人的权利、义务而作出行政行为的，即使该具体行政行为的内容符合法律规定，但因违反法定的执法程序也得不到法院的认可。

第三，专业性（或技术性）。行政执法在很大程度上是技术执法，涉及社会生活的方方面面，技术性或行业性的事实材料是行政证据的显著特性。在行政诉讼中，行政机关的举证能力比原告强，在特定的情况下，原告几乎没有举证能力，有的案件中的证据需要一定的知识、能力、技术手段、资料，乃至特殊设备才能取得，而这些又往往是原告的能力所不能及的。如对环境方面的监测报告、污染结论、鉴定，药品的鉴定、识别等，原告无专业条件收集、保全证据，因而要求原告举证的观点超出了其诉讼能力，因此在行政诉讼中法官在要求当事人举证时不能严格按照"谁主张，谁举证"的观点机械地操作。在行政机关中根据职能的分工，具有不同的行政执法职能，在国家行政管理活动中存在多种行业管理，每个行业都有相应的行政管理职能。

第四，关联性。证据必须与案件的事实存在一定的联系。对于与案件事实无关，即使是真实的、客观存在的证据，也不能作为行政诉讼案件的定案证据。法院在审查证据时，首先要看证据与案件事实有无直接联系，然后再审查证据与案件事实之间的关系，以及证据之间的关系。

（二）关于行政诉讼举证责任的原则

举证责任就是承担举证责任的当事人应当提出自己的主张，证明其主张成立。在行政诉讼案件中，根据《行政诉讼法》第三十二条的规定，在行政诉讼中举证责任主要由被告承担，当被告不能证明其具体行政行为合法的情况下，将承担败诉责任。原告在行政诉讼中并不需要举出证据证明被诉的行为违法，只要证明其主张属于行政诉讼受案的法定条件即可。在行政执法中，行政机关处于主动地位，而管理相对人则处于被动的受管理地位，这就决定了双方在行政管理活动中的法律地位不平等。行政机关在行政管理活动中无须征求管理相对人的同意，若行政机关坚持行政管理相对人或相关人举证，显然不公平，也违反了行政执法的公开、公平、公正的原则。

从以上概述看，行政诉讼中的证据必须与行政争议有着直接、必然的联系。行政法官对证据特性的研究，有助于法官当庭对证据的审查和判断。在案件的审理中，法官需要当事人向法院提交证据，并且将当事人提交的所有证据放在庭审上由当事人进行辨别，发表意见。在这一系列过程中，存在"置证"与"质证"两种概念："置"是放置的意思，意在拿出事实，摆在桌面上进行辨别；"质"的本意是性质、实质和询问的意思，质证意在就本质问题进行询问及辨别，二者在案件的审判中具有重要的意义。如何把握置证与质证，是法官审案的关键。在开庭审理中，根据案件的不同情况，法官需要明确当事人的举证责任，在庭审中，将全部证据放在庭审中，由当事人充分发表质辩意见，以确定当事人所举证据的真实性。同时还应当避免单方面强调当事人举证，而忽略了法院在必要时有调取有关证据的职权，以充分、有效地保护当事人的合法权益。对于不同案件，被告的举证范围也有所区别，把置证、质证与认证三项工作有机地联系在一起。

（三）关于被告的举证范围

第一，行政执法主体职责是否合法的证据。

行政执法主体的职责来源于国家法律法规的规定。我国行政执法权包括行政许可权、检查权、处罚权等权力。行政主体资格是行政主体应当具备的条件，行政机构众多，但不是所有的行政机关都具备行政主体资格，只有经过依法设立或法律法规授权的社会组织，才能够独立承担行政责任，才具备合法的行政职责。根据《行政诉讼法》第十一条规定，行政机关履行保护人身权、财产权的法定职责，行政机关拒绝履行或不予答复的，管理相对人或相关人均有权向人民法院提起行政诉讼。人身权和财产权的范围非常广泛，既包括公民的人身自由权、生命健康权、名誉权、姓名权与荣誉权，也包括与财产权相关的债权、继承权、承包经营权等。被告在提交法定职责的证据时需要提交相关法律法规的规定，并且详细说明其具体行政职责的范围以及操作规范，操作规范既包括事实认定标准、行政处罚的尺度，也包括行政执法的程序规范，以及据以作出具体行政行为法定构成要件方面的事实证据。

第二，承担行政诉讼程序方面的证明责任。

具体行政行为符合法定程序的一个基本的规则是"先取证，后裁决"，即行政机关在作出裁决前，应当充分收集证据，然后根据事实，对照法律作出裁决；不能在毫无证据的情况下，对公民、法人或其他组织作出具体行政行为。行政机关在行政程序中的地位属于职权主义的执法模式，其在行政执法中具有广泛的裁量权，处于主导地位，对具体行政行为的合法性和合理性应当承担证明责任。该案被告在行政执法中是行政主体，对作出具体行政行为的程序承担合法性和合理性的证明责任。目前我国还没有一部完整的行政程序法律，虽然在《行政处罚法》中规定了行政机关调查的方式和范围，但非常笼统。行政机关在具体执法中的一些执法工作规程属于规范性文件，有的连规范性文件的级别都够不上，是内部文件。

因此，当行政机关作出的具体行政行为被诉至法院时，行政机关应当提供充分的事实材料证明其行为的合法性，这是被告承担举证责任的基础。

（四）关于开庭质证涉及的问题

第一，未经法庭质证的证据依法不得作为定案依据，这是诉讼程序的原则。

质证的意思就是将证据交由诉讼当事人，并接受对方的询问，使得诉讼对方当事人在诉讼中享有平等的参与机会和权利。我国法律中规定的诉讼程序均包括所有的证据必须经过庭审审查属实才能作为定案证据，这说明所有的证据要经过充分质证，才能明辨事实真相，这对于法官来讲，可以正确地采纳证据，对评定案件是很大的支援，也防止因法官的片面判断而影响案件的公正审判。《行政诉讼法》第三十一条第二款中规定："以上证据经法庭审查属实，才能作为定案的证据。"这就说明对于证据的审查方式是开庭审查，而不是其他方式。法院将当事人提交的所有证据放在开庭时审查，由当事人对对方提供的证据充分发表质辩意见，法庭需对当事人就证据发表的质辩意见进行认证，以确认证据是否能够证明案件的事实。

第二，公开审查证据是诉讼活动的法定程序，是行政诉讼公开原则的充分体现。

开庭审查证据的主要方式，主要体现在庭审活动中的举证、质证、质辩和认证四个环节。当事人举证应当全部在法庭上出示，特别是被告，对于其作出的具体行政行为必须在法庭上经过当事人发表充分的质辩意见，只有经过当事人对证据质证、质辩，发表反驳意见，并经过法庭审查属实并予以认证的证据，才能作为定案证据。对于未经过法庭质证、认证的证明材料，不能作为定案的依据。开庭审查证据体现了当事人在诉讼中的地位平等，有利于法官听取各方的意见，有利于案件正确地审判。审查的范围包括：（1）有权实施该行政行为的法定依据；（2）作出该行政行为的事实依据；（3）实施该行政行为的实体规范性文件；（4）实施该行政行为的程序规范；（5）其他应当提供的材料。以上证据必须是被告在具体行政行为作出之前调取、收集的证据。

在传统的审判过程中，法官们也将当事人提交的证据在法庭上出示、宣读，这种"辨认"证据的方式只是形式上向当事人公开，不能体现当事人对对方的证据发表不同意见。"质"的含义是多层次的，既有前面讲到的事物的本质的意思，还有质询、讯问的含义，后者的含义更为重要。因此，在庭审中法官应当给予当事人一个机会，无论原告还是被告或第三人，均有权针对对方递交的证据提出反驳意见，允许向对方当事人或证人提出询问、反证或证据线索，供法庭审查核实，也就是让当事人在法庭上充分发表质辩意见。

坚持这一原则，在法庭审判中出示的证据材料应当在当事人之间进行互相质辩，法官要作出承认或否认的判断，以此来确定证据的真实性、关联性、合法性，以确定该证据是否可以作为案件的证据。在审判实践中如何对待当事人的质证问题，法官应当针对当事人的诉讼能力引导当事人针对不同的举证情况发表质辩意见、进行质证，具体应当有以下工作：（1）对被告向法庭出示、宣读的事实证据材料，由被告方陈述证据的来源、内容后，法官应引导原告围绕证据的真实性、关联性和合法性逐个、分阶段质证，并明确作出承认或否认的判断；（2）对被告提交的法律依据，法官应当引导原告和第三人从规范性文件的效力和适用性上进行质证；（3）允许当事人对对方当事人提交的证据发表反驳意见，以及提供相应的证据线索。

第三，证据应当达到的证明标准。

"以事实为根据"是我国诉讼制度中一项重要原则，要求法院在案件的审理中只能以客观事实作为唯一的根据，绝不能以主观想象、主观分析和判断做依据。由于法官的学识、经验的差异，在思维和判断上也就有所不同，在对证据进行判断时，法官对证据掌握的标准决定了对案件事实的认定的正确性。法官需要对案件事实作出认定，对已经过去的、不可逆转的、消灭的事件和过程作出判断的依据唯有证据。法官在这一判断过程中，采取什么规则，以什么为标准对证据进行审查，作出符合通常的事理、情理、法理的认证，既能够让常人认可法院的认定，又能够客观反映被诉行为的原貌，是法学理论和审判实践中的突出问题。

证明的意思在汉语中解释为"用可靠的材料来表明或断定人或事物的真实性"❶；证明标准"是为了实现法定证明任务，法律规定在个案中诉讼证明必须

---

❶ 现代汉语词典 [M]．北京：商务印书馆，1999：1608．

达到的程度"❶。证据的证明标准无非是要解决一方当事人是否完成了举证责任，承担证明责任的一方提供的证据对案件事实加以证明所要达到的程度。当行政机关提供的证据达到了一定的证明标准，就意味着完成了证明责任，其主张就会成立。所以，证明标准需要解决的问题是对于待证的事实要达到什么程度，使证明责任具体化。

在行政诉讼中，被告提供的证据达到了一定的证明标准，就意味着完成了证明责任，行政行为才会被认定成立。《行政诉讼法》第五十四条规定，一个合法的具体行政行为应当是"证据确凿"。"证据确凿"精神也散见于《行政处罚法》《治安管理处罚条例》❷ 等。可以说"证据确凿充分"是我国行政诉讼的主要证明标准。同时，《行政诉讼法》又规定了"主要证据不足"是法院判决撤销或部分撤销具体行政行为的法定理由。这说明我国的证据的证明标准在行政审判中并非只有"证据确凿"，还包括了"主要证据不充分"的标准。我国有一些法律根据不同的情形，制定了具体的证明标准。

由于世界各国的历史文化传统差异，其审判方式、诉讼观念和司法制度存在不同，这使得各国在证据制度上各具特色。在美国司法审判制度中，适用三种不同的证明标准：刑事案件的证据必须达到"排除一切合理怀疑和程度"❸的标准；民事案件中，证据的标准则低于刑事诉讼证据标准，采用"优势证据"的标准，只要一方当事人首先打破平衡，达到了优势证据的证明标准，其即应获得有利于自己的裁判结果；在司法审查中，证据的证明标准是"具有实质性的证据支持"与"专横、任性、滥用自由裁量权标准"❹。对此，美国法院的解释不同，一些判例将"具有实质性的证据支持"标准解释为实际上是"优势证据"标准。他们认为实质性的证据标准也是一个公平的证据标准❺；有的认为实质性的证明标准是"一个合理的人可以接受作为支持一个决定的适当的证明标准"；也有的认为实质性的证明标准"要求证明的程度超过证据优势的标准"；还有人认为要"达到令人明白、信服的标准"❻。

---

❶ 高家伟. 行政诉讼证据的理论与实践 [M]. 北京：工商出版社，1998：167.
❷ 《治安管理处罚条例》已于 2006 年 3 月 1 日废止，现行法律为 2013 年施行的《中华人民共和国治安管理处罚法》。——编辑注
❸ 王明扬. 美国行政法 [M]. 北京：中国法制出版社，1995：486.
❹ 王明扬. 美国行政法 [M]. 北京：中国法制出版社，1995：486. 美国联邦行政程序法第 556条（d）款"……除非考虑了全部案卷或其中为当事人所引证的部分，并且符合和得到可靠的有证明力和实质性证据的支持，否则不得科处制裁，发布法规或作出裁定。"（适用于审判型的行政裁决正式听证时一般适用的标准。）
❺ 王明扬. 美国行政法 [M]. 北京：中国法制出版社，1995：685.
❻ 王明扬. 美国行政法 [M]. 北京：中国法制出版社，1995：487.

虽然我国的"证据确凿"标准很高，但是具体到实际运用则缺乏可操作性。有学者指出，我国行政诉讼证据的证明标准是指根据行政诉讼法的规定，当事人履行举证责任、证明案件所应达到的程度，是人民法院查明行政案件的事实真相，特别是被诉具体行政行为是否符合事实真相的标准，具体包括证据所应当达到的质、量两个方面的要求，提出行政诉讼证明标准在刑事和民事之间，具有"中间性"。❶

纠纷不同，诉讼规则不同，适用的法律规范也会不同，所适用的证明标准也应有所区别。从我国行政诉讼审查原则看，合法性审查是根本。达到合法性标准，必然要有法定的审查标准，才能通过法律程序，对待证事实进行认定。法官机械地要求行机关举证达到"证据确凿"的标准，显然是不现实的。但是，不进行监督等于放任，会出现不利的后果。所以，应当从证据的价值取向出发，确立一种合乎事理、情理和法理的证明标准。

行政行为本身的效力优先性，决定了被告掌握具有优势的证据，在行政诉讼中采用"优势证据标准"，则违背了我国行政诉讼法规定的监督行政机关依法行政的立法宗旨，也是对相对人和相关人的不公，极有可能导致行政专横。而采用"排除一切合理怀疑和程度"这种高标准的证明标准，对行政机关有些苛刻，也不利于解决大量的行政争议，很有可能产生放任法官滥用审查权的嫌疑。为此，应当探索以行政行为的种类划分，建立多元化的证明标准，即以法定性证明标准为主，兼顾确立合理性证明标准和无明显过错的证明标准，即具有可操作性的证明标准。分为三类：（1）法定性证明标准，法律已经为行政执法规定了具体的操作规范，法官按照法定的标准对行政机关提供的证据进行审查判断时，对证据的"确凿性"不能掺杂自由心证。（2）合理性证明标准，法律虽然对行政执法规定了一定的程序和标准，但是不可能明确规定具体的操作步骤、相关的规则。行政机关应当提出证明行政行为的方式、内容具有合法性，且在一定合理的限度内的证据。（3）无明显过错的证明标准，现实中，行政机关为了实现行政管理目的，采取协议方式以实现国家行政管理目标和公共利益，常见的方式有建议、示范、制定导向性政策、发布官方信息等，此类合同在执行中具有优先性，可以单方面变更或解除。为此，行政机关应当以证据的价值取向为根本，提供没有过错的相关证据，以证明其行政行为没有侵害对方的合法利益。

---

❶ 高家伟. 行政诉讼证据的理论与实践［M］. 北京：工商出版社，1998：169.

三、田某案的举证和质证

（一）北京科技大学的举证情况

证据及认证内容：

1. 原告于 1996 年 2 月 29 日作出的书面检查；

2. 监考教师郭老师的书面证言；

3. 监考教师龚老师的书面证言；

以上 3 份书证能够证明被告认定原告在考试中随身携带了与考试科目有关的纸条，但未发现其偷看的事实。

4. 原国家教委《关于加强考试管理的紧急通知》；

5. 校发（94）第 068 号《关于严格考试管理的紧急通知》；

6. 原国家教委有关领导的讲话；

以上 3 份文件不属于《行政诉讼法》所规定的适用或参照的法律范畴。

7. 北京科技大学教务处关于田某等 3 人考试过程中作弊，按退学处理的请示；

8. 期末考试工作简报；

9. 学生学籍变动通知单；

以上书证能够证明被告于 1996 年 4 月 10 日曾对原告作出按退学处理的决定，但并不能够证明被告将上述决定直接送达原告，也不能证明该决定实际执行。

10. 原国家教委高校学生司函；

11. 被告对田某考试作弊一事复查结果的报告；

这些书证能够证明被告部分教师为田某提出申诉，原国家教委有关部门要求被告复查，以及被告作出复查意见的过程。

12. 关于给予北京科技大学学生王某勒令退学处分的决定；

13. 期末考试工作简报 7 份；

以上书证与该案无必然联系，不能作为支持被告的诉讼意见和证明目的。

14. 唐某兰等教师证言；

15. 考试成绩单；

16. 1998 届学生毕业资格和学士学位审批表；

17. 学生登记卡；

18. 学生档案登记单；

19. 学校保卫处户口办公室书证；

20. 学籍变动通知单第四联及第五联;

21. 无机 94 班级人数统计单。

以上书证均为被告在诉讼期间未经法院同意自行调取的,该行为违反了《行政诉讼法》的规定,不应作为该案事实证据。

【点评】

关于被告的证据:两位监考教师的书面证言。两位监考教师的证言中均证明了田某在 1996 年 2 月 29 日的电磁学补考中,夹带了与考试有关的纸条。监考教师之一郭老师在证言中说:"在考试过程中,我看到田某同学征得龚老师的同意后出去上厕所。田某走到教室门口时,从皮夹克的袖子里掉出纸片。我捡起来发现上面有公式的字样,就交给龚老师处理。"龚老师的证言这样写道:"在他经座位走向教室门口的路上,从他身上掉下半张纸(当时他并未发觉),被郭老师捡起来交给我,对我说是你的学生身上掉下来的,经查看纸条上写有电磁学的有关公式。"这与郭老师对田某从座位走到教室门口时从身上掉下纸条的证言完全一致。同时,龚老师还证明:"当田某回教室时问他这张纸条是不是你掉下来的?他想了一下就承认了。在这之前并未发现他有查看纸条的现象。但身上有电磁学有关公式的纸条,严重违反了考场纪律,当时就停止了他的考试,并令他退出教室。"这与田某自己的检查中内容一致,可以证明田某在被发现夹带纸条时,承认了自己错误的事实。同时,还能够证明田某在当天的考试中,没有查看夹带的纸条的行为。在龚老师证言中,对学校提出处理田某夹带纸条行为时,希望(学校)根据田某的具体情况给他一次改正错误的机会。按照情节轻重,区别对待的原则给予妥善处理。

(二)田某的举证情况

1. 1996 年 9 月被告为原告补办的学生证,学号为 9411026,能够证明被告从 1996 年 9 月为原告补办学生证并逐学期为原告进行学籍注册,使其具有北京科技大学本科学生学籍的事实;

2. 献血证;

3. 重修证;

4. 准考证;

5. 收据;

6. 票据;

7. 英语四级证书;

8. 计算机 BASIC 语言证书;

9. 同学甲证言；

10. 同学乙证言；

11. 实习单位1997年8月出具书证；

12. 结业费发放书证；

以上书证能够证明原告在被告的管理中，以该校大学生的资格进行学习、考试和生活的相关事实。

13. 学生成绩单；

能够证明原告在该校四年的学习中取得的学习成绩合格的事实。

14. 北京地区普通高校毕业生就业推荐表中加盖有被告主管部门的印章；

能够证明被告在加盖公章之后，承认原告具备应届毕业生的资格的事实。

15. 应用学院的书证。

证明田某已经通过了全部考试及答辩，具备毕业生的资格，学院等待问题解决之后，为田某在授予学位表上签字的事实。

第五节 法院经审理查明的事实

通过对当事人提交的上述证据的分析与认证，一审法院根据有效证据认定了如下事实，同时也对不予采纳的证据进行了说明。

一、根据有效证据认定的事实

原告田某于1994年9月考取该校，获得本科生的学籍。

【点评】

受教育者具有学籍是依法取得学历、学位证书的前提条件。教育管理是教育活动的核心内容之一。从旧时期的私塾时代的教育教学方式，到现代社会科学的教育教学制度的变化，反映出在管理上的区别。私塾式的教育，学生交钱，先生教学，他们之间的关系类似商品交易形式，无章可循。现代教育管理制度从法律上明确了教育者和受教育者的权利和义务，这些权利义务来源于宪法、教育法和相关法规。从被告提交的证据16、证据17，可以认定田某于1994年9月考取北京科技大学，并进行了学籍登记。

1996年2月29日原告在电磁学课程的补考过程中，随身携带写有电磁学公式的纸条。考试中，在上厕所时纸条掉出，被监考教师发现。监考教师虽未发现其有偷看纸条的行为，但还是按照考场纪律，当即停止了田某的考试。

【点评】

从被告的证据1，原告于1996年2月29日提交的书面检查中，可以发现他是个还算诚实的学生。田某在被发现夹带与考试有关的纸条后，立即被停止考试。他在当天的检查中这样写道："在今天上午的电磁学补考中，因准备作弊而被老师发现。事情经过是考前复习时，我抄了些公式，在考试的时候，我把纸条藏在衣袖里，结果纸条在出门时滑落出来，被老师发现。"同时，田某还检讨了自己的错误，认识到"这件事给了我很深的教训，学习只有靠平时自己的努力刻苦，任何投机取巧都是不行的"。他表示"愿意接受学校的教育和处理，请学校再给我一次机会，在今后的学习生活中，严格律己，牢记这次沉痛的教训，加倍努力，以优异的成绩完成大学课程"。从这份检查中不难看出，田某确实有作弊的动机，并且实施了作弊的准备。在老师发现的时候，他没有抵赖，应当是一种悔改的表示。

被告根据《068号通知》，认为田某的行为属作弊行为，于1996年4月10日填发学生学籍变动通知，对原告按退学处理。

【点评】

这些事实是以被告的证据4~8为根据。其中，校发（94）第068号《关于严格考试管理的紧急通知》和原国家教委有关领导的讲话是该案认定事实的关键证据。

被告在1994年12月，根据国家教委1994年11月发出201号《关于加强考试管理的紧急通知》，按通知中"严格考试要求，严格考试纪律，严格评分标准"的要求，修订了该校的《学生成绩考核和成绩管理规定》，明确对于考试作弊者，一经查出，一律按退学处理。退学处理决定由校考试领导小组作出，并及时张榜公布。该管理规定明确夹带或写在手上等行为属于作弊行为。

关于原国家教委有关领导在讲话中提到的"对于极少数学习态度不端正、在考试中公然作弊的学生，要坚决按照《普通高等学校学生管理规定》和校纪、校规予以严肃处理"，这里涉及三个问题：一是在考试中公然作弊的要严肃处理；二是规章中对于作弊行为如何处理；三是校纪、校规的规定是否与规章一致。

教务处关于田某等3人考试过程中作弊，按退学处理的请示以及《期末考试工作简报》，证明了学校对"田某在电磁学补考中夹带写有公式的字条"以学校工作简报的形式，由教务处作出了"按作弊处理"的决定，并明确物理化学系应于1996年3月8日前将学生退学处理报教务处,并协助做好学生离校工作。这份简报的作出是否向田某送达或者直接告知了田某,合议庭在法庭审理中向被告询问,被告答:在信箱中送达。

问及作弊的行为多种多样,程度上有没有轻重之分,被告回答:北京科技大学在此类问题的处理上没有轻重之分,这与学校的通知是一致的。但是,对于没有轻重之分,处理完全一致的做法与原国家教委的"在考试中公然作弊的要严肃处理"的指示精神是否一致,值得探讨。

关于被告的学生学籍变动通知单的证明效力问题,这份证据中涉及三个问题:一是关于该通知单的性质。被告代理人回答是中性处理决定,不是纪律处分。二是对于如何向本人宣布的问题。代理人陈述:通知单的送达方式是邮政信箱送达,张榜公布,下发简报。教务处通过信箱向田某送达,田某应当收到了。三是退学是否执行问题。学校在处理后填写有九联单:教材科、系里、学生科、图书馆、学生本人、户口办公室、档案科、学籍变动通知单。这是最后的环节,要交到档案室,以便寄材料。这些手续要由本人到教务处领取转单,由部门盖章,本人亲自办理。

(对于按退学处理的送达和告知问题)被告明确表示未直接向原告宣布、送达通知。为此,原告陈述称是从(学校的)布告栏中看到的《工作简报》。之后,其就向学校申辩,没有收到学校的九联单和转单。

【点评】

学校作出《期末考试工作简报》,张贴在校布告栏,但未向田某本人告知。从以上证据看,学校并未实际对田某办理有关退学的手续,田某继续在校以该校大学生的身份参加正常学习及学校组织的活动。

1996年3月,原告因学生证丢失未进行1995至1996年度第二学期的注册,1996年9月被告为原告补办了学生证。

【点评】

原告的证据1是1996年9月被告为田某补办的学生证,学号为9411026,与田某入学时的学籍号码一致。这能够证明被告承认田某具有北京科技大学的学籍,且学籍号没有变动。补办学生证后,在之后的四个学期又为田某进行了学籍注册。这些事实可以认定被告认可田某仍然具有该校本科学生的学籍。

(学校)每学期均收取原告缴纳的教育费用,并为原告进行注册、发放大学生补助津贴，安排田某参加了大学生毕业实习设计，由其论文指导教师领取了学校发放的毕业设计结业费。原告还以该校大学生的名义参加考试，先后取得了大学英语四级、计算机应用水平测试 BASIC 语言成绩合格证书。

【点评】

通过原告的证据 2~11 形成了证据链，能够认定田某于 1996 年 4 月参加考试以及取得了相应的证书。证据 12 及被告的当庭陈述，可以认定田某在北京科技大学的四年学习成绩合格。田某的同班同学也证明了田某的补助津贴从 1996 年 3 月至 1998 年 6 月一直由学校发放，田某每学期按时缴纳学费。同时，系里还安排田某参加了毕业实习，并为他发放了毕业实践的结业费 200 元。因此，法院认为被告仍然将田某作为在校学生对待，在被告相关院系的安排下，通过了四年在校学习，成绩优良，且通过了毕业实习、设计及论文答辩等，这些事实均无争议。

1998 年 6 月，原告所在院系向学校报送田某所在班级授予学士学位表时，学校有关部门以田某已按退学处理、不具备北京科技大学学籍为由，拒绝为其颁发毕业证书，进而未向教育行政部门呈报毕业派遣资格表。同时，被告坚持同样的理由，对于其学士学位资格也未交该校学位评定委员会审核原告学位资格。田某所在应用学院及物理化学系认为原告符合毕业和授予学士学位的条件，但由于当时原告的毕业问题正在与学校交涉，故学院暂时未在授予学位表中签字，待毕业问题解决时再签。

【点评】

原告的学生成绩单说明了被告对田某在该校四年的学习中取得的学习成绩合格没有异议；在原告的"北京地区普通高校毕业生就业推荐表"上加盖有被告主管部门的印章，能够证明被告在加盖公章之后，承认原告具备应届毕业生的资格的事实。而且，通过"应用学院的书证"也证明了田某已经通过全部考试及答辩，具备该校大学毕业生的资格，学院需要等待问题解决之后，才能为田某在授予学位表上签字的事实。

因被告的部分教师为田某一事向原国家教委申诉，原国家教委高校学生司于 1998 年 5 月 18 日致函学校，认为学校对田某违反考场纪律一事处理过重，建议复查。同年 6 月 10 日，被告复查后，仍然坚持原结论。

【点评】

关于对被告提交的证据 10 原国家教委高校学生司函、证据 11 被告对田某考试作弊一事复查结果的报告认定的事实问题。

原国家教委高校学生司在 1998 年 5 月 19 日给学校的函中提出："你校教师到我司反映你校物理化学系无机 94 级学生田某考试作弊处理的情况，以送交的材料看，我们认为处理结果偏重。现将材料转给你校，望你校对该生的情况进行复查，作出妥善处理，并将处理结果报我司。"学校接到函后，于同年 6 月 5 日给高校学生司的报告中写道："田某同学的考试作弊行为属夹带作弊。夹带属预谋性作弊，其性质是严重的。"被告认为"对田某作弊事实清楚，处理结果符合文件的规定，作退学处理是合适的"。对于原国家教委指出处理偏重的意见，学校进行认真复查，并答复维持原来的处理。上述两份证据，结合田某的证据可以看出，田某所在系的教师对学校的处理有异议，也能看到高校学生司意见。

法院在行政诉讼合法性审查中，对于不符合情理的事情，司法的权力是有限的。该案中，法院是对处理决定所依据的事实是否成立，是否符合相关规定进行判断，对学校处理是否偏重的认定不是法院的审查职责。

田某在考试中夹带了写有与考试有关的纸条，对此田某没有争议，争议的问题是学校在处理结论上"偏重"的问题。学校认为既然在《068 号通知》中已经明示了夹带就是作弊，对作弊按退学处理，不存在是否偏重的问题。而系里的教师却认为在处理上应当区别对待，他们提出学校处理偏重的意见得到了高校学生司的认可，学校应当进行复查。

二、涉及不予认定的问题

（被告的补充证据）

1. 1998 届学生毕业资格和学士学位审批表；

2. 学生补考成绩记录表；

3. 于某关于田某 1996 年 3 月至 1996 年 7 月未注册的证明材料；

4. 周某关于曾停发田某副食补贴的证明材料；

5. 刘某坤、教务处关于未拨给田某结业费的证明；

6. 桂某珍关于计算机应用水平考试程序的证明材料；

7. 田某的学生登记卡、学生档案袋，档案馆、保卫处的无机 94 学生班学生名册，包括学校保卫处户口办公室书证、学籍变动通知单第四联及第五联、无机 94 班级人数统计单。

上述材料是被告在诉讼期间补充的证据。田某对此提出异议，认为这些内容形成的时间不清楚，不能作为证据。法院认为，以上书证均为被告在诉讼期间未经法院同意自行调取的，该行为违反了行政诉讼法的规定，不应作为本案事实证据。而且，唐某兰的两份书面证言的出证时间分别是 1998 年 12 月 2 日和 12 月 18 日；于某的书面证言的出证时间在 1998 年 11 月 12 日；周某的书面证言的出证时间在 1998 年 11 月 26 日；刘某坤的书面证言出证时间在 1998 年 12 月 16 日；桂某珍的书面证言出证时间在 1999 年 2 月 3 日，上述证据均是被告在诉讼期间，未经法院同意自行收集的证据，根据《行政诉讼法》第三十三条的规定，属于无效证据，不予确认。

【点评】

举证责任也称证明责任，证明责任是负有提出证据证明案件有关事实一方当事人的义务。民事诉讼、行政诉讼是法院解决原告、被告双方争议的活动，而举证责任所要解决的就是在法庭审理中处理原告、被告双方的争议时，由哪一方负提出证据的责任的问题。如果承担举证责任的一方不能完成举证责任，要承担其主张不成立的风险。在行政诉讼中，被告负有不可推卸的举证责任，这是行政诉讼法特有原则之一，与民事诉讼中的"谁主张谁举证"的一般原则有着鲜明的差别，被告如果不能举出有效的事实和法律证据，将承担败诉的责任。行政诉讼中举证责任是行政诉讼原告和被告依法承担证明其诉讼主张成立的义务，是行政诉讼法赋予当事人证明行政案件事实的个人义务，是一种权益性责任，与诉讼结果有着直接的利害关系。

行政诉讼的证据是能够证明行政案件真实情况的一切真实材料或手段，是在行政争议当事人之间法律关系产生、发展和变化过程中形成的。行政诉讼的证据与刑事诉讼、民事诉讼中的证据有着明显的不同，这一点是由行政管理的特殊性决定的。行政诉讼的证据在证明对象上具有特殊性，举证责任的承担者为作出具体行政行为的行政机关，这些证据的效力已经经过行政机关的反复审查、内部审查或复议程序的审查，基本上符合证据的特性，可以适用。

在取证时间上，行政诉讼与民事诉讼不同的是被告取得的所有证据必须在作出具体行政行为之前。"先取证后裁决"是行政执法工作中的首要问题，表明行政机关在作出具体行政行为之前已经取得了充分、确实的证据。被诉具体行政行为的合法性只能够由作出行政行为时的证据来证明，行政机关在作出该项具体行政行为之前，应当调查收集到足够的证据以证明事实。在行政行为作出之后，就不需要，行政机关也不能再调查收集证据。如果在事后再调查取证，只能说明行政机关在执法中存在某些失误，或程序欠缺，或证据不扎实。但对于行政机关在听证或复议期间补充证据的，应当允许。

行政行为一经作出，我们可以理解为该行为的事实证据和法律依据已经充足，因此，行政诉讼法根据行政执法的特色又规定，被告在诉讼期间不得向证人和原告收集证据。有的行政机关在接到应诉通知后，委托律师进行诉讼。一些律师在接到案件后，认为缺乏一些证据，未经过法院同意向有关证人调查取证，认为这样在开庭审判时万无一失。诚然，律师可以根据律师法的规定依职责向案件中的有关组织和公民调查收集证据。但是，律师作为行政机关的委托代理人，在行政诉讼中不仅履行的是律师的职责，同时也要履行行政机关授予的应诉特殊权利。因此，律师应当遵照行政诉讼法关于被告不得在诉讼期间自行向原告和证人调查取证的特别规定，否则《行政诉讼法》第三十三条的规定将成为一纸空文。但是，针对案件中的实际情况，对于被告在诉讼期间要求补证的，或者原告申请补充新证据的，法庭应当加以限制，但需要考虑以下情况：(1) 被告在作出具体行政行为时已经收集，但由于其他原因未能提交的；(2) 原告或第三人在诉讼中增加诉讼请求的；(3) 法院认为由被告补充证据的，可以责令被告限期补证的。

被告在诉讼期间采取自行调取的方式，与行政诉讼法的立法宗旨不一致。一审法院在该案判决中认为"属于未经本院同意自行调取的证据，不予认可"，其主要的思路是，被告提交的上述补充证据没有出证的时间，无法证明这些证据的真实性。这里涉及被告举证应当遵循一定的规则，被告没有能力举证时，有权申请法院调取。但是，被告所举出的证据是本校的有关材料，这些证据不属于被告不能举证的范畴，所以，被告提交的补充证据没有法律依据。对此，二审法院认为这些证据是不属于"未经法院同意自行向证人调取的证言"，以"因其不能证明上述证据是于作出退学决定时形成的"为由不予认定。

第六节 一审判决的判理及结果

一、被告的职权法定原则

根据我国法律规定，高等学校对受教育者有进行学籍管理、实施奖励或处分的权力，有代表国家对受教育者颁发相应的学业证书、学位证书的职责。受教育者在经过考试合格录取后，即享有该校的学籍，取得了在校学习资格。教育者在对受教育者实施管理中，虽然有相应的教育自主权，但不得违背国家法律、法规和规章的规定。

【点评】

关于公立普通高等学校的行政法地位问题，在过去的体制中政事不分，导致行政法地位的模糊，对行政诉讼被告的资格确认存在很多的难题。为了解决这个问题，司法实践通常运用"法律法规授权组织"的定义，但这只是在立法之初的权宜之计，因为从理论中我们还没有解决为非行政机关授权，在何种情况下可以授权，以及被授权者的法律地位等问题。一审法院对于高等学校行使行政权力引发的诉讼，认为高等学校对受教育者有进行学籍管理、实施奖励或处分的权力，有代表国家对受教育者颁发相应的学业证书、学位证书的职责，明确了高校可以作为行政诉讼的被告。

在这个案件形成的那个年代，在教育行政领域产生的纠纷，作为民事案件诉讼或采取信访形式解决问题的案例在全国非常普遍，真正能够纳入行政诉讼调整的案件极少。过去人们似乎认为学校对学生的管理只是学校内部的事情，按校纪校规处理就可以了，与诉讼无关。当时，较为普遍的观点：有的认为学校与学生之间是平等的民事法律关系，也有的认为学校对学生的管理是法律授予的特权。两种观点都认为学校作为行政诉讼的被告，法律依据不足。以上观点均有些偏颇或片面，他们强调的是教育者的权力，而忽视了受教育者的权利和救济，同时也忽略了教育者在实施教育教学活动中应当在法律监督下进行的法治思想。

任何权力的行使都不是绝对的，必须有一定的监督制约机制与之相匹配，才能在合法、公正的道路上健康发展。否则，将导致权力的滥用。《教育法》第二十九条规定了学校要"维护受教育者和教师或其他职工的合法权益"。《教育法》第四十二条规定了学生对于学校给予的处分不服可以向有关部门提出申诉，当其人身权、财产权受到侵害时，有权申诉或向法院起诉。那么，在高等教育中教育权的行使由谁来监督？监督权如何行使？学生的权利如何救济？这些都是亟待解决的问题，也是健全教育法规的重要问题。

田某案判决明确了受教育者的基本权利可以得到司法救济的基本原则，对高校教育管理的自主权与司法审查权的关系也给予了一定的阐释。判决书基于篇幅的限制无法对这个问题进行更加深入的阐述。此后，教育行政案件经过一段时间的曲折反复之后，逐渐打开了进入诉讼途径的大门，案件类型逐渐增多，审判规则进一步明晰。从上述案件可以看到，人们对教育管理的法治理念有了很大转变。

为了能够对这个问题有一个全面的认识，对于国内外相关制度的梳理是必不可少的。在世界各国，高等教育都是一个国家重要的公共事务之一。但是对于从事高等教育机构本身的性质，各个国家基于自身不同的体制有不同的定位。

对于学校教育机构定位的认识大致集中在两个焦点：是国家机构还是社会机构？是公益性机构还是产业机构？

第一，公务法人的产生。

"公务法人"这个概念来自王名扬先生对法文 établissement public 的翻译。❶此外，也有不同的翻译，如"公共机构"和"公立公益机构"❷ 等。19 世纪公务法人最初产生时是基于在一些行政性公共服务领域吸引捐赠和遗赠的需要，这种不同于行政机关的组织形式可以给予资助者和捐赠者一种保证，即他的捐赠不会被行政机关占用。❸ 随后，人们发现这是一种非常灵活的管理方式，由于相对独立于国家行政机关和地方行政区域，因此很适合艺术、文化、教育领域。作为一种服务分权化的技术手段，公务法人使公共服务脱离国家和地方行政区域的层级制，使其更加贴近社会。正是出于包括以上原因在内的不同因素的介入，公务法人制度快速发展起来。对于公务法人的设立，目前存在两种情况，如果属于已经存在的公务法人的类别，如行政性公务法人，或者工商性公务法人，一般来说，设立的权力在国家层面属于政府首脑，在各个地方行政区域，则属于议事机构。

第二，公务法人的基本特征。

公务法人一经产生即具有法人资格，具有财政自治权，可以制订预算方案，采取必要的措施进行管理，不受所属的设立者的完全摆布。这些特点使其区别于带有明显的层级性的行政机关系统。由于没有一个所有人都接受和承认的统一的公务法人的定义，所以我们有必要分析组成这个定义的一些基本的不可或缺的因素。

（1）公务法人是法人，具备法人资格，独立享有权利，履行义务，承担责任，每个公务法人在设立之时已经确定了法人资格。这使得公务法人区别于不具备法人资格的其他机构。

（2）公务法人是公法上的法人，具有公的特征，区别于私法上的法人。二者的区别根源于公法和私法的区别，这是大陆法系国家最基本的特征。因为公务法人是以"公务"为目的而成立的，也是履行公共职能的，因此，绝大多数人同意他的公法人的身份。公务法人和从事非公共事务的私法人的区别是简单的，但是如何与从事公共事务的私法人区别是一个难题。随着公共服务的发展，

---

❶ 王名扬. 法国行政法 [M]. 北京：中国政法大学出版社，1989：119.

❷ 莫里斯奥里乌. 行政法与公法精要 [M]. 龚觅，等译. 沈阳：辽海出版社，春风文艺出版社，1999：419-427.

❸ LACHAUME J F，BOITEAU C，PAULIAT H. Grand service public [M]. 2e édition. Paris：Armand Colin，2000：178.

很多的公共服务由私法人承担，因此公法人和私法人之间的区别变得模糊起来，进而导致在区分公务法人和从事公共事务的私法人之时出现很多难题，已经提出的标准也是多样的。有人通过设立者进行区别，认为私人设立的就是私法人，即使他在成立之后获得了公共事务的职能也改变不了其私法人的特征，而公务法人则是国家和地方行政区域以公共资金设立的。但是近年以来国家也设立私法人从事公共服务，因此，设立者的标准不是万能的。也有人提出可以通过该机构受到公权力控制的程度等方式进行分析。但是迄今尚没有一个完全适用的标准，并且这个问题正变得更加复杂。

（3）公务法人的分类。不同的国家和地区对公务法人进行了不同的分类，如法国传统的公务法人分为两类，一类是行政性公务法人，另一类是工商类公务法人。因为公务法人本身概念的扩张，出现了地域公务法人，和传统的以公务为唯一标准的公务法人不同，地域公务法人是以地域和公务为双重标准建立的，是在一定的地域范围内管理特定公务的组织，也不同于具备广泛的行政权限的地方行政区域。如市镇联合会、省际协会、城市共同体。[1] 法国 1958 年宪法第 34 条规定："立法者决定公务法人的种类。"

我国台湾学者将公务法人归纳为：①服务性营造物，指邮局、电信局、港口等；②文教性营造物，指公立学校、博物馆、图书馆、文化中心等；③保育性营造物，指医院、疗养院等；④民俗性营造物；⑤营业性营造物等。在上述使用关系中，有些属于公法关系，如学校、监狱、邮局等，而电信、公立医院、博物馆、文化中心的利用关系则为私法关系。[2]

第三，特殊的公务法人。

具有科学、文化、职业性质的公立高等学校属于特殊的一类公务法人。1968 年 11 月 12 日《法国高等教育指导法》出台，该法第 3 条规定："大学是具有科学、文化性质的公务法人。"据此，法律创设了一类新的公务法人，称为具有科学、文化性质的公务法人。由于高等教育性质的特殊，该法所确定的指导原则、自治程度、当事人的参与等方面均不同于行政性公务法人。这类新的公务法人具有更强的独立性和更多的自治，如该法第 2 条规定："具有科学、文化性质的公务法人可以决定内部机构。"同时，该法明确特殊的公务法人由经过选举产生的委员会进行管理。教师、研究人员、行政人员、学生代表都可以参与该委员会。1984 年 1 月 26 日出台的法律是一部对法国的高等教育制度进行了重大改革的法律，确定了法国现代高等教育制度的重大原则，该法进一步将高

---

[1] 王名扬. 法国行政法 [M]. 北京：中国政法大学出版社，1989：483.
[2] 马怀德. 公务法人问题研究 [J]. 中国法学，2000（4）.

等教育机构的性质规定为具有科学、文化、职业性质的公务法人，这一称呼一直沿用至今。

此外，具有科学、技术特征的公务法人是否为单独的一类公务法人，在法国存在争议，有人认为是独立的一类公务法人，也有人认为不能成为一类独立的公务法人。❶

除了法国以外，在其他国家或地区，对于高等教育机构也有类似的规定。如《德国高等学校总法》第 58 条规定："高等学校是法人团体，同时又是国家设施，在法律上高等学校享有自治权。"❷

第四，澳门公立高等学校属于公务法人。

对于公立高等学校的法律性质，比较一致的观点是按照 1998 年 10 月 25 日国务院颁布的《事业单位登记管理暂行条例》的规定，将其界定为事业单位。但是因为事业单位本身并不能反映学校的公法地位，因此有学者主张借鉴大陆法系的公务法人制度❸，也有人将其称为"准公权力主体"❹。为了进一步厘清事业单位的内涵，有必要对这个概念追根溯源。

1986 年《中华人民共和国民法通则》（简称《民法通则》）正式确立了我国的法人制度。它将法人分为以营利为目的的企业法人和不以营利为目的的机关、事业、社团法人。其中，学校属于不以营利为目的的非营利性法人，是事业单位。高校的法律地位开始确立。

1993 年《中国教育改革和发展纲要》提出，要按照"政事分开"的原则，通过立法，明确高等学校的权利和义务，使高等学校真正成为"面向社会自主办学的法人实体"。

1995 年《教育法》第三十一条规定："学校及其他教育机构具备法人条件的，自批准设立或者登记注册之日起取得法人资格。"

1998 年《中华人民共和国高等教育法》第三十条规定："高等学校自批准之日起取得法人资格"。

按照 1998 年《事业单位登记管理暂行条例》，事业单位是指：国家为了社会公益目的，由机关举办或者其他组织利用国有资产举办的，从事教育、科技、

---

❶ THERON J P. Recherche sur la notion d'établissement public ［M］. Paris：Librairie Général de Droit et de Jurisprudence，1976：212；LAFITTE J. Les établissements publics à caractère scientifique et technologique：une nouvelle catégorie d'établissements publics？［J］. RFDA，1988（5-6）：303-307.

❷ 转引自：秦惠民. 高校管理法治化趋向中的观念碰撞和权利冲突［J］. 中国教育法制评论，(1)：70.

❸ 马怀德. 公务法人问题研究［J］. 中国法学，2000（4）.

❹ 刘作翔. 法治社会中的权力和权利定位［J］. 法学研究，1996（4）.

文化、卫生等活动的社会服务组织。我国最早提出事业单位这个用语的法律是《民法通则》,其第五十条规定:"有独立经费的机关从成立之日起,具有法人资格。"事业单位是相对于机关法人、企业法人而言的。需要研究当时《民法通则》定义事业法人的原因。

首先,"事业单位"一词本身无法体现法律所规定的任何一个特征,可以说"名不符实"。法学名词应该简洁明确,即使名词本身无法表明其全部特征,但是至少应该使人一望即可明了其主要的特点。按照《事业单位登记管理暂行条例》的规定,事业单位至少具有以下特点: (1) 是为了社会公益目的;(2) 利用国有资产举办的;(3) 从事教育、科技、文化、卫生等活动;(4) 社会服务组织。"事业单位"这个名词和以上四点毫无联系,无法体现从事公共事务的特点,更无法判断是否具备法人资格。事业单位,如果仅从名词本身,无法反映内涵中的任何一点。采用"事业法人"的名称,似乎可以解决其是否具备法人资格的问题。但另一个问题,无论是事业单位还是事业法人都无法解决,就是名词中"事业"的含义。在汉语中"事业"一词有很多含义,并不必然意味着只有公共事务才是事业单位的性质。事业单位是根据《民法通则》确定的法律地位,无法体现其公法的法律性质。在区分公法和私法的国家,都将国家设立的从事教育公共事业的机构列为公法法人,而事业单位本身无法体现公法的性质。

相对来说,公务法人的名称,至少可以体现两个特点:一是从"公务"可以看出从事的公共事务,而名称中明确的"法人",则表明具备法人资格。二是事业单位是根据民法的基本原理进行定位的,无法反映明确的公法意义上的地位。

从法律地位而言,我国的事业单位存在以下问题:第一,依附于行政机关——事业单位的泛机关化现象严重,独立性差。中国改革之初,曾经提出逐渐实现政企分开、政事分开。随着中国市场经济的完善,政府和企业的界限已经划分得比较清楚,政企分开已经见到成效。第二,事业单位缺乏明确的法律定位。

对于事业单位法律地位的模糊造成的困扰,有学者做了深入的分析:在我国由于无公法和私法之分,也无公法人和私法人之别,故高校等事业单位实际处于模糊的法律地位。我们常常面对一种尴尬境地:

(1) 在组织形态上,一方面,很多的法律法规授权事业单位从事公共服务,履行公权力,有些事业单位实际成为一类特殊的行政主体;另一方面,人们坚持事业单位和企业以及行政机关的区别,并习惯于将事业单位(除非获得法律法规授权）排除在行政机关之外。

（2）在司法救济问题上，第一方面，面对事业单位与其利用者、使用者之间关系的特殊性，人们无法将所有事业单位与利用者之间的所有关系定性为平等主体之间的民事关系而纳入普通民事诉讼中；第二方面，事业单位与其成员或利用者之间的争议又被排斥在行政诉讼之外，于是，此类争议成为司法救济的真空地带。为了解决这一矛盾，行政诉讼实践采用"法律法规授权组织"这一概念，认为凡是法律法规授权组织实施公权力的行为，均可以将其视为行政行为而提起行政诉讼。严格地说，这只是权宜之计。因为它并没有解决法律法规为什么要授权、在何种情况下授权、对谁授权等基本理论问题。相比之下，大陆法系国家公务法人的概念以及建立在公私法二元化基础上的特有司法救济制度对我们解决事业单位的定性及救济问题具有借鉴意义。将学校等事业单位定位于公务法人，并区分公务法人与其利用者之间的不同种类的法律关系，提供全面的司法救济途径，不只是称谓的改变，而是在我国现有行政体制及救济体制下更新行政主体学说，改革现行管理和监督体制，提供全面司法保护的一次有益探索。● 第三方面，权责不清。按照《事业单位登记管理条例》的规定：事业单位是指国家为了社会公益目的，由机关举办或者其他组织利用国有资产举办的，从事教育、科技、文化、卫生等活动的社会服务组织。事业单位在我国是一个很大的范围，从其地位来看，包括类似行政机关的，如国务院所属的事业单位——国务院发展研究中心，北京市房屋土地登记事务所，也包括从事教学和研究的各类公立学校，还包括公立医院、博物馆、图书馆。现在的事业单位中既有主要从事包括教育、科学研究、文化、卫生等行业的机构，也有在行政改革过程中为了达到机关精简"变脸"而来的。相对于较为明确的行政机关，事业单位的范围和类别显得含糊不清。这种状况既不利于权利义务的确定，也不利于司法实践中被告确认的困难。因此，有必要对于事业单位进行具体的分类，分别确定他们的法律性质，以便对行政主体理论进行更进一步的研究，同时也便于行政诉讼案件的审理。

我们可以借鉴将公立学校的地位确定为公务法人，并按照其资金来源的不同、管理方式的不同，将公务法人分为：纯粹行政性的公务法人，类似于行政机关，如土地登记事务所；带有工商性质的公务法人，如公立医院、博物馆等。从事教育科研工作的科研所、大学等解决了公立大学的法律地位问题，就可以明确它的权利和义务，对于确定诉讼中的被告以及赔偿等责任的承担都具有重大的意义。

● 马怀德. 公务法人问题研究 [J]. 中国法学，2000（4）.

二、对规范性文件的审查适用

本案原告在补考中随身携带纸条的行为属于违反考场纪律的行为，可以按照有关法律、法规、规章及学校的有关规定处理，但被告依其制定的《068号通知》对原告作退学处理，直接与《普通高等学校学生管理规定》第二十九条规定的法定退学条件相抵触。

【点评】

对于规范性文件的审查在行政诉讼法中没有规定具体的判断程序，行政机关将法律法规等规范细化，制定了各部门行政规定，用于行政管理工作。在现实执法环节中，这些操作规范往往是执法者们的执行模本，法院需要结合此类文件去判断行政执法的程序和事实，也是判断行政行为是否为大众所接纳的标准。大众对于执法者的执法行为对错的判断来源于法律和道德，而执法部门对外作出的承诺、工作流程等规范是大众解读该行为对错的朴素理念。该案无法回避对被告制定的《068号通知》的审查，需要用该通知对照被告行为的有效性，既要尊重学校的办学自主权，也要监督学校行使公权力的合法性。

关于高校办学自主权问题，一些人士在高校"办学自主权问题上认为，在学籍问题上，只有学校行政才能决定学生的学籍存续与否，是学校行政的专属权限"，并认为"学校与学生之间是内部行政关系，学校对学生的处理决定一经作出，只有学校或上级才能够以同样的决定予以改正或撤销。因此认为学校个别人的行为不能代表学校作出了撤销决定"。此观点来源于教育自主权。法官在审判中也同样提出，高校的办学自主权对学生的学籍管理如何调控是田某案件审判的重点问题，涉及法院能否对学校的学籍管理进行司法审查。

该案判决书没有直接宣布学校《068号通知》中该条款的无效，在判决书中法院认为第三段已经指出依据该文件作出的退学处理与规章的规定相抵触。从理论上，我们需要明确学校内部规章的法律地位以及法律效力，以便进一步分析法院在诉讼中对于学校内部规定应当采取的态度以及审查的标准。

第一，何谓大学自治规章？

法律授权公法人有制定自治规章的权力是为了促进社会上团体力量主动性的发挥。依德国联邦宪法法院之见解，自治规章乃属法规范之一种，系指国家之下，公法人在法律授权范围内制定适用于该公法人所属成员之法规范。❶ 从

---

❶ 董保城. 教育法与学术自由 [M]. 台北：元照出版有限公司，1997：27.

性质上说，自治规章属于从属性法源，它之所以发生法律效力在于法律之授权，自治团体依授权的内容与范围制定自治规章。自治规章的立法权来自国家法律，为国家所承认，在国家授权范围内立法，因此需要受到一定的限制：①自治规章的内容应限于公法组织的法定的任务与职权；②自治规章之效力适用于自治体内的成员；③法律优位原则的适用；④法律保留之事项，自治规章不得规定。即若无国家法律之授权，自治规章不得干预人民之自由及权利。大学作为进行高等教育的机构，在国家法律规定的范围内享有自治权，具有自治团体的地位，因此拥有自治规章的制定权，这些规章包括大学的章程以及其他内部规范，还有学位的授予，考试规则、注册规则及内部秩序的维持等也属于这个范围。《中华人民共和国高等教育法》第四十一条规定："高等学校的校长全面负责本学校的教学、科学研究和其他行政管理工作，行使下列职权：（一）拟订发展规划，制定具体规章制度和年度工作计划并组织实施"。

第二，大学自治规章的监督。

法院在田某案中对于高等学校学术自治予以了尊重。但是，对于大学自治规章的监督还需要进一步的研究。从世界范围看，主要依靠两种方式：一种方式是行政监督，如德国大学法规定大学自治规章应经上级机关的许可，许可是自治规章生效的要件。《中华人民共和国高等教育法》只规定学校章程的制定和修改需要经过教育主管机关的审批，而对于其他规定，则是学校校长职权。该法第二十九条规定："高等学校和其他高等教育机构分立、合并、终止，变更名称、类别和其他重要事项，由原审批机关审批；章程的修改，应当报原审批机关核准。"另一种方式是司法监督。如何进行司法监督，法国的做法是在审查依据内部自治规章作出的行为的合法性时一并审查规则的有效性。在法国1992年的一个案例中，法院在审理学校的一个决定的判决中，不仅撤销了违法的决定，而且判决该决定作出的依据——学校的一个内部规定的条款是违法的。❶

我国目前由于大学的公法地位仍然不够明晰，高等学校学术自治的程度和"泛机关化"的现象还没有得到订正，因此如何对自治规章进行监督还要作进一步的探索。

---

❶ 参见（法国最高行政法院，1992年11月2日，KHEROUAA，编号130394）：1991年10月25日，KHEROUAA先生等人共同要求最高行政法院撤销1991年7月2日巴黎行政法庭的判决，该判决驳回了他们要求取消Jean Jaurès de Montfermeil中学管理委员会于1990年9月28日作出的一个禁止在学校佩戴伊斯兰头巾的决定，以及该校的纪律委员会在1990年10月14日作出的开除他们的女儿的决定。该中学的内部规则第13条规定："严格禁止在校内穿着、佩戴带有明显的宗教、政治、哲学标记的服饰。"最高行政法院认为该中学制定的内部规则的第13条曲解了学生自由表达的权利和公立中学的世俗性和中立性。因此，法院在判决中不仅撤销了学校开除原告女儿的决定，而且撤销了该中学内部规定的第13条。

三、对行政程序的审查

（一）关于学校的纪律处分

退学处理的决定涉及原告的受教育权利，从充分保障当事人权益原则出发，被告应将此决定向本人送达、宣布，允许当事人提出申辩意见。而被告既未依此原则处理，尊重当事人的权利，也未实际给原告办理迁移学籍、户籍、档案等手续。

【点评】

学校拥有对学生的行为进行纪律约束的权力，这种权力带有不对等性和强制性，我们把它称为纪律权。以下对纪律权的性质、行使的程序、遵循的原则进行分析。

第一，学校纪律权行使的前提条件。

学校行使纪律权的前提条件是对错误行为的认定，而什么是错误，哪些行为构成错误，还没有形成一个确定的认识。人们通常认为错误是一种对于义务的违反，其中一些由国家法律规定，一些由学校内部规章规定。可能构成错误的行为和为此应当遵守的义务应是人所共知的，是可以抗辩的。这一点由学校向学生颁布公告或者通知来实现。如学生在入校时获得的《学生手册》，需要对可能受到处分的错误行为进行交代；手册以后增加和修改的内容应该及时通知学生，没有经过通知程序的，不构成学生应当遵守的义务。

错误可以由一个独立的行为构成，也可以由一系列行为构成。错误尚无明确的立法定义，因此，一个行为是否构成错误，以及选择哪种处分形式，由学校有权处理的机构根据法律规定和内部规则，对于不同情形的案件分别处理。需要注意的是，对于行使权利的行为不能被认定为错误。

第二，学校纪律权的性质。

学校纪律权存在的基础在于，纪律权是高校自治权的一部分。按照卢梭的社会契约论观点，个人因为各种原因，如生活、工作、娱乐需要集体生活，因而结成各种组织，个体为了保证团体目的的实现而交出部分权利给管理者——团体，基于此种因素，团体获得了对于个人的约束权——纪律就产生了。

第三，享有纪律权的机构。

在不同的国家中，由于高等教育体制的不同，在大学中拥有对学生进行纪律处分的机构是不同的。法国的学校管理委员会中的纪律会议享有纪律处分权，对于教师、研究人员、管理人员以及学生的处分，由不同的人员组成纪律会议，通过投票的形式，决定是否给予纪律处分以及给予哪种纪律处分。在我国，通常做法是学校的学生处提出处分意见，由校长办公会议讨论决定。

第四，处分的设定和措施。

（1）关于纪律处分的设定。我国的法律没有明确规定处分的设定权力，但是按照法治的一般原则，最严重的处分，即涉及学生的地位和重大权利义务的，应当由法律规定。这一点，在田某案判决中进行了阐释：该案原告在补考中随身携带纸条的行为属于违反考场纪律的行为，可以按照有关法律、法规、规章及学校的有关规定处理，但被告依本校制定的《068号通知》对原告作退学处理，直接与《普通高等学校学生管理规定》第二十九条规定的法定退学条件相抵触。

（2）关于纪律处分的类型。我国《普通高等学校学生管理规定》第六十二条规定，对犯有错误的学生，学校可视其情节轻重给以批评教育或纪律处分。处分分六种：①警告；②严重警告；③记过；④留校察看；⑤勒令退学；⑥开除学籍。

法国1992年7月13日颁发的编号为92-657政令第40条规定，适用于用户的处分包括：警告、训诫、开除出校（最长期限5年，如果开除的期限不超过2年可以延缓执行）、最终开除出学校、开除出所有公立普通高等学校（最长期限5年）、最终开除出所有公立普通高等学校。❶

虽然各个国家和学校规定的处分类型不同，但是从以上处分针对的对象来看，仍然可以找到一些共同的措施，如申诫罚类别的警告、训诫，资格罚类别的开除。需要引起注意的是，现实中有一些措施虽然没有表现为规定的处分形式，但是法院经过审理认为构成处罚，法国学者将其称为伪装的处罚。有些校长的决定不表现为处罚，也不进行任何纪律程序，但是这个决定对于学生的影响相当于处罚。如学校拒绝学生注册就构成一个变相的纪律措施，如果该决定的作出没有遵守纪律程序，则该决定是无效的。再如，如果一个拒绝升班的决定建立在学习成绩上，可以视为一个简单的行政决定，而非纪律性的处罚，但是如果该拒绝的理由建立在学生的行为之上，如无礼、不尊重、经常缺课等就是纪律处罚。处罚的目的改正大于惩罚。纪律处罚可以被诉至法院，但案例表明，仅由校长宣布的处罚（轻微的）通常被行政法官视为内部秩序措施。还有一些处罚是明显违法的惩罚，如经济性制裁、罚款等，此类行为只能由有权机关实施，学校没有权力进行。此外，带有歧视性的处罚也被认为是违法的。

（3）关于纪律处分的原则。纪律处分针对的行为是特定的，不能采用连带

---

❶　法国教育法典，第474页。

的方式。纪律处分虽然不同于行政处罚，但是在世界范围内已经形成了共识：严重的纪律处分涉及被处分人的重大权益的，构成行政行为，应当遵循正当程序原则。在美国，公立学校给予学生纪律处分的行为也是作为公行政的研究范围。"根据正当程序要求，在学生因其不轨行为而被公立学校开除之前，必须给予其通知并给其受审讯（即听证）的机会。法院一致确认，正当程序条款适用于公立学校作出的开除学生的决定。"❶

（二）关于未听取当事人申辩意见

一审判决认定：被告对原告按退学处理，但未直接向原告宣布、送达通知。据此法院认为退学处理的决定涉及原告的受教育权利，从充分保障当事人权益出发，被告应当将此决定向本人送达、宣布，听取当事人的申辩意见。

【点评】

这个裁判要点涉及正当法律程序问题，正当的行政程序是行政行为合法的要件之一。该案中涉及对学校的纪律处分原则的研究。纪律处分虽然不同于行政处罚，但是在世界范围内已经普遍认为，严重的纪律处分，涉及被处分人的重大或基本权益的，也应当遵循正当程序原则。因此，在《最高人民法院公报》田某案例中指出："按退学处理，涉及被处理者的受教育权利，从充分保障当事人权益的原则出发，作出处理决定的单位应当将该处理决定直接向被处理者本人宣布、送达，允许被处理者本人提出申辩意见。北京科技大学没有按照正当程序原则办理，忽视当事人的申辩权利，这样的行政管理行为不具有合法性。"

在该案所处的时代，《行政处罚法》规定了一些基本的行政程序方面的制度，诸如听证制度、告知制度、职能分离制度等，但这些规定尚显粗糙，在行政诉讼活动中，行政程序违法、不履行行政机关告知义务、在作出行政行为之前不向相对人说明理由、侵犯相对人知情权，导致败诉现象屡有发生。随着依法行政、法治政府建设的不断推进，保障行政相对人的知情权、申辩权，行政机关的行政告知义务及行政决定的送达及宣布义务已成为所有行政机关及其工作人员必须严格遵守的基本法则，这是程序公平原则的具体体现。该案中，被告作出的退学决定和学籍变更通知事关当事人受教育的基本权利，对当事人合法权益具有重大影响，但被告并未将决定事项向田某宣布、送达，没有说明作出决定的理由，也没有给予田某陈述、申辩的机会，其处理决定缺乏最低限度

---

❶ 施瓦茨. 行政法［M］. 徐炳，译. 北京：群众出版社，1986：218.

的程序正义要件，违反正当法律程序，属于违法行政行为，应当承担由此产生的法律后果。

四、对被告履责的审查认定

（一）关于对原告学籍的事实认定

原告在 1995—1996 年度第二学期虽因丢失学生证未能注册，但被告 1996 年 9 月又为其补办了学生证并予注册的事实行为，应视为被告改变了其对原告所作的按退学处理的决定，恢复了原告的学籍。

【点评】

第一，入学注册行为标志着学校和学生之间教育法律关系的产生。

在不同的国家，对于进入高等教育机构的途径有不同的规定，有的国家实行统一的考试，根据考试成绩和学生的其他特点，由学校和学生双向选择，如中国。有的国家则由学校根据学生以往的成绩和取得的其他成就进行选择，如美国。有的国家实行"非挑选制"，原则上，凡是获得高中毕业会考合格成绩的学生都可以向大学申请注册，当然需要遵守注册的学区和注册时间的要求以及接受能力的限制，如法国教育法典第 612-3 条规定了大学第一阶段的非挑选制入学方式，拒绝入学的决定应说明理由，准许入学的决定不能被撤回。

第二，入学注册行为的法律效力。

无论是挑选制还是非挑选制，入学注册是教育法律关系在法律上产生的标志。注册可以分为两个步骤，一个是行政性注册，另一个是教学注册。通过前者，学生进入学校，成为学校的一个成员，获得学生的身份，明确作为学生的权利和义务，包括上课、通过考试、获得公寓、使用学校的设施等。对于行政性注册，各国有不同的规定，通常是以学生获得学生证等证明文件作为标志。完成行政注册后，学生需要进行教学注册，通过后者，学生进入一个教学单位，认识教学计划，选择课程，接触教师。

第三，学期注册行为的效力。

学期注册和入学注册具有共同点，就是都是对于学校和学生之间法律关系的认可。二者也有不同，入学注册是双方法律关系的产生，而学期注册则是双方法律关系的延续。该案中，学校为田某补发学生证，进行学期注册的行为都证明双方教育法律关系的延续。而被告主张"由于原告本人不配合办理有关手续，学校的一些部门工作不到位，部分教职工不了解情况等原因，造成田某被退学后仍继续留在学校学习的事实。但学校某些部门及教师默许原告参加学习等活动的行为不代表学校，也不表明恢复了原告学籍"的理由显然与其法律关系一直存续的事实不一致。正如判决书中所言：上述一系列工作虽系被告及其所属院、系的部分教师具体实施，但因他们均是在被告领导下完成的职务工作，故对上述行为所产生的法律后果，被告理应承担。

（二）关于对原告完成大学学业的事实认定

被告又安排原告修满四年学业，参加考核、实习及做毕业设计并通过论文答辩等。上述一系列工作虽系被告及其所属院、系的部分教师具体实施，但因他们均是在被告领导下完成的职务工作，故被告应承担上述行为所产生的法律后果。

【点评】

根据《7号令》第三十五条的规定："具有学籍的学生，德、体合格，学完或提前学完教学计划规定的全部课程，考核及格或修满规定的学分，准予毕业，发给毕业证书。本科生按照《中华人民共和国学位条例》规定的条件授予学士学位。"法院认定田某在取得学生证经注册后，应当继续享有北京科技大学的学籍。所以，北京科技大学是国家认可的高等学校，对取得普通高等学校学籍，接受正规教育、学习结束达到一定的水平和要求的受教育者，应当为其颁发相应的学历证明，以承认该学生具有的相当学历。原告符合上述高等学校毕业生的条件，法院在此问题上的认定意见符合《教育法》第二十八条第一款第五项及《7号令》第三十五条的规定，北京科技大学应当履行为原告颁发大学本科毕业证书的职责。

（三）关于对不予颁发学历证和学位证的审查

国家实行学位制度，学位证书是评价个人学术水平的尺度。被告作为国家承认的高等学校学士学位授予机构，应依法定程序对达到一定学术水平或专业技能水平的人员授予相应的学位，颁发学位证书。依《学位条例》第四条规定，授予学士学位。依《学位条例暂行实施办法》第四条、第五条、第十八条第三项规定的颁发学士学位证书的法定程序要求，被告应首先组织有关院、系审核原告的毕业成绩和毕业鉴定等材料，确定原告是否已较好地掌握本门学科的基础理论、专业知识和基本技能，是否具备从事科学研究工作或担负专门技术工作的初步能力；再决定是否向学位评定委员会提名列入学士学位获得者的名单，学位评定委员会方可依名单审查通过后，由被告对原告授予学士学位。

【点评】

《教育法》第四十二条规定，受教育者依法在学业成绩和品行上享有获得公正评价权,对于高校学生而言,通过完成学业获得毕业证和学位证书是每一名受教育者的追求。对不予颁发学历证、学位证这个问题的审查,要符合法律法规以及规章规定的内容,这也是判断能否获得学历证和学位证的基础。学历证书、学位证书制度是国家为保证教育活动有序进行和保障教育质量的象征管理制度;是国家承认的具有法定效力的证书;是个人学历、知识水平、专业技能等方面的证明;是个人能够进入高一级学校学习或从事相应职业的必要证件;也是用人单位对应聘人员进行优先选拔和录用的凭证。基于行政合同理论,学生通过了学校安排的学习、考试、考核,达到一定水平,有权取得教育者颁发的相关证书。法院认为:一是北京科技大学享有代表国家对受教育者的学习经历、学业水平作出评价的职责,并向受教育的学生颁发相关的证书。二是田某完成了北京科技大学制订的教育教学计划,考试合格,北京科技大学应当依法对田某已经符合毕业条件的情况进行审核后,颁发相应的大学毕业证。同时,对于达到一定学术水平或专业技术水平的人员授予相应的学位,颁发学位证书。

(四)关于对不予毕业派遣问题的审查

关于高等院校的毕业生派遣问题,国家实施的是由各省、自治区、直辖市的主管毕业生调配的部门按照国家教委下达的就业计划,签发本地区内普通高等学校《毕业生就业派遣报到证》。根据《普通高等学校毕业生就业工作暂行规定》第九条的规定,教育者在办理毕业生就业中应当履行的职责是将取得毕业资格的大学毕业生的有关毕业分配资料上报其所在地的高校行政主管部门,以供当地教育行政部门审查和颁发毕业派遣证。原告取得大学毕业生的资格后,被告理应按上述程序履行其职责。

【点评】

普通高等学校的毕业生在取得毕业资格后,在国家就业方针、政策的指导下,按照有关规定就业。在毕业生分配方面,由国务院部委和各省、自治区、直辖市负责毕业生的就业工作。根据国家教委 1997 年 3 月 24 日颁发的《普通高等学校毕业生就业工作暂行规定》第二条的规定,普通高等学校毕业生凡取得毕业资格的,在国家就业方针、政策指导下,按有关规定就业。高等学校的职责除了规定具体的工作细则外,负责本校毕业生的资格审查工作,及时向主管部门和地方调配部门报送毕业生资源情况等工作。一审法院在认定被告应当履责,为田某取得大学毕业生资格后,依法履行派遣手续。因此,法院判决:田某在取得了毕业生资格后,北京科技大学应当按照规定,履行向北京市教育行政部门报送审查意见,并作出大学生毕业派遣证的职责。

五、关于对原告行政赔偿请求的审查

虽然原告因被告的行为未能按时办理毕业手续，致使原告失去与同学同期获得工作的机会，可能失去取得一定劳动收入的机会。但是，根据《国家赔偿法》第三条、第四条的规定，国家赔偿的范围应当是违法的行政行为对当事人的人身权或财产权造成的实际侵害。本案被告拒绝颁发证书的行为，未对原告形成人身权和财产权的实际损害。且，国家目前对于大学生毕业分配实行双向选择就业的政策，原告以被告未按时颁发毕业证书致使其既得利益造成损害的主张不成立，被告不承担赔偿责任。被告对原告作出退学决定虽然无法律依据，但原告在考试中违反考场纪律，携带与考试有关纸条的事实客观存在。被告依此事实认定原告违纪，未对原告的名誉权造成实际损害，因此对于原告起诉要求法院判令被告赔偿损失、赔礼道歉并在校报上为其恢复名誉的诉讼主张本院不予支持。

【点评】

该案中，笔者已经认识到，田某没有及时获得毕业证书和学位证书，导致其可能丧失工作机会，失去收入，但是限于《中华人民共和国国家赔偿法》规定的赔偿仅限于实际损害，因此法院也只能依法驳回原告的行政赔偿主张。在这个问题上，可以借鉴学习国外行政法学理论和判例的分析，希望对于国家赔偿制度的完善有所裨益。

在法国的国家赔偿中，对于评议人过错的认定并不必然导致赔偿，行政法院通常需要在评议人的错误和受害人遭受的损失之间发现直接和确定的因果关系。通过对于多个案例的分析可以知道，如果行政法官认为未获得文凭对于原告构成严重的丧失工作机会以及职业晋升机会，则存在直接确定的因果关系。在此类行政诉讼中，失去机会经常被原告引用证明因为错误的行政决定导致自己失去了成功的机会因此要求赔偿。一般来说，行政法院大致从以下三种情况来确定是否确实存在因为失去机会而导致的损失：第一种是由于被禁止参加竞争而失去机会，原告认为由于违法的禁止参赛的决定剥夺了其成为候选人的资格，因此导致实际的损失；第二种是由于违法推迟考试或者会考而失去机会，向法庭提起诉讼要求赔偿因此导致的机会丧失以及物质损失；第三种是由于考试中的违法行为而导致失去机会，由于考试组织中的违法行为而导致考试的取消，结果可能剥夺了当事人通过新的考试的可能性，也可能导致原告失去再次参加考试的机会。在有些案件中仅仅失去成功的机会不是法官考虑的重点，因为当事人还可以参加以后的考试，并没有被剥夺再次参加考试的机会。法庭认

为仅在口试中可能被录取并不能当然推断出成功的机会，原告在诉讼中引用的以前的头衔是无助于考试的成功的。❶

六、关于对田某案综合因素的研究

（一）对受教育权的保护

田某案涉及受教育权应当有司法救济制度的保障和监督。

教育法规定公民依法享有平等的受教育机会，是《中华人民共和国宪法》第四十六条公民享有受教育权的具体法律化，是国家以法律的形式为教育领域规范了一定的行为准则，同时为贯彻这一原则的实施，国家又制定了相关的法规和部门规章，具体规定了执行教育法的具体程序和行为准则，体现了国家对教育活动的干预和管理。教育作为一种管理制度，不仅是社会发展的手段，也是公民个人的一种不可剥夺的宪法权利。基于宪法权利，公民享有均等的机会，包括入学、竞争、成功等方面的机遇。

有专家认为"行政法对于保持国家与公民权利之间的平衡起到很大的作用"，国家通过"对行政争议的解决，来矫正违法或不当的具体行政行为，从而实现行政救济的目的"。只有存在行政争议，才能引发救济。高校在对学生进行管理中，对学生的学籍管理、颁发学业证书和学位证书的管理性质，决定这种纠纷能否形成行政争执，能否由行政法来调整。

"不以规矩，不成方圆"，法律就像规矩一样，是判断人们行为是非曲直的标准。从社会的发展看，教育无疑起到了决定性的作用。教育进入法律调节领域将是现代社会、现代教育的必然和趋势。国家通过对教育的指导、干预，推进了教育的普及和发展，提高了全民素质，这些与教育的积极作用分不开。

行政诉讼权是公民的一项重要权利，只要公民认为自己的权益受到侵害，不管客观上是否真正受到侵害，他们都可以行使行政诉讼权，去寻求司法的保障。法院在审查时，应当最大限度地保障公民诉权的充分行使。

第一，受教育者具有学籍是依法取得学历、学位证书的前提条件。

教育管理是教育活动的核心内容之一。从旧时期的私塾时代的教育教学方式，到现代社会科学的教育教学制度，反映出在管理上的区别。私塾式的教育，学生交钱，先生教学，他们之间的关系类似商品交易形式，无章可循。现代教育管理制度从法律上明确了教育者和受教育者的权利和义务，这些权利义务来源于宪法、教育法和相关的法规。

---

❶ C. A. A. PARIS，1991 年 6 月 4 日，编号为 90PA00361 的案例，见 http://www.Legifrance.gouv.fr。

讲到学籍管理，不得不重提高校办学自主权问题。关于高校办学自主权，有人认为，"在学籍问题上，只有学校才能决定其存续与否，这是学校行政的专属权限"，并认为"学校与学生之间的关系是内部行政关系，学校对学生的处理决定一经作出，只有学校或上级才能够以同样的决定予以改正或撤销。因此认为学校个别人的行为不能代表学校作出撤销决定"。此观点的依据来源于教育自主权。法官们在审判中也同样认识到高校的办学自主权对学生的学籍管理如何调控，是田某案审判的重点问题，涉及法院能否对学校的学籍管理进行司法审查。

第二，教育者对受教育者的管理取决于受教育者的学籍登记、注册。学生经过考试合格被学校录取后，即取得了在该校学习的权利，学校根据《教育法》第二十八条的规定，对学生进行学籍管理，实施奖励或者处分。而教育者无论公立学校，还是私立学校，在学业管理中，教育者的权利并不是一纸录取通知书，这种管理主要是对学生的学业管理。在我国，学生的权利义务不是录取通知书设定的权利义务关系所能全部概括的，学校与学生之间的权利与义务应当受国家有关法律法规的约束。

学生经考试被学校录取之后，学校与学生之间就是教育与被教育、管理与被管理的关系。教育者对被教育者的管理体现在对受教育者的学籍管理中，学籍是受教育者接受教育者的教育、教学管理的前提条件。受教育者为取得学籍与教育者之间签署了管理与被管理的合同，这种合同正像英国学者威廉·韦德所说，"合同被行政手段利用来贯彻某种政策"。国家正是靠这种手段来达到对受教育者的管理职能。在学校录取学生、学生报到注册后，学校即"以实施管理为目的，与被管理的公民、法人或其他组织意思表示一致而签订的协议"，此时学校才能根据《教育法》第二十八条的规定，对受教育者进行学籍管理，对受教育者从入学、注册、教学、考核、纪律等方面实施学籍管理活动；按照国家有关学生奖励、处分的规定，结合学校的实际，制定并实施奖励、处分的具体办法。田某参加全国高考，成绩合格被被告录取，从其到北京科技大学报到注册之后即享有该校大学生学籍，取得了在学校学习的资格，即行政合同确定的开始。

第三，教育者取消受教育者的学籍应当符合法定条件。行政合同的特点在于行使权力的主体享有"行政优益权"。受教育权是宪法权利，国家将施教和受教的权利以法律的形式确定下来，施教者以法律的授权代替国家对受教育者进行管理，取得行政的优益权，受教育者必须服从。因此，这种学籍的管理权是国家法律赋予的，是公权力的行使，教育者应当严格依照有关规定代行国家的管理职权。

我国高等教育实施的是国家统一考试、招生制度，高校作为国家开办的教育机构，其招生、学生注册、教学计划的落实、考核学业、颁发相关学习经历证书，以及毕业派遣等工作均是以受教育者具有学籍为前提，按照《7号令》第三十八条"无学籍学生不得发给任何形式的毕业证书"的规定，受教育者的学业、学位证书必须以有相应的学籍为前提。因此，对于学籍的取得和取消是关键问题。对于取得学籍的理解不难，但是对于学籍的取消，在教育领域的实际操作中有一些不同或者偏差。田某案中，北京科技大学作出的按退学处理行为引起对受教育者学籍效力的认定问题。

（二）司法权与学术自由

该案区别于常规行政案件，其特殊性不能回避高校办学自主权问题。

根据《教育法》的规定，高校享有办学自主权，为了实现办学的宗旨，可以独立进行教育管理，实施教育活动，这是高校专有的权力。办学自主权包括：（1）教学自主权，学校有权为实现办学宗旨，独立自主进行教育教学管理活动；（2）招收学生及其他受教育者；（3）组织教学、科研，对学生进行考试、考核；（4）聘用教师；（5）管理和使用本单位的设备和经费；（6）拒绝任何组织或个人对教育教学活动的非法干预。有些人在高校办学自主权问题上认为，在学籍问题上，只有学校才能决定学生学籍的存续与否，是学校行政管理的专属权限。

田某案中，被告根据原国家教委关于严肃考场纪律的指示精神，于1994年制定了《068号通知》。该通知规定，凡考试作弊的学生一律按退学处理，取消学籍。被告依据《068号通知》的规定，于1996年3月5日在学校的《期末考试工作简报》中通报了田某考试作弊一事，并决定对田某按退学处理。对于《068号通知》应当理解为学校为了实施管理发布的规范性文件。被告答辩该文件是根据原国家教委的文件精神制定的，在内容上与文件的精神一致，被告依据相关文件的精神发布该通知，属于办学自主权范围内的事项，是学校在高校办学自主权范围内在学籍管理上的一种合法、有效的处理形式。

对于大学自治规章的监督，在世界范围内，主要依靠两种方式：一是行政监督。我国高等教育法只规定学校章程的制定和修改需要经过教育主管机关的审批，而对于其他规定，则是学校校长职权。该法第二十九条规定："高等学校和其他高等教育机构分立、合并、终止，变更名称、类别和其他重要事项，由原审批机关审批；章程的修改，应当报原审批机关核准。"二是司法监督。我国目前由于大学的公法地位不够明确，因此大学自治的程度还很低，泛机关化的现象还没有得到纠正，因此如何对于自治规章进行监督还是一个不甚明确的问题。

法院审理行政案件依据法律、行政法规和地方性法规，参照规章，对行政主体制定的规范性文件，对行政主体制定的其他规范性文件，有权对能否适用进行审查，但不得影响高校办学自主权的行使。田某案一审判决书没有直接宣布被告发布的《068号通知》的中涉案条款无效，但是指明该文件与上位法规章中的规定相抵触。因此认定北京科技大学制定的《068号通知》规定"凡考试作弊者，一律按退学处理"，直接与《7号令》第二十九条规定的法定退学条件相抵触，因而是无效的。

（三）法官的责任担当

认识和理解法的精神是法官的责任。

"于法无据"，主要是指当事人的诉讼请求没有法律明文规定，在法院的判决中经常出现，被法官们频繁运用，其中不乏一些法官以法律没有明文的规定为由，规避问题，也是对当事人权利的一种不负责任的表现。"法官有责任维护法律，不得根据与法律不一致的个人观点来判决。"审判是保护权利、自由的最后一道屏障，当合法权益受到不法侵害时，法院将是公正的维护者。因此，法官在案件的审判中充当的不仅仅是法律的维护者，还是作为法律的适用者，不应当拘泥于法律条文的规定，机械地运用法律，应当在审判中，充分理解法律的原则和精神，在审判中以现有的实体法、程序法资源、法学理论资源和司法解释发展法律，最大限度地保护当事人的合法权益。

权利的救济不是无原则的。"告诉才受理"体现了我国的诉讼特色。如果没有田某站出来主张权利，也许此类纠纷将会推迟一些时间出现。

审理好这些疑难新型案件，既需要有信心和勇气，更需要大量的心血和努力。为了深入了解案件涉及的理论问题，为了使判决经得起历史的考验，召开了专家论证会，开阔审判思路；在庭前准备阶段，法官们为庭审活动做了大量的研究工作。

第七节　一审判决结果的法律适用

一审法院依照《教育法》第二十一条、第二十二条、第二十八条第一款第五项，《学位条例》第四条，《学位条例暂行实施办法》第三条、第四条、第五条、第十八条第三项,《行政诉讼法》第五十四条第三项的规定,依照《行政诉讼法》第五十三条的规定,参照《普通高等学校学生管理规定》第十二条、第三十五条及《普通高等学校毕业生就业工作暂行规定》第九条第二项的规定,判决如下:

一、被告北京科技大学在判决生效之日起 30 日内向原告田某颁发大学本科毕业证书;

二、被告北京科技大学在判决生效之日起 60 日内组织本校有关院、系及学位评定委员会对原告田某的学士学位资格进行审核;

三、被告北京科技大学于本判决生效后 30 日内履行向当地教育行政部门上报有关原告田某毕业派遣的有关手续;

四、驳回原告田某的其他诉讼请求。

【点评】

第一,本判决第一项、第三项是履行判决,要求学校在规定的时间内履行一系列义务,即颁发毕业证和依法履行大学毕业生派遣。同时对学位证的颁发,虽然从形式要件上讲,田某的学习成绩合格、论文通过了答辩,也通过了毕业设计,这些环节均符合应当颁发学士学位证的条件。但是,法院在该项问题上,没有直接作为责令履行颁发学位证的判决主文,而是严格按照学位条例和事实细则的规定,由学校召集学位评定委员会作出认定。虽然法院根据原告的诉讼请求进行判决,没有对案件涉及的纪律处分行为进行判决,但是在判决中实际已经对于纪律处分行为进行了合法性的审查,并得出结论,认为"被告对原告作出退学决定无法律依据"。这意味着法院可以并且已经对于纪律处分行为进行审查,这种行为在很长时间内被认为是属于内部措施的行为,并排除在法院审查之外。

第二,本判决中虽然法院根据原告的诉讼请求进行审查,没有对案件涉及的纪律处分行为进行判决,但是在判决中实际已经对于纪律处分行为进行了合法性的审查,并得出结论,认为"被告对原告作出退学决定无法律依据",这意味着法院可以并且已经对于纪律处分行为进行审查,这种行为在很长时间内被认为是属于内部措施的行为,并排除在法院司法审查之外。

(1)从学校行为的分类,对于学校和学生的关系可以从两个方面分析,按照对象和效力,学校的行为可以分为两种。

第一种:规则性——具有普遍意义的内部规则。分为两类:一类是解释性的规则,不可诉;另一类是条例性的规则,可诉。区别的标准是是否增加了新的规定,是否增加了对于相关人的权利和义务的影响,以及制定机关的目的。

如果仅仅限于对于法律条文的评论、对于行为的建议，属于解释性规则。对于学校内部规则的诉讼：学生诉学校制定的关于着装的规定，如禁止戴帽子进入课堂、食堂等。

第二种：具体的处理行为——针对特定的对象，不具有普遍意义。可以进一步分为两类：一类是有惩戒性的决定，如纪律处分，对于这类决定的是否可诉的判断标准，法国的案例表明最高行政法院的理由是根据处分行为的性质和严重性，是否对于当事人的法律状况和权利义务造成严重的影响；另一类是无惩戒性的决定，如工作安排、是否准假等，这类决定系保证正常的工作秩序，对于相对人的利益没有损害或者影响不大，因此一般不在司法监督范围内。

（2）排除法院审查的内部措施的范围在不断减少。以前的判例拒绝审查内部措施基于两个观点，一个是内部措施具有最小的重要性，另一个是司法的介入将会导致削弱必要的纪律权的危险，特别是在军队、监狱、学校中。建议将严重影响学生地位和权利义务的纪律处分行为纳入法院审理范围的理由具体为：①人们不能忽略纪律处罚的对象遭受的不利处境；②世界范围的最新发展已经表明，内部措施范围的缩小，对于事实上已经造成对象的合法状况或者他的权利和自由带来实质上的不利影响。1995 年的法国最高行政法院的判例表明了这种不断减少内部措施的范围的趋势，一个案例是监狱的犯人被关进单人牢房 8 天，另一个是一个军人因为醉酒而被禁闭。一审的行政法庭认为属于内部措施，不可诉，因此驳回诉讼，但是最高行政法院认为可诉。

第三，是人权发展的需要，随着人权理论的发展和在世界范围内的进步，在军队、监狱内部的社会问题的重要变化，导致需要更好地承认个人的权利和开放外部的监督。一些判决的拒绝理由非常虚弱，只是简单而专断地认为属于内部措施，因此不可诉。也有观点认为属于自由裁量权范围，对于当事人的法律状况没有影响，后果不严重。但是应当注意，并不是所有的纪律处分都是可诉的，而是根据措施的性质和严重程度，即法官需要判断该行为是否对于相对人的权利义务以及实际的状况造成严重的后果。在案例中说明：可诉的内部措施的范围，通过行为性质和严重性限制诉讼的可能性。

第四，内部措施的种类很多，除了指令、通令等非规章性质的文件以外，还有一些针对个人的不具有纪律性质的决定，如简单的工作调整，禁止公务员进入某种场所，也有纪律性质的处分。这些措施没有对当事人的地位造成影响，不必也无须纳入法院的审查范围。可以说，总的趋势是不受法院审查的内部措施的范围正在逐渐减少，但是并不意味着这种措施的消失。另外需要注意的是法院审查标准是严格的，法院应当尊重高校办学自主权，避免过多地干预学校的自治管理。通常而言，法院审查的限度应仅限于对行为的合法性进行审查，对处分行为的合理性的审查则应受到严格的限制，对过罚是否相当及对选择的处罚内容是否存在明显的评价错误。所以，田某案一审判决第二项是要求被告组织本校相关机构对田某的学士学位资格进行审核，在判决理由中，也未对学术、学位的授予进行实质性的判断。

第八节 二审判决的判理及结果

二审法院认为：根据我国法律规定，国家实行学业证书制度和学位制度。高等学校作为法律授权机构有代表国家对受教育者颁发相应的学业证书、学位证书的职责。上诉人作为国家批准设立的高等学校及作为国家授权的高等学校学士学位授予机构，其对于取得本校学籍，接受正规教育，通过了全部学科考试及毕业论文答辩，符合毕业水平和要求的受教育者，应当依法为其颁发相应的学业证明，以承认其具有的相当学历；并应依法定程序对达到一定学术水平的人员授予相应的学位，颁发学位证书。上诉人在被上诉人取得该校学籍并在在校学习期间，确曾因被上诉人在电磁学补考中随身携带了与考试有关的纸条，而作出认定被上诉人夹带作弊，并给予其退学的处理决定。但该处理决定实际未执行。此后上诉人允许被上诉人继续在校以该校大学生的身份参加正常学习、考试及学校组织的活动，其间上诉人还为被上诉人补办了丢失的学生证，收取了其缴纳的历学年学宿费，为其进行学籍注册，发放大学生补助津贴、毕业设计结业费等，上述行为均证明上诉人的退学决定因其没有执行而实际没有生效，上诉人应对被上诉人按有学籍的毕业生对待。原判认定事实清楚、证据充分，适用法律正确，审判程序合法，二审法院应予维持。上诉人认为被上诉人已不具有北京科技大学学籍，没有事实根据，法院不予采纳。学校有权制定校规校纪，并有权对在校学生进行教学管理和违纪处理，因此而引起的争议不属于行政诉讼受理范围。上诉人提交的从教学档案中调取的客观记录不属于在行政诉讼中未经法院同意自行向证人调取的证言，但因其不能证明上述证据是于作出退学处理决定时形成的，故法院不予认定。据此，二审法院依照《行政诉讼法》第六十一条第一项，判决如下：驳回上诉，维持原判。

【点评】

人民法院审理行政案件实行的是两审终审制。二审法院在审理案件中的职责主要是认定一审的判决或裁定的事实是否清楚，适用法律法规是否准确，有无违反法定程序问题。二审程序是当事人不服一审法院的裁判结论，依法向上级法院提出上诉，由二审法院对上诉事项进行审查的司法程序。是不是所有的上诉案件，二审法院都需要进行全方位的审查？当事人上诉应当有具体的上诉事项，并明确上诉请求。对于上诉人在上诉请求中未涉及的事项，应当理解为上诉人没有争议，二审法院可以针对上诉人的请求和事项以及一审法院的裁判及当事人争议的焦点进行审查。对于上诉人在上诉状中未涉及的问题，法庭将不再予以考虑。对于未上诉的一方，应当理解为其服从一审法院认定的事实，如果被上诉方提出反悔意见的，二审法院可以不予采信。所以，二审法院在案件的审理中应当从目前全方位的传统审判方式中解放出来。

北京科技大学上诉认为，田某已被取消学籍，原判认定北京科技大学改变了对田某的处理决定，恢复了田某学籍的事实认定错误；北京科技大学依法制定的校规、校纪对所属学生作出处理属于其办学的自主权，任何组织和个人不得以任何理由干涉；北京科技大学提交的从教学档案中提取的有关证据不应属于违法取证，法院应予采信等。故，上诉请求判决撤销原判，驳回田某的诉讼请求。田某同意原判，以原判认定事实清楚，证据确凿，适用法律得当，判决正确、合法为由，请求维持原判。

二审法院在原审法院当庭质证的基础上，对双方当事人提交原审法院的证据进行了书面审查。二审法院针对上诉人提出的反对意见涉及的证据作出如下认证：上诉人的证据不能证明上诉人将上述处理决定向被上诉人宣布及直接送达被上诉人，也不能证明该决定实际执行。上诉人在原审诉讼期间未经法院同意自行调取证据，该行为违反了《行政诉讼法》第三十三条的规定，不应作为该案的事实证据。学生学籍档案等书证不能被证明形成于退学处理决定之前。

据此，二审法院认为上诉人对被上诉人作出的该处理决定未实际执行，上诉人应对被上诉人按有学籍的毕业生对待。在此基础上，二审法院不支持上诉人的上诉请求。

第九节　关于田某案审理的社会关注

法院在受理田某案之后，引起了社会各界人士的关注，尤其是教育领域人士的重视。在案件受理之前，一些媒体已经刊登过有关案情，也有许多新闻单位前来询问，有的报刊还相继报道了田某的起诉及一些人士支持田某的看法。在庭前准备期间，笔者在 1998 年 12 月 21 日收到一封未署名的信件，里面装有两份文章的复印件。其中一份为《民主与法制》杂志 1996 年第 23 期刊登的《神圣殿堂不容玷污》,介绍了北京科技大学 1996 年 3 月招考工硕"作弊事件"内幕曝光之后,被国家教委严肃查处。北京科技大学对参与这起舞弊事件的责任人处以行政记过处分和警告处分,但不记入个人档案,而且受处分人仍然担任着领导工作。该文在"读者之声"中提出了"在作弊事件内幕暴露的同时,发生了对待大学生作弊事件不尊重客观事实,在同一份通知中又出现不一视同仁的处理"的呼声。文章将北京科技大学对该舞弊行为的做法与田某事件相比较,引用了学生的话语"学生考试作弊,当即勒令退学,而领导作弊,却什么事都没有,真是官贵民贱"。为此,《光明日报》1997 年 2 月 27 日《世纪风》栏目以《"严肃查处"要严肃》为题,对《民主法制》报道的"科场案"发表了署名文章,认为"只有让严肃查处像火一样玩不得,才能打消一些人的舞弊念头"。从两份评论看,好像与案件无直接关系,但寄信人的良苦用心可见一斑。评论文章虽然未提及田某的名字,但是从北京科技大学对待教师舞弊和学生作弊的两种处理结果看,已经引起了北京科技大学的教师和学生们的关注。

在庭前研究中,有意见认为,学校作为法律法规授权的机构,承担依法对符合法定条件的受教育者颁发毕业证书和学位证书的法定职责。学校允许原告继续学习、办理注册等一系列行为,能够说明学校以后来的行为否定了退学处理的行为,退学处理决定随着学校对原告的注册、收费、管理、学习考试、毕业实习及论文答辩等行为已经丧失。因此,原告具有学籍。原告已经完成了被告制订的教学计划和论文答辩,成绩优良,符合颁发毕业证的条件,其所在系已经对原告的成绩和鉴定材料进行审核,并向学校提名,列入了学士学位获得者名单,原告的成绩符合学位证书颁发条件。也有意见认为,根据案件的事实及适用的法律的规定,被告应当履行颁发上述三证的法定职责,而且原告也完成了学校制定的教学计划,并进行了论文答辩,学校应当为原告颁发有关的毕业证书、学位证书和毕业派遣手续。因此,同意判决学校限期颁发上述证书。但是,该案属于学校不履行法定职责案件,如果直接判令学校向原告颁发上述三证,其中涉及学位评定委员会的职能,应当避免出现司法权代行行政权。

在法院判决之后,田某案进一步进入公众视野:《人民法院报》于 1999 年 6 月 18 日对此案进行了报道,之后在《人民司法》9 月刊、《民主法制》1999 年第 22 期和《法律与生活》《法制日报》《中国青年报》《中华周末报》《检察日报》等陆续进行了报道。田某诉北京科技大学案在社会上、大专院校以及行政法学界引起强烈反响,他们对海淀法院的审理及判决给予了高度的评价,理论界盛赞这一判决是重大的理论突破,认为该案的突破表现在:①确立了我国行政法上的公法人理论，这将对中国行政法的发展具有至关重要的意义；②初步建立了中国的正当法律程序原则，这是我国行政程序法治建设上的里程碑；③确立了大学与社会、大学与司法的关系，是对计划经济下旧的大学管理体制的一次巨大的冲击，在教育领域确立了依法行政、依法行教的现代法治观；④是公民权利保护的新的里程碑，表明了中国法治建设的新的成就；⑤开拓了行政审判的新领域，是对具体行政行为概念的巨大拓展，对行政诉讼制度具有重大理论和实践意义。该案判决经最高人民法院审判委员会讨论通过，并在《中华人民共和国最高人民法院公报》上公布。最高人民法院于1999年10月对1994年以来在公报上刊登的案例进行评比，这是《中华人民共和国最高人民法院公报》创刊后的第一次案例评比，该案例荣获优秀案例一等奖。

　　行政诉讼权是公民的一项重要权利，只要公民认为自己的权益受到侵害，不管客观上是否真正受到侵害，他们都可以行使行政诉讼权，去寻求司法的保障。法院在审查时，应当最大限度地保障公民诉权的充分行使。

　　田某案之后，笔者又连续审理了涉及教育领域的新类型行政案件 5 件，有以下几类：①大学毕业生分配资格问题；②乱收费侵犯公民财产权；③教师处分申诉；④教师待遇申诉。其中，北京大学电子学系博士生刘某文状告北京大学和北京大学学位评定委员会拒绝授予博士学位案和拒发博士毕业证案（即刘某文诉北京大学行政案），因既关系到博士这一最高学位的授予程序及教育领域的重大基本问题，又涉及北京大学这一中国最高学府，引起了全国法学界、教育界及整个社会的轰动，国家教委、国务院学位办也十分关注此案，这也将法院推到了风口浪尖上。法学界进行了热烈的探讨，外地许多兄弟法院也表示密切关注，各大报纸、电台的新闻记者进行了采访报道，并在互联网上进行了持久的讨论，至今讨论仍在继续。从目前的观点看，多数的专家是赞成法院的受理及判决的。他们对北京市海淀区人民法院的审理及判决给予了高度的评价。

　　1999 年 8 月 22 日，刘某文向北京市海淀区人民法院递交诉状。法院在刘某文修改好诉状后，于 10 月 5 日立案，受理刘某文诉北京大学不予颁发博士毕业证、博士学位证两案。刘某文在诉状中说："曾经于 1997 年向法院起诉，未被受理。当了解到北京科技大学田某行政诉讼案后，重新燃起了我向北大违背科学道德宣战的信心。"两案于 1999 年 11 月 19 日、12 月 17 日两次公开开庭审理，于 12 月 17 日当庭宣判，北京市海淀区人民法院大法庭内（311 个座位）座无虚席。一审判决书于当年 12 月 27 日送达双方。从 1999 年 11 月 19 日中央电视台晚 9 点《现在播报》，到 2000 年 4 月 9 日、10 日中央电视台《今日说法》连续两期节目，再到二十余家新闻媒体争相报道，该案例引起了新闻媒体的极大关注。题为《民告官路漫漫》《学生与学校打官司的进步意义》等文章反映出此类案件被高度关注的原因。

在刘某文案宣判第二日晚间，北京大学法学院还就该案涉及的法学理论问题组织了学术沙龙，经过组织批准，笔者受邀参加了沙龙。参加本次沙龙，笔者是有顾虑的，毕竟刚刚宣判就"抛头露面"，似有不妥。但是，有多少人会通过判决理解法官的宣告呢？为防止误读该判决的理由，笔者需要在沙龙上表明法院司法审查的理由。

据当时的记录，笔者的发言内容大体如下：

非常荣幸能够参加这次学术沙龙活动。大家可能都去旁听了，庭审时间比较长，耽误大家吃午饭了，非常抱歉。我今天来想听听反对意见，因为我们这个案子判出来之后引起了很大争议，从田某的案子到刘某文的案子，争论的焦点比较多。作为法官，因为一审刚刚结束，还有二审，我不便于发表太多意见，只简单谈谈。

理论上的问题，老师们讲得比较全面了，我不再多说。刚才有位博士提到法官在法庭上是否应当使用正当程序原则来判案。我个人认为，法律上没有授权给个人或者组织以申辩的权利，是一个缺陷。从刘某文的诉讼能力讲，他不是学法律的，但能来诉讼，并且把北京大学告上被告席，应该说是攒足了很大的勇气才来的。就像我在田某案二审生效后，面对田某家长送来的锦旗时我对田某所说的，你是个先例，但即使你没来，我想，可能将来或有第二个、第三个田某来。田某案对行政法学界的影响挺大，刘某文案涉及的问题大家也非常关注。对于学术界的理论问题，法院能否进行审查？通过庭审，我们的回答大家应该知道了，法院审的就是法律的规定、法律程序，法院判决不能涉及学术领域，学者有自己的自由。

再就是原告变更被告的问题，有博士提出法官私下会见原告的问题。我想，就司法审查途径和形式而言，在目前阶段，我们老百姓的诉讼能力普遍较低，刘某文虽然是博士，但他对法律的理解可能还不如法律系的本科生。按照行政诉讼法的规定，如果他告错被告，法院可以告知其更换。这不能说我作为法官同情他，也不存在个人的同情。同情也不代表法律，这个是大家都知道的。

在沙龙上，法学界许多专家发表了看法，给予了较高的评价。互联网及北大校园网上对此案进行了针锋相对的激烈讨论。

该案的热评一直被媒体持续关注，笔者作为承办法官仅接受了一次记者采访，在《今日说法》做过一期节目，回答的问题是受教育者的合法权益依法受法律保护，高校作为法律法规授权的组织所作出的具体行政行为应当纳入行政诉讼这两个专题。在对案件进行宣判前保持沉默，面对媒体的攻势，笔者一直坚持："现在我不便对案件发表任何看法，我个人的看法也是不重要的。开庭是给双方一个充分说话的机会，我们一定会秉公办案，不会偏袒任何一方。"

　　刘某文案之后，对于此类案件以学生申诉的方式给予行政救济，如刘某诉北京市教育委员会学生申诉处理决定案的救济模式。在 2014 年最高人民法院发布第 38 号指导案例后，此类案件又回到田某案确定的诉讼规则上，如赵某某诉中国传媒大学案，这一过程是从田某案后，北京法院审理此类案件的演变。

　　从 1998 年受理田某案，经过反复论证，于 1999 年 2 月作出判决开始，教育行政案件才被学界正式认识，也受到了很多的质疑。很荣幸，"田某诉北京科技大学拒绝颁发毕业证、学位证行政诉讼案"案例入选《中华人民共和国最高人民法院公报》，并被评为"公报优秀案例"一等奖。之后，此类案件在全国普遍推广。虽然也经历了像刘某文这样先走学生申诉途径，由教育行政部门进行处理后，才能进行行政诉讼的案件模式，但是，田某类型的案件，在全国不同地区的法院仍然在审理。直到 2014 年 12 月，最高人民法院发布第 38 号、第 39 号指导案例，指出要作为正确理解和准确参照适用，明确了教育行政案件的受理、高等学校学术自治、受教育者基本权利等问题，第 38 号田某案对规范教育领域乃至其他法律法规授权的组织的管理活动具有积极作用和现实意义。在第 39 号何某强诉华中科技大学拒绝授予学位案，明确了高等学校作出不授予学位的决定属于行政诉讼的受案范围，以及高等学校在学术自治的范围内有依法自行制定学术标准的职权。这对于理解学术自治与司法审查范围的关系有重要指导意义，具有较强的普遍性和现实意义。

　　审理好教育领域毕业生分配资格问题，乱收费侵犯公民财产权，教师处分申诉，教师待遇申诉等疑难新型案件，既需要有信心和勇气，更需要付出大量的心血和努力。为了深入了解刘某文案件涉及的理论问题，为了使判决经得起历史的考验，在庭前准备中，召开专家论证会，开阔审判思路。判决公布后，社会各界对案件十分关注。但媒体上的一些意见也存在对一审判决的误解，有些意见可能会误导大众对海淀法院的判决的看法。例如，认为一审判决直接审理了学位论文的水平。实际上，从判决中可以很明显地看出，一审判决只涉及了表决票数等形式和程序问题，并未涉及论文水平等实体和实质问题，合议庭认为，法官不是学术问题的专家，法官不应也无权对论文水平高低问题进行认定，那是学术问题，应留给该专业的学者去评判，法院对学位委员会的决定只从程序和形式上进行审查。

　　其实，在田某案之后，刘某文案的审理难度不大，但是受关注度超乎寻常。该案带来的思考与启示包括：①司法机关认为学校是强者，学生是弱者，所以学校败诉的越来越多。②司法机关在教育领域哪些能介入，哪些不能介入？教育立法对此没有规定，所以该案既不是学生的错，也不是学校的错，更不是法院的错，而是法律的错。教育立法远远滞后，应该抓紧立、改、废。③对教育领域的案件，新闻界也大量介入。新闻往往起到导向作用，笔者认为新闻导向应该客观、公正，不能带有感情色彩。④教育法学研究不仅是教育领域的事，也应该是法学领域的事。当时实施的《中华人民共和国学位条例》是 20 世纪 80 年代初公布的，有关部门正着手该法的修订。笔者审理的这起案件发生在学位法修改期间，对学位法的完善产生了很大的影响，如原来草案只考虑到了工作方便，对申请人不服如何处理的规定不够，现已给予了更多的关注。

作为一名法官，笔者很荣幸在中国法治进程中留下自己的脚印。2014 年 12 月 25 日看到田某案被最高人民法院确定为指导案例后，笔者接到最高人民法院案例指导办公室的邀请，起草指导案例第 38 号的理解与参照。之后，笔者就开始把自己从 1995 年开始审理的教育行政案件进行汇总和梳理，把这些年审理的教育类行政案件中有共性的问题、思考和适用法律的过程一并做一些整理。

第一节　涉高校教育行政案例概要

一、刘某文案 103 号、104 号概要

在北大电子学系博士生刘某文状告北京大学和北京大学学位评定委员会拒绝授予博士学位案及拒发博士毕业证案中，原告刘某文系北京大学 1992 级无线电电子学系电子、离子与真空物理专业博士研究生。1999 年 8 月 22 日，原告为北京大学不予颁发博士毕业证和博士学位证向海淀法院递交诉状。其诉讼请求如下：①法院判令北京大学为其颁发博士毕业证书；②撤销北京大学学位委员会不授予原告博士学位的决定，并责令校学位委员会在合理的时间内对刘某文的申请重新评议并作出决定。海淀法院在原告修改好诉状后，于 10 月 5 日立案，受理原告诉北京大学不予颁发博士毕业证、博士学位证两案，即（1999）海行初字第 104 号博士毕业证案（以下简称"刘某文 104 号案"）、（1999）海行初字第 103 号博士学位证案（以下简称"刘某文 103 号案"）。

刘某文在诉状中说："当我了解到北京科技大学田某行政诉讼案后，重新燃起了我向北大违背科学道德宣战的信心。"其诉称：其原是北京大学无线电电子学系 1992 级博士生。1996 年年初，其博士论文《超短脉冲激光驱动的大电流

密度的光电阴极的研究》全票通过了论文答辩，并通过了系学位委员会的审查，但不知何故没有通过学校学位委员会的审查，学校向其颁发了结业证。同时其认为，其在博士生学习期间，已在国际最权威的科学文献索引（SCI）收录的重要刊物 *Nucl Instr and Meth*（现已被 SCI 和 EI 同时收录）上发表一篇论文，在一级学报——《中国激光》《北京大学学报》《真空科学与技术学报》上发表论文，全部是其博士论文的研究内容，且各篇论文的研究内容绝无重复。其在硕士期间曾经在一级学报上也发表过 5 篇论文（包括第二作者），并荣获 1992 年度中国真空科学优秀论文奖。其导师吴全德教授能够同意原告这篇关于光电阴极研究的博士论文进行答辩，这本身就说明其论文是有水平的。但是，其不明白论文通过答辩和系学位评定分委员会通过，为什么学校学位评定委员会没有通过，反而向其发了结业证。根据规定，论文没有通过答辩的才发结业证。其在论文未获通过后，曾向各方了解其论文存在的问题，才发现论文未获通过，主要原因不是论文存在什么问题，而是人为的问题。其在此之后曾经向北京大学多次询问，北京大学给予的答复是无可奉告。其向校长反映，得到的答复是"研究一下"，但此后再无下文。为此其也曾向原国家教委学位办公室反映，学位办公室说已责成北大给予答复，然而其一直未得到消息。在此次起诉前，其也通知了学校，学校仍不管。其在没有办法的情况下，才向法院诉讼。

北京大学辩称：北京大学拒绝颁发博士毕业证书的行为事实清楚，法律法规适用正确，符合法律程序，请法院予以维持。同时提出北京大学第四届学位评定委员会作出不予批准授予原告博士学位的决定程序合法，符合北京大学关于学位评定委员会审核博士、硕士学位授予的程序及办法的说明所规定的审核程序。校学位委员会针对刘某文同学所作出的不授予其博士学位的决定，事实清楚，法律法规适用正确，符合法律程序，请人民法院依法驳回原告的诉讼请求。

经开庭审理，法院查明原告于 1994 年 4 月 27 日通过北京大学安排的笔试考试，并于当年 5 月 10 日通过了博士研究生综合考试，成绩为良。1995 年 12 月 22 日，原告提出答辩申请，于 1996 年 1 月 10 日，原告的论文以全票 7 票通过答辩，系论文答辩委员会作出"授予刘某文博士学位，建议原告对论文作必要的修订"的决议。1996 年 1 月 19 日，原告所在系学位评定委员会讨论博士学位（应到委员 13 人，实到 13 人），12 人同意授予原告博士学位，表决结果为：建议授予博士学位。1996 年 1 月 24 日，北京大学学位评定委员会召开第 41 次会议（应到委员 21 人，实到 16 人），6 人同意授予原告博士学位，7 人不同意，3 人弃权，该次会议将 3 票弃权票计算在反对票中，其表决结果为：校学位评定委员会不批准授予原告博士学位。

海淀法院经过审理，认为原告于1992年9月取得北京大学攻读博士学位研究生学籍后，其按照北京大学制订的培养方案和要求，学习了规定的课程，参加了所修课程的考试，成绩合格，也完成并通过了毕业论文答辩，其德体合格，按照原国家教委《研究生学籍管理规定》第三十三条的规定，其符合取得博士研究生的毕业资格，被告应当向其颁发博士研究生毕业证书。被告以原告博士学位未被校学位评定委员会通过为由，不向原告颁发博士毕业证书，而向其颁发结业证书没有法律依据，法院不予支持。对于刘某文103号案博士学位的授予问题，海淀法院认为按照《学位条例》第十条第二款的规定，被告应当按照向学位论文答辩委员会报请授予硕士、博士学位的决议，作出是否批准的决定，决定以不记名投票方式，由全体成员过半数通过。原告取得北京大学攻读博士学位研究生学籍，完成了学校制订的教学计划，考试合格后，进入论文答辩阶段，其论文经过评阅和同行评议，被认为达到博士论文水平，同意进行答辩。之后，原告通过了论文答辩和系学位分委员会的审查，系学位分委员会在作出表决"建议授予博士学位"后提交校学位委员会讨论。北京大学第四届学位评定委员会共有委员21人，第41次学位评定委员会会议以7票反对、6票赞成、3票弃权作出不授予博士学位的决议，未经校学位委员会全体成员过半数通过，违反了《学位条例》第十条第二款的规定的法定程序。被告在作出不批准授予原告博士学位前，既未听取其申辩意见，也未将决定向原告实际送达，影响了原告向有关部门提出申诉或提起诉讼权利的行使，该决定应予撤销。被告应当对是否批准授予原告博士学位的决议，依法定程序审查后重新作出决定。

故，刘某文103号案判决内容为："一、撤销被告作出的不授予原告博士学位的决定；二、责令被告于判决生效后3个月内对是否批准授予刘某文博士学位的决议审查后重新作出决定。"刘某文104号案判决内容为："一、撤销被告为原告颁发的'博士研究生结业证'；二、责令被告在判决生效后两个月内向刘某文颁发博士毕业证。"

二、黄某诉取消大学毕业生分配资格行政案

原告黄某系北京师范大学中文系1982级毕业生（5年制），于1987年毕业并取得学士学位。其于1999年8月9日向海淀法院起诉，称其毕业时，学校公布的毕业初分配单位为四川省宜宾师专，其向所在系老师提出支边职工子女在分配上国家有照顾政策，恋人在京，希望缓分改派留京。当时，学校同意并安排其住在校内等候改派，其将派遣宜宾师专的户口迁移证、报到证等材料交给

时任学生处主管分配的处长。1989 年 2 月 21 日，李某以学生处的名义通知其在两天内搬出学校后再谈分配，并于 1989 年 3 月 1 日以学校学生处的名义作出《关于取消黄某毕业分配资格的决定》，张贴校内后才向其送达了一份。当时其向李某提出异议，但学校于当年 3 月 11 日至 6 月 8 日派工人拿走了被褥，调换门锁，封闭寝室，将其赶出校门。其认为：第一，被告的《关于取消黄某毕业分配资格的决定》与事实不符，其提出重新分配后，经学校的批准，被安排住在学校等候改派，并非被告认为的"无正当理由"；第二，被告作出《关于取消黄某毕业分配资格的决定》的程序违反法律规定，未告知处分依据的事实、理由及依据，作出后未向其宣布，未让其签字，没给其申辩、申诉和保留不同意见的权利。之后，在原国家教委的过问下，其工作才得以解决，但工龄至今仍按报到时间为准，在此之前的 10 年因被告的错误决定而贻误的工龄至今无法解决。因此，请法院依法判决被告撤销《关于取消黄某毕业分配资格的决定》。被告辩称，依照《行政诉讼法》的规定，对该法生效前发生的行为不适用。学校对黄某作出的决定是在 1989 年 3 月 1 日作出的，并告知了黄某。而《行政诉讼法》是在 1990 年生效的，黄某无权对决定提起行政诉讼。因此，黄某的起诉已经超过诉讼时效，请求法院驳回原告的起诉。

一审法院经过审理认为，被告关于取消黄某毕业分配资格的决定是于 1989 年 3 月 1 日作出的，并于 1989 年 3 月 7 日前送达原告。该决定作出时的法律法规尚未规定可以对该决定提起诉讼，《行政诉讼法》于 1990 年 10 月 1 日生效实施，该法也没有规定对该法生效前的行为可以适用，故依照该行为作出时的法律，原告尚无权对被告的这一决定提起行政诉讼。原告不服该决定，应向有关部门提出申诉予以解决。故，依照《行政诉讼法》第七十五条，参照最高人民法院《关于贯彻执行〈行政诉讼法〉若干问题的意见（试行）》第三十三条，1982 年公布实施的《民事诉讼法（试行）》第一百一十二条之规定，裁定驳回原告黄某的起诉。

该案中涉及的争议问题：毕业分配资格是高等学校毕业生依照法律享有的参与毕业分配，要求国家派遣的重要权利。它对毕业生能否及时顺利就业关系重大。根据原国家教育委员会《高等学校毕业生调配派遣办法》第十三条、第十八条的规定，学校在对高等学校的毕业生进行分配时，需要征求教师、学生本人及相关方面的意见。分配单位要由学校审查通过，报地方调配部门批准。对经过教育拒不服从分配的，学校在正式宣布分配名单起，超过 3 个月仍不到分配单位报到的，经过地方调配部门批准，由学校宣布取消毕业生分配资格，限期离校。被告的学生处不能以其名义对学生作出取消分配资格决定，该学生处不具备取消黄某毕业分配资格的权力，其作出取消黄某毕业分配资格的决定是越权的无效行政行为。

虽然该案是以时效裁定驳回了原告起诉，但是，根据原国家教育委员会《高等学校毕业生调配派遣办法》第十三条、第十八条的规定，学校学生处作出的取消黄某毕业分配资格的决定是越权的无效行政行为。为此，原审法院向北京市教育委员会提出了司法建议，建议对被诉行政行为进行监督。

三、刘某诉北京市教育委员会学生申诉处理决定案

刘某系旅游学院国际酒店管理系市场营销专业 2001 级本科学生。其因为考试作弊，旅游学院曾在 2002 年 1 月对刘某作出记过处分、取消学位等决定。2002 年 9 月 24 日，因刘某 6 门课程考试成绩不及格，旅游学院对其作出学籍问题的处理决定，内容是降至同专业下一年级，留在原年级继续学习。2004 年 6 月 30 日，刘某在参加经济法考试时，将处于开机状态的手机带入考场。在考试中，监考人员在刘某的课桌内发现该手机，其在考场记录中记录了以下内容："手机在课桌内，处于开机短信状态，内容是与考试有关的"。当即，刘某被请出考场。旅游学院教学科研处于当日作出 068 号决定，给予刘某勒令退学处分。经旅游学院院长办公会研究决定，于第二日作出"关于刘某考试作弊问题处理决定的审批意见"，内容是"同意教科处作出的处理决定。根据《普通高等学校学生管理规定》第六十五条的规定，相关部门尽快向上级有关部门办理备案手续，并通知学生办理退学手续"。之后，在刘某的要求下，旅游学院于同年 11 月 24 日向刘某送达了一份 068 号决定复印件。同年 12 月 2 日，刘某向市教委申诉。2005 年 1 月 10 日，被告维持旅游学院对刘某作出的勒令退学处理决定。北京市西城区人民法院经过审理，作出（2005）西行初字第 57 号行政判决，维持被诉行政行为。刘某不服上诉。北京市第一中级人民法院经过审理，认为根据《教育法》第四十二条的规定，市教委有权受理学生不服学校处理决定的申诉，并根据相关的法律法规以及规章的规定，进行调查处理，并作出学生申诉处理决定。根据《7 号令》第十二条的规定，"对于考试作弊的，应予以纪律处分。"由于刘某将处于开机状态的手机带入考场，违反了旅游学院的《考场规则》。监考人员当场发现其放在课桌内的手机呈翻盖状态，且显示的短信与考试内容有关，认定刘某作弊，将其请出考场的事实清楚。旅游学院针对刘某有两次考试作弊行为的事实，对其作出 068 号决定没有违反法律、法规的规定，且与《7 号令》第六十二条、第六十三条的规定，以及《旅游学院关于处理考试作弊的规定（试行）》一致。所以，市教委维持旅游学院对刘某作出

的 068 号决定的主要证据充分。对于市教委作出被诉行为的时间超过了《校园秩序规定》第十八条第二款关于在 30 日内处理申诉的规定，一审判决已经指出，二审法院予以支持。虽然刘某在 068 号决定之后进行了学籍注册，但是旅游学院仍坚持 068 号决定的内容，在刘某本人申诉的情况下，向刘某送达 068号决定的复印件时，应视为旅游学院正式向刘某作出 068 号决定。至此，刘某向市教委申诉，行使了行政救济权。但是，对于旅游学院的职能部门在作出068 号决定后，没有经过院长办公会议研究，即将决定的内容在学校布告栏中公开，与旅游学院制定并向学生公布的《处分条例》第十五条不一致的行为不当，予以指出。综上，二审法院判决驳回刘某的上诉，维持一审判决。

四、赵某某诉中国传媒大学不予颁发博士生学位证案

赵某某系中国传媒大学 2013 级文化产业专业博士研究生，于 2021 年春季向中国传媒大学提交毕业论文及相关申请材料。中国传媒大学根据其制发的《中国传媒大学硕士学位、博士学位授予工作实施细则》《章程》的相关规定，经过校外专家匿名评阅、专家复评、组织正式答辩等环节后，经学位评定委员会采取无记名投票方式进行表决，对赵某某的表决结果为 30 票"不同意授予"。同日，中国传媒大学作出《处理决议》，决定不授予包括赵某某在内等 15 人相应学位，同意其在规定的时间内（不得超过学校规定的最长有效修业年限）修改论文后，重新申请答辩一次，并经学位评定委员会分委会审议批准后，呈报当学期学位评定委员会审议。2021 年 6 月 18 日，中国传媒大学文化产业管理学院老师将决议内容以微信方式告知赵某某。赵某某不服，遂诉至一审法院。一审法院经审理认为，赵某某要求撤销中国传媒大学对赵某某作出的不授予博士学位决定并对其博士学位授予事宜重新作出决定的诉讼请求缺乏事实依据和法律依据，一审法院判决驳回赵某某的诉讼请求。[1] 二审法院经审理认为，中国传媒大学作为法律、法规授权的组织，其在行使学位授予权时应当遵守正当程序原则。中国传媒大学在以微信方式告知赵某某不授予博士学位决定前，未告知赵某某作出决定的事实、理由及依据，未告知赵某某依法享有陈述、申辩权和救济途径，也未根据《处理决议》内容向赵某某作出书面、正式的不授予博士学位决定并依法送达赵某某，违反了《普通高等学校学生管理规定》（教育部 2017 年 41 号令）第五十五条之规定，系程序违法。因此，二审法院作出判决[2]：①撤销一审判决；②撤销被诉不授予博士决定；③责令中国传媒大学于

---

[1] 北京市朝阳区人民法院（2021）京 0105 行初 922 号行政判决。
[2] 北京市第三中级人民法院（2022）京 03 行终 1041 号行政判决书。

本判决生效之日起 60 日内对赵某某博士学位授予事宜重新作出决定。

第二节 高校受教育者在行政法上的诉权保护

高等教育是公共服务，因此，高等教育的受益者——学生，就是高等教育公共服务的用户。田某、刘某文等高校学生作为学校拒绝颁发学位证书和毕业证书决定的直接对象，享有起诉权，涉及学生的行政法地位和应当享有的权利义务以及和学校之间的法律关系，即我国大学生的法律地位问题。在法院受理这些案件之前，学生被认为是学校管理和教育的对象，是被管理者、被教育者，因此只有接受管理和教育的义务，很少有机会参与学校的管理和决策。《高等教育法》中以学生为称呼对于权利义务进行了规定，但是学生是一种社会概念，不是一个法律概念，所以学生这个称呼并没有确定该群体的法律意义上的地位。在田某案之前，我国现行规定导致学生法律地位的模糊，因此其权利和义务的确定缺乏根基，需要重新定位。虽然在法律上明确了学生的公共服务的用户的地位，规定了学生对于学校重大事项的参与权，也开通了学生对于不利决定的申诉途径——行政申诉和行政诉讼，但是实际上，学生在学校的决策中少有发言权。

需要研究给予学生什么样的法律地位更符合中国的实际情况。

很多人依据学生向学校缴纳学费的行为，提倡将学生的地位确定为消费者。季卫东教授《法律专业教育质量的评价机制——学生消费者时代的功利与公正》一文中从法科教育角度作了详细分析。"在中国法科教育中，产业化的倾向有两种具体表现：一种是办律师事务所、咨询公司或者开展其他不同类型的经营性业务，不妨称为'多样化经营主义'；另一种是办专业培训班、扩招以及对学费的范围、金额进行上方调整，不妨称为'学生消费者主义'。由于前一种表现方式问题颇多，已经逐步受到限制乃至部分性禁止，后一种表现方式就越来越成为高等教育的基本方向。因此我们有理由认为，中国的高等教育（包括法科在内）正在从培养精英的知识共同体和国家职能机关的定位退出来，迈向'学生消费者的时代'。也就是说，校方按照自负盈亏的逻辑行事并对学生全面收费，从而形成一个由学生及其家长或赞助者向院系购买教育内容、研究成果以及学位证书的特殊市场。在这里，由于现在法律专业的学位文凭和资格证书'含金量'很高，某种形态的完全'卖方市场'已经隐约成形——这样的交易格局固然有许多长处，但也可能助长功利主义倾向以及现行制度的惯性，甚至诱使法律专业院系堕落成仅仅为将来的律师打造'金饭碗'那样的市井作坊或者文凭批发商。"

季卫东认为，"一般而言，学生消费者的时代必然导致学生要求更多的自由选择权。但在中国，因为学生市场还在不断拓展的过程中，也因为既有的大学管理体制还维持着教育行政机构以及教师的支配权以及经营的非风险性，还因为学位或学历的通货膨胀以及扩招所造成的毕业生潜在过剩问题的效果尚未充分显露出来，所以，学生们要求行使消费选择权的呼声仍然不很响亮，对教育现状的批评和抗议还是零散的、缓和的。但是，假设毕业即失业的情形一旦普遍出现，加上大学独立核算制的进一步贯彻落实，那么付得起学费的学生就将不断追问教育质量和文凭在就业市场上的兑现价值，而付不起学费的学生也会坚决讨要平等教育权，恐怕校园很难继续成为一块安定的绿洲，师生关系也将出现某种程度的紧张，特别是'双向选择'的紧张。"❶

虽然"学生消费者主义"对于促进教育质量，推动教育的发展具有一定的作用，但是学生是否完全等同于一般的消费者，是一个值得研究和商榷的问题。在刘某文案中，由于我国发生类似的案例较少，所以在分析中将主要援引法国的判例。针对学位评定委员会、考试评议委员会、职称评审委员会等评议机构作出的决定，以下几类人员有成为原告的可能。

第一类：评议对象。

作为评议对象的候选人，毫无疑问拥有足够的利益提起诉讼，法国在20世纪70年代已经出现多起与此有关的案例证明了这一点。❷ 但是作为候选人通常只有在有关评议决定涉及自己的切身利益时才能起诉，而不能仅仅因为该评议决定对不同的候选人资格进行了区别而要求取消评议。❸ 在界定诉之利益的时候，法院众多判例确定的原则是个人的、直接的、确定的，即只有对于某个人的直接的利益造成确定的影响时，才具备起诉的资格。

第二类：评议组成员。

法国行政法院显然更加宽容，在原告资格问题上，不仅对候选人打开大门，而且在有些案件中也向评议组的成员开放。在1972年12月19日ORLEANS行政法庭审理的Foussard FLANPIN夫人案件中，法庭在判决中明确，FLANPIN夫人作为一名评议组成员"有资格对于评议组的一项评议决定提起诉讼"。❹

---

❶ 季卫东. 法律专业教育质量的评价机制——学生消费者时代的功利与公正 [J]. 法律与生活，2004（9）：30-31.

❷ Les《mal notés》et le juge，par Jean LAVEISSERE，载于 A. J. D. A. 1981 年 3 月，第 119 页。

❸ Conseil d'Etat，1993 年 10 月 22 日，编号 60168 的判例。

❹ 载于 A. J. D. A. 1977 年 7 月-8 月，第 372 页，案例分析。

第三类：从事相关学科的教师、研究人员。

1987 年，法国最高行政法院甚至允许一个大学教师起诉要求取消一个他所在大学颁发的文凭，而他并不是评议组的成员，仅仅是从事和被要求取消的文凭相近的学科。[1] 1992 年 11 月 13 日，又有类似的判例发生。[2]

第三节　教育者依法履行颁发学历学位证书行为的职责

高校在教育活动中，对受教育者依法行使学籍管理和颁发相应的学业学位证书的权利，这个原则在《最高人民法院公报》田某案中已经确定。刘某文 104 号案审查的是不予颁发学历证问题，相关的法律适用问题在田某案件中经过二审，在 1999 年 4 月 26 日已经确立了规则。为此刘某文 104 号案判决书中是这样评价的：

学历证书制度是国家为保证教育活动有序进行和保障教育质量的管理制度。根据《教育法》第二十一条的规定，国家实行学业证书制度，经过国家批准审理或认可的学校及其他教育机构按照国家有关规定为受教育者颁发学业证书。学业证书是证明受教育者受教育的程度及其达到的知识水平和能力水平，是受教育者个人能够从事相应职业的必备条件，也是我国目前的用工单位对应聘人员进行优先选拔和录用的凭证，是国家承认的具有法定效力的证书。按照我国的学制体系，受教育者必须完成教育者制订的教育、教学计划规定的全部课程，考试成绩合格，准予毕业者，可能获得不同阶段的毕业证书，是由教育者对受教育者的学业成绩和品行作出的公正评价。

刘某文于 1992 年 9 月取得北京大学攻读博士学位研究生学籍后，其按照北京大学制订的培养方案和要求，学习了规定的课程，参加了所修课程的考试，成绩合格，也完成并通过了毕业论文答辩，其德体合格，按照原国家教委《研究生学籍管理规定》第三十三条的规定，其符合取得博士研究生的毕业资格，北京大学应当向其颁发博士研究生毕业证书。北京大学以其博士学位未被校学位评定委员会通过，不向刘某文颁发博士毕业证书，而向刘某文颁发结业证书没有法律依据，法院不予支持。

---

[1] Conseil d'Etat, 1987 年 5 月 27 日，编号 40625 的判例，见 http://www.Legifrance.gouv.fr。该案中，MELKI 先生是 RENNES 第一大学的生物学教师，他要求法庭取消该校颁发给另一位先生的关于人工放射性元素应用于医学和医学生物学的研究证明。最高行政法院在判决中明确作为从事相近学科的教师，有资格和利益对于该证明的颁发提起撤销诉讼。

[2] Conseil d'Etat, 1992 年 11 月 13 日，编号 81121 的判例，见 http://www.Legifrance.gouv.fr。

据此，刘某文104号案判决撤销了北京大学为刘某文颁发的"博士研究生结业证"，责令北京大学在判决生效后两个月内向刘某文颁发博士毕业证。

田某案与刘某文103号案不同的是，田某案的学位证颁发问题在同一案件中进行的审理，法院判决的内容是"被告组织本校有关院、系及学位评定委员会对田某的学位资格进行审核"，并未给被告的学位评定委员会确定履行内容。该判决生效后，在执行阶段，法院的这一判项没能得到有效的执行。于是，我们在受理刘某文103号案之后，围绕学位委员会的法定职责和主体资格问题进行了深入的调研。

从北京大学学位委员会的组成形式上看，1990年1月，原国家教育委员会作出教委【1990】001号《同意北京大学由吴树青等十七人组成第四届学位评定委员会的函》，以及其后原国家教委给北京大学的批准增补四位学位委员的函，能够证明北京大学是合法的学位授予机构，北京大学学位评定委员会的组成人员经原国家教委批准，机构组成合法。

刘某文103号案判决指出：根据我国法律规定，高等学校有权对受教育者进行学籍管理，享有代表国家对受教育者颁发相应的学业证书、学位证书的职责。高等学校作为教育者虽然不是法律意义上的行政机关，但是，其对受教育者颁发学业证书与学位证书等的权利是国家法律所授予的。教育者在教育活动中的管理行为，是单方面作出的，无须受教育者的同意。根据《教育法》第二十八条、第二十九条的规定，教育者享有按照章程自主管理的权利，行使对受教育者颁发相应的学业证书的权利，同时还有义务保护受教育者的合法权益，并依法接受监督。

那么究竟应该如何看待学位评定委员会的法律地位和权利义务呢？判断一个组织的法律地位，是否具备独立的法律主体资格，主要看它的权力的来源，是来自法律、法规的授权，还是来自另一个组织的委托。如刘某文103号案判决明确指出：

北京大学作为国家批准成立的高等院校，在法律、法规授权的情况下，享有代表国家对受教育者颁发相应的学位证书的权力。北京大学根据《学位条例》第九条的规定，设立北京大学学位评定委员会，北京大学学位评定委员会依据《学位条例》第十条第二款的规定，依法行使对论文答辩委员会报请授予博士学位的决议作出是否批准的决定权，这一权力专由该学位评定委员会享有，故该学位评定委员会是法律授权的组织，依据《行政诉讼法》第二十五条第四项规定，具有行政诉讼的被告主体资格。北京大学依据《学位条例》第十一条的规定，只有在校学位评定委员会作出授予博士学位决定后，才能发给学位获得者相应的学位证书。校学位评定委员会作出的是否授予博士学位的决定，将直接影响到刘某文能否获得北京大学的博士学位证书，故北京大学学位评定委员会应当确定为该案的适格被告。

由此可见，依据《学位条例》成立的学位评定委员会的权力来自法律的规定，具备独立的法人地位。相对而言，对于各院、系成立的评议委员会，如果没有相对应的法律、法规的规定，则不具备独立的法律地位，如果起诉，则只能以学校为被告。

事实上，在刘某文案件形成的时代，笔者还实际研究了北京大学的博士学位证书的形式，也要求原告的代理人提供了北京大学的博士学位证书作为参考，上面只有学位评定委员会的印章，而没有北京大学的公章。对此问题的判断和法律适用，笔者一直在思索，也看到在刘某文 103 号案之后，意识到大多数案件关于学位证书颁发的行政案件都是以高校为被告，没有将学位评定委员会列为被告的。所以，当初原告修改诉讼请求，将北京大学学位评定委员会列为刘某文 103 号案被告存在偏差。

第四节　关于高等学校毕业生调配派遣行为

虽然黄某案件是因为诉讼时效问题被裁定驳回起诉的，但是在该案中，对于高校对毕业生调配派遣工作，根据原国家教育委员会《高等学校毕业生调配派遣办法》第十三条、第十八条的规定，学校在对高等学校的毕业生进行分配时，需要征求教师、学生本人及相关方面的意见。分配单位要由学校审查通过，报地方调配部门批准。对经过教育拒不服从分配的，学校在正式宣布分配名单起，超过 3 个月仍不到分配单位报到的，经过地方调配部门批准，由学校宣布取消毕业生分配资格，限期离校。被告的学生处不能以其名义对学生作出取消分配资格决定，该学生处不具备取消黄某毕业分配资格的权力，其作出的取消黄某毕业分配资格的决定未经过地方调配部门的批准，是越权的无效行政行为。北京师范大学 1989 年 3 月 10 日对黄某作出的（89）校学 07 号《关于取消黄某毕业分配资格的决定》本应当予以撤销。但是，鉴于被诉行政行为发生在行政诉讼法生效前，不能适用该法。对于黄某的诉求，其可以按照《教育法》第四十二条的规定，有权向教育行政部门申诉，寻求行政救济。

而田某案中，法院就不得不对该行为的合法性问题进行审查判断。田某案一审判决指出："关于高等院校的毕业生派遣问题，国家实施的是由各省、自治区、直辖市的主管毕业生调配的部门按照国家教委下达的就业计划，签发本地区内普通高等学校《毕业生就业派遣报到证》。根据《普通高等学校毕业生就业工作暂行规定》第九条的规定，教育者在办理毕业生就业中应当履行的职责是将取得毕业资格的大学毕业生的有关毕业分配资料上报其所在地的高校行政主管部门，以供当地教育行政部门审查和颁发毕业派遣证。原告取得大学毕业生的资格后，被告理应按上述程序，履行其职责。"之后，笔者在黄某案中又做了进一步研究，黄某案暴露出高校在大学生毕业调配派遣工作中存在一些不当行为，影响了毕业生的权益。

第五节　关于行政程序问题

在田某案之前，笔者在 1993 年审理了黄某诉北京师范大学案，已经关注到，黄某主张被告在作出被诉决定的程序违反法律规定，未告知处分依据的事实、理由及依据，作出后未向其宣布，未让其签字，没给其申辩、申诉和保留不同意见的权利。对此，根据原国家教育委员会《高等学校毕业生调配派遣办法》第十三条、第十八条规定：学校在对高等学校的毕业生进行分配时，需要征求教师、学生本人及相关方面的意见。分配单位要由学校审查通过，报地方调配部门批准。对经过教育拒不服从分配的毕业生，学校在正式宣布分配名单起，超过 3 个月仍不到分配单位报到的，经过地方调配部门批准，由学校宣布取消毕业生分配资格，限期离校。因此，高校对学生作出相应处理决定前，应当向学生告知，并听取学生本人的意见，在这个规章中已经肯定了要听取申辩的法则。在这些判决中，法院在刘某文 103 号学位证书案件中亮明了审理思路，虽然囿于该判决没有获得终极的法律效力，但是该案昭示的正当程序思想在司法审判中的萌芽不容被略过。

第一，合法的行政程序是保障行政行为合法的前提。

首先，对学生作出处理要遵循一定的程序，要给予被处分人听证的机会，这是保证程序正当的一个重要因素。对学生的处理虽然不同于行政处罚，但是严重的纪律处分，涉及被处分人重大权益的，构成行政行为，也应当遵循正当程序原则。在美国，公立学校给予学生纪律处分的行为也是公行政的研究范围。"根据正当程序要求，在学生因其不轨行为而被公立学校开除之前，必须给予其通知并给其受审讯（即听证）的机会。法院一致确认，正当程序条款适用于公

立学校做出的开除学生的决定。"❶

其次，被处分人的辩护权应该被尊重，这种辩护权是被法律条文和法律基本原则确定的。未经举行将被处分的学生参加的听证，了解他被指责的事实，表达他的辩护，任何处罚不得作出。对于未成年人应该通知其代理人参加听证，以便行使辩护权。根据这些规定，可以得出结论，纪律措施是可以申诉的行为，辩护权是法律的基本原则，学生应该被听证，纪律委员会应该被组成，辩论程序应该是对抗性的，处罚应该说明理由，学生和家长应该被通知有权进行申诉。违反这些规定的处罚是无效的。

田某案中，一审判决指出：退学处理的决定涉及原告的受教育权利，从充分保障当事人权益原则出发，被告应将此决定向本人送达、宣布，听取当事人的申辩意见。而被告未依此原则处理，未尊重当事人的权利。为此，田某案公报案例指出："按退学处理，涉及被处理者的受教育权利，从充分保障当事人权益的原则出发，作出处理决定的单位应当将该处理决定直接向被处理者本人宣布、送达，允许被处理者本人提出申辩意见。北京科技大学没有按照原则办理，忽视当事人的申辩权利，这样的行政管理行为不具有合法性。"

第二，行政主体作出行政行为要说明理由的基本原则。

作为现代行政程序中的一个重要组成部分，说明理由制度也经历了一个从无到有、从粗放渐至精确的发展过程。以英、法为例，在英国普通法上，以前行政主体并没有对其所作出的行政行为承担说明理由的义务，当事人也不具有法律上的强制手段要求行政主体说明作出行政行为的理由，"说明决定的理由从未成为自然正义的一项原则，甚至在法院似乎也不存在这样的规则，也并不认为给行政机构创设一个这样的原则是合适的"❷。随着行政参与行政合作趋势的发展以及对程序保障的需求，这种不说明理由的做法渐渐地被扭转，谨守先例的英国法律家们也开始对不说明理由的传统做法有所警醒。在一个案件的判词中，主审法官声称："没有哪一个单独的因素比公共机构不负说明决定理由的义务更为严重地阻碍过英国行政法的发展了。"❸ 随着行政改革的发展，行政法律关系的内容也开始出现变化。虽然以"命令与服从"为内容的行政法律关系仍然存在，但是在行政程序当中，作为相对人被赋予了越来越多的程序性权利，如听证权、知情权等，传统的强制性行政权已渐渐让位于参与式行政、合作式行政。在合作式行政中，行政主体在实施行政行为时要充分尊重相对方作为程

---

❶ 施瓦茨. 行政法 [M]. 徐炳，译. 群众出版社，1986：218.
❷ 韦德. 行政法 [M]. 徐炳，译. 北京：中国大百科全书出版社，1997：192.
❸ 韦德. 行政法 [M]. 徐炳，译. 北京：中国大百科全书出版社，1997：193.

序性权利主体的地位，注重与相对人意见的交流。行政行为说明理由就是这种合作式行政的一种具体体现。透过行政权能主体对其所作决定的关于事实、法律及酌量方面的说明，相对人不仅能感受到自己被尊重，从而产生心理上的认同感，而且能领会、理解行政主体的行政决定。可以说行政行为的说明理由在情感和理智方面都拉近了行政主体与行政相对人的距离，消除了传统上公共权威与公众的对立。

缺乏理由的说明将导致行为本身的无效，即使理由可能是合法的。在我国的法律中虽然没有对说明理由制度进行明确的规定，但是在通常的情况下，学校在决定中会说明理由，如果学校的决定中没有说明处分的理由和依据，法院可以以此作为撤销该处分决定的理由。所以，在教育行政法领域应当进一步完善这方面的规定，约束学校的行为，规范学校的管理，保护学生的合法利益。同时，要在说明理由的形式上，合法的理由说明还应当清楚、完备、简洁，同时应当涵盖适用的法律条文以及责任人的签字等必要内容。否则，一旦进入诉讼程序，再说明理由就太晚了。

说明理由有助于防止行政主体及其公务员的随意、恣意。一个低劣行政行为的作出不见得都是出于恶意，有时候是因为机构或其官员的随意和粗枝大叶，而操持事务的官员是有着种种局限的人，在这种情况下，要求行政主体及其公务员说明行为的理由可以促使行政机关对于其所作的决定作出全盘而详细的考虑，使他们有机会改正自己因随意轻率而犯的错误。

第三，行政行为说明理由是行政正义的基本要求。

"给予决定的理由是正常人的正义感所要求。"❶ 即便是在私人的交易活动当中，即便是接受一项馈赠，人们也有一种本能，要求知道行为的理由及依据，这是人类的一种天性。在公共生活中，对于权力的实施，人们不仅要求它是合乎法律的，更希望它是合乎正义的。行政权是一种极富扩张的权力，它的行使既不像立法权那样往往是合意的结果，也不像司法权那样中立。在事关相对方权利、义务的行政行为过程中，相对方更有权利了解行政主体实施该行为的目的及理由。"许多决定都可以目的不正当、不相连原因及其他各种法律错误而被撤销或被上诉，如果公民找不出决定背后的推理，他便说不出是不是可以复审，这样他便被剥夺了法律的保护。"❷ 因此，行政行为说明了理由，将方便法院进行司法审查。法院往往根据行政机关的案卷来判断被诉行政行为是否合法，行政机关在案卷中就其所作行政行为的详尽说明，更有利于法院作出判断。这样，

---

❶ 韦德. 行政法 [M]. 徐炳，译. 北京：中国大百科全书出版社，1997：192.
❷ 韦德. 行政法 [M]. 徐炳，译. 北京：中国大百科全书出版社，1997：193.

法官就可以在安静的阅读和思考中形成对案件的审判思路，将行政行为的内容与支持行政行为的理由加以印证、比照、甄别。没有这种充分的理由说明，法院就不能充分地行使它的复审职能。尤其在有关事实部分，如果没有行政机关就事实裁定所作的解释，法院也无法认定、不能代替行政职能主体来认定行政行为所适用的事实和法律是否正确。

在实践中，行政机关出于怠惰或者其部门利益往往对理由说明不够清晰明确，甚至为了掩盖其真正的所谓"便利行事"的目的，而玩弄起文字游戏来。"行政裁定中最常见的弊端是它们惯于使用晦涩、模糊的语言。它们充满了官僚习气，不想澄清问题，而求模糊问题。因职业原因不得不阅读可爱的行政裁决的人也无可奈何。要使说明理由制度真正发挥功能，必须对说明理由的内容有相当的要求，以免使说明理由流于形式。"❶ 同时，我们还应当考虑到行政关系的复杂多变、行政手段的多样化，以及考虑到要维护行政机关的效率。对说明理由的内容又不能千篇一律地要求其详尽无遗。相对人也不需要行政机关在说理时事无巨细、娓娓动听，他们只要求能充分地明了行政机关的意旨、根据并把它们同自己的经历、知识加以印证并作出判断。

在说明理由程序中，也涉及行政主体运用自由裁量权的问题，但至少要注意以下两点：

（1）告知行政相对人在该行政行为中行政主体运用了自由裁量权。当然，这并不要求行政权能主体就此作正式的、特别的说明，只要让行政相对人知道就行了。

（2）告知行政相对人行政主体在运用自由裁量权作出某一决定时的裁量依据，即在多个选择结果中，为什么选择此而非选择彼。比如，在道路修建中，法律往往会授予行政机关以相当大的自由裁量权。某地方交通部门在修一条铁路时决定要穿过某一公园。本来，行政机关有多种选择方案，除了由公园通过以外，还可以经过某一商业区。行政机关考虑到公园的效益并非很好，而商业区则对该城市的经济有很大的影响，同时该城市的公园数量很多，绿化也很好。经过这番考虑，最后决定牺牲一点环境利益来换取更大的经济利益。对于此番的裁量考虑，行政机关应向公园的所有者和环境利害人予以说明。

---

❶ 李春燕. 行政行为说明理由制度的构建 [J]. 行政法学研究，1998 (3).

第六节　关于司法权对高校办学自主权的尊让

在此类案件中，往往会引起司法权和学术自由之间的争论。那么，法院在田某案件和刘某文案件的审理中是否侵犯了学术自由？我们做如下的分析。

第一，关于学校制定的颁发两证的标准应当遵循法律优位原则。

在刘某文104号案判决中，诉讼的客体是关于毕业证书的颁发问题。在教育实践中有些学校会在落实国家法律、法规或者规章的时候制定校内的规范。该案中，北京大学根据原国家教委《研究生学籍管理规定》，制定了《北京大学研究生学籍管理实施细则》，根据该规则和北京大学多年来一直的做法，只有在博士生通过校学位评定委员会批准授予其博士学位决定后才能获得博士毕业证书。否则，只能视情节获得结业证或肄业证书。违反法律、法规、规章的学校内部规定，应当无效。因此，该案判决中指出："按照原国家教委《研究生学籍管理规定》第三十三条的规定，其符合取得博士研究生的毕业资格，北京大学应当向其颁发博士研究生毕业证书。北京大学以其博士学位未被校学位评定委员会通过，不向刘某文颁发博士毕业证书，而向刘某文颁发结业证书没有法律依据，法院不予支持。"

第二，司法权不应当干涉高校办学自主权和学术自由。

在行政法学理论方面的研究也不可能呈现在公众面前。在田某、刘某文两案件中，均涉及学位的评定程序、标准等问题，同时还包括了对学术评议行为的性质，以及是否给予相应的救济途径的讨论。从法院受理刘某文案件伊始，关于司法权与学术权的关系问题，就被舆论推上了风口浪尖。

学位评定和考试成绩评定等行为具有一个共同的特点，都带有很强的专业性，也因此不同于其他的行政行为。所以，对于这种行为的性质认定和是否可以成为诉讼的客体，是一个存在争议的问题。

一种观点认为，这种评议只是其后作出的行为的前提条件之一，如考试成绩的评定是颁发毕业证书和学位证书的前提条件，相对人可以针对拒绝颁发毕业证书或者学位证书起诉，但是不能针对成绩的评定起诉，因为成绩的评定是一种专业行为，是法官力所不能及的。

另一种观点则认为，评议决定虽然和后来的行为具有密切的联系，但是两个行为是相对独立的，两个行为都存在侵害相对人利益的可能，因此相对人可以分别针对两个行为起诉。同时，由于评议行为是颁发毕业证书和学位证书的前提，如果不允许针对评议行为进行诉讼，接受法院的审查，则无法对关于颁发毕业证书和学位证书的行为进行审查，这也是此类案件中法院的观点。

但是我们应该看到，由于评议行为专业性的特点，救济的途径和法院的审查标准是不同于其他行政争议的，需要考虑以下问题。

（1）从程序来说，对于这样的争议通常适用复议前置程序。法国规定学生对于评议决定不服的，可以向教育部或者大学进行免费的申诉，校长不会直接修改这些评议决定，但是可以召集委员会进行重新评议。法国最高行政法院也认为教育部不能直接改变或者取消委员会的决定。因为不同于垂直性的机构，评议委员会是相对独立的。对于复议决定不服的，可以提起诉讼。

（2）为了保证行政行为的合法性，诉讼是开放的，候选人当然有权利反对评议委员会的决定，但是只有在涉及个人时才可以，不能要求取消一个涉及他人的决定，因为考试和竞赛不同，没有竞争性，对于别人的决定不会影响到自己的位置，所以没有利益存在。

（3）针对评议争议的特殊性，法院的审查标准要与普通行政行为相区别。对于需要专业技术判断的事项，法官的审查范围也应受到一定的限制。

第三，司法在充分尊重学术自由时也要维持法官的最小的控制。

法院不是万能的。对于属于学术权力的司法监督，只及于程序，法官对于属于技术性问题的具体的评议不能进行实质评价，不能取代学者基于知识而作出的决定。这种原则也体现在刘某文103号案判决中，法院没有对审查委员会评议的结论涉及的学术评定标准进行评判，而是对委员会的组成和评议程序等问题进行审查，如该判决书所言："北京大学第四届学位评定委员会共有委员21人，1996年1月24日召开的第41次学位评定委员会会议，到会人数为16人，对刘某文博士学位的表决结果是：7票反对，6票赞成，3票弃权，并以此作出了不批准学位论文答辩委员会报请授予刘某文博士学位的决议的决定，该决定未经校学位评定委员会全体成员过半数通过，违反了《学位条例》第十条第二款规定的法定程序，本院不予支持。因校学位评定委员会作出不予授予学位的决定，涉及学位申请者能否获得相应学位证书的权利，校学位评定委员会在作出否定决议前应当告知学位申请者，听取学位申请者的申辩意见；在作出不批准授予博士学位的决定后，从充分保障学位申请者的合法权益原则出发，校学位评定委员会应将此决定向本人送达或宣布。该案被告校学位评定委员会在作出不批准授予刘某文博士学位前，未听取刘某文的申辩意见；在作出决定之后，也未将决定向刘某文实际送达，影响了刘某文向有关部门提出申诉或提起诉讼权利的行使，该决定应予撤销。北京大学学位评定委员会应当对是否批准授予刘某文博士学位的决议，依法定程序审查后重新作出决定。"

在刘某文 103 号案中有两个评定委员会，一个是论文答辩委员会，另一个是学位评定委员会，所行使的权力都是学术权力。这种学术权力和行政权力是不同的。而学术权力和行政权力并存，也是学校的一个特点。在教育和科研领域，学术权力是和行政权力并存的重要权力形式。二元化权力结构是高等学校在权力配置上与企业、政府机关等非学术性组织的重要区别。在高等学校组织内部，既有以校长为首的行政权力，也有以著名学者或专业教师群体为代表的学术权力。正是在这种权力结构中，学术权力和行政权力衍生着各种各样的关系。❶

在教育、科研领域，特别是在学术事务和学术管理活动较多的高等教育领域中，学术权力是和行政权力并存的重要权力形式。❷ 在高等教育机构内部，由于从事的事务具有较强的技术性或学术性，除了进行日常管理的行政性权力之外，在很多领域，需要学术权力的介入，如科研成果的评定、学位论文的答辩、考试成绩的评分等。

何谓学术权力？美国学者伯顿·R. 克拉克在《高等教育系统——学术组织的跨国研究》一书中认为："专业的和学者的专门知识是一种至关重要的和独特的权力形式，它授予某些人以某种方式支配他人的权力。""专业权力像纯粹的官僚权力一样，被认为是产生于普遍的和非个人的标准。但这种标准不是来自正式组织而是来自专业。它被认为是技术能力，而不是以正式地位导致的官方能力为基础的。"❸ 夏再兴在文章《什么是学术权力？》中认为：行政权力的核心是"权"，权大力大；学术权力的核心是"力"，力大权大。❹

学术权力的特性与行政权力的特性存在不同之处：

（1）基础不同。不同于行政权力的基础是组织和地位，学术权力的基础是专家的学术专长，其行使的职能是基于行使人从其学科专业背景出发所形成的和达到的专业水平和学术能力。❺

---

❶ 秦惠民. 学术管理活动中的权力关系与权力冲突 [G] //中国教育法制评论：第 1 辑. 北京：教育科学出版社，2002：171.
❷ 秦惠民. 学术管理活动中的权力关系与权力冲突 [G] //中国教育法制评论：第 1 辑. 北京：教育科学出版社，2002：171.
❸ 克拉克. 高等教育系统——学术组织的跨国研究 [M]. 王承绪，等译. 杭州大学出版社，1994. 转引自秦惠民. 学术管理活动中的权力关系与权力冲突 [G] //中国教育法制评论：第 1 辑. 北京：教育科学出版社，2002：173.
❹ 夏再兴. 什么是学术权力？[J]. 咸宁师专学报，2001（1）.
❺ 秦惠民. 学术管理活动中的权力关系与权力冲突 [G] //中国教育法制评论：第 1 辑. 北京：教育科学出版社，2002：173.

（2）来源不同。行政权力是法定的，来自法律、法规的明确规定。学术权力是学术群体评定的，如学术委员会的成员是由学校的教师、研究人员选举出来的。

（3）行使的方式不同。行政权力的行使直接通过行政决定，是一种对于行政权力拥有者的服从。而学术权力一般以打分、评审等方式进行。如教师对于学生试卷的评判就是在行使学术权力，论文答辩委员会对于论文是否通过进行投票也是学术权力的外在表现。学术平等决定学术权力的组成和行使中应以民主为原则。

（4）行使的标准不同。相对于行政权力，对于学术权力的监督难度更大。因为通常对于行政权力的运用有比较明确的标准，而学术权力的运用更多依赖于学术权威或者教师的专业能力、学术修养、人文品格，标准是不明确的。如对于行政许可，法律、法规对是否达到许可的条件、许可的方式、期限都可以作出明确的规定，行政权力的自由裁量度可以尽量缩小和限制。但是对于学术问题，则很难进行量化。

（5）性质不同。行政权力的显著特征是层级性和隶属性，而学术权力是平等的，学术权威和其他人之间是平等的，而不是行政权力中的服从关系。

（6）稳定性不同。行政权力是法定的，稳定、不易发生变动。而学术权力来自学术群体的认可，变动性大，一个学者需要不断地充实自己，否则随着学术的发展，很快就将失去权威的地位。

（7）监督方式不同。正是由于二者的不同，对学术权力的监督难度大，也容易发生学术腐败。可以通过立法形式、行政形式、司法形式，对学术权力进行监督。

因此，对于权力行使人的产生，行政权力可以通过任命，而学术权力应该通过选举，否则，其权威就会受到怀疑。对于行政权力，完全可以由司法机关按照诉讼的途径审查行政行为的合法性，但是对于学术权力，一般司法审查很难介入。

第四，对学术评判权应设定必要的监督。

在学位授予过程中，论文委员会是由本专业的专家组成的，主要评价论文的学术水平，是学术权力。而多学科专家组成的学位委员会，既有本学科的专家，也有其他学科的专家，行使的应该是行政权力。在刘某文案件中，对学位委员会进行的评审是实体性的还是程序性的，争议较大。由于博士学位的授予不具有竞争性，因此，学位委员会的评价不是针对申请人的学术能力进行实体性的评价，而是从程序的角度审查申请人是否符合授予学位的法定条件，属于程序性的审查。

在教师职称的评审中，学术委员会由本学科的专家组成，主要针对教师的学术成果进行鉴定和评价，是否达到申请职称的要求。而学校的职称评审委员会由多学科的专家组成，根据具体的申请人的数目、每个人的情况，进行数量调控和政策平衡，确定最后的人选，行使的是行政权力。这个过程不同于学位授予，职称评审通常具有竞争性，因此，职称评审委员会进行的是实质性评议，评议的标准按照各个学校的具体规定，不同于学位授予，只要符合条件就应当授予。

学术权力和行政权力是相互作用的。在一个学校内部，行政权力和学术权力是并存的，既是相互独立的，也是相互作用的。在学术管理活动中，既需要学术权力也需要行政权力，但是应注意二者的区分，明确界定和区分两种权力的适用性质、特点、适用范围、规则，建立起规范性的秩序和二者之间有机的分工、合作和制约机制，避免相互混淆、相互错位。行政权力是保障和维护学术权力正常行使的条件，在有些情况下，学术权力是行政权力的前提。如论文答辩委员会关于是否通过论文答辩的决定是是否颁发学位的行政权力的一个条件。

相对于行政权力而言，行政系统和司法机关对学术权力监督的作用是有限的，也必须严格设定界限，要通过学者的学术良心和学术道德进行约束，以道德的授权进行自我约束，更利于学术研究发展。但只有道德约束，在制度上没有一定的规则，学术自由权的行使也有出现腐败的现象。高校的论文答辩委员会和学位评定委员会行使的都是学术权力，但是由于二者组成人员的不同，前者主要是与答辩人具有相同或者相近专业的人员组成，因此行使的是实质审查，即对于论文是否具备条件，是否达到要求，具备从学术上认定的能力。而后者是多学科人员组成，有的人和答辩人的专业相距甚远，因此不具备进行实质审查的能力，行使的是形式审查权。二者行使权力的方式是不同的。正如刘某文在诉讼意见中提出的观点所言："按照《学位条例》第十条一款的规定，答辩委员会对论文是否达到博士水准有权'决议'，而'决议'一词本身的内涵就是决定权，即对于论文是否达到博士水准问题，法律授权于论文答辩委员。为防止答辩委员会滥用权力，《学位条例》和《学位条例暂行实施办法》第十八条第一款第八项的规定，校学位评定委员会对答辩委员会的决议有批准或不批准权。"

刘某文案件引起国人对于学位制度的反思，有人提出了对于学位管理中学术权力和行政权力的重新配置，将确定重点学科的方向、学术标准的学术权力由学位评定委员会行使，在学校内部的论文答辩委员会行使实质的审查，同时确定如匿名评审、公开评语、导师回避等制度保证公正性，学校的学位评定委员会行使形式审查权，承担监督职能，监督论文委员会的人员组成、运行程序、受理申请人对于不授予学位的申诉等。

确立学术自由和学术民主是保证学术权力的前提。学术权力分配的依据和程序：学术权力的分配应该通过民主方式确定，如选举产生的学术权威比主管部门指定的权力享有者更容易得到认可。北京大学的相关评审规则代表了高校关于学位授予的相关程序规则，具有代表性。正是由于学术权力的特点，因此更应该加强对于学术评判权力的监督，避免学术权力行使中的绝对性、无序性和随意性。在加强对学术评判权力的监督方面应当在行权规则上完善程序和规则，以法律手段完善学术权行使的程序。

第五，司法审查对学术自由要保持谦抑态度。

法院在审理高校行政案件中，一直持尊重学术自由的原则，从未在司法审查中涉足学术自由，这是笔者要表明的一贯态度。但谦抑不排除对客观事实的判断。刘某文 103 号案的客观事实是：校学位委员会第 41 次会议 5 位委员缺席有正当原因。刘某文通过了北京大学的综合考试，成绩为良，证明刘某文通过了校内的综合考试，且成绩合格。其论文在答辩中以 7 票全票通过，答辩委员会同时全票通过建议授予刘某文博士学位的决议。刘某文的博士学位论文在系学位分委员会讨论中，以 12 票赞成、1 票反对通过，系学位分委员会作出同意授予刘某文博士学位的决议，以及刘某文未被系学位分委员会全票通过博士学位的事实。北京大学学位评定委员会第 41 次会议对是否通过授予刘某文博士学位决议的投票表决结果为：7 票反对通过，6 票赞成通过，3 票弃权。

（1）关于学位评审的程序问题。依照我国现行的制度，博士学位的授予采用三级评审制：第一级是答辩委员会，第二级是校学位评定委员会设在各系的分委员会，第三级是校学位评定委员会。从三级评审机构委员的人员组成和知识结构来看，答辩委员会的委员来自本校或者外校，都是博士论文相关领域的专家，对该博士学位论文的理论背景和学术价值最了解；分委员会的委员通常由本院系的专家组成，他们在学术专长上可能与博士论文的主题稍有差距，但其知识结构和学术水平使他们基本能够胜任；至于校学位评定委员会的委员来自全校各院系的专家，在北京大学这样的综合性大学里，则是文理科学者兼而有之。那些校学位评定委员会的委员，无疑是本领域内具有很深学术造诣的权威。但是，当他们越出自己的知识领域，来到一个完全陌生的领域时，这些专家实际上成了"门外汉"。通过开庭表明，校学位评定委员会在作出是否授予博士学位的决定前，不仅进行形式审查，还进行实质审查。这意味着他们必须就每一篇博士论文是否达到应有水准作出判断。

刘某文 103 号案判决对此问题的判理是：根据《教育法》第二十二条的规定，国家实行学位制度，学位授予单位依法对达到一定学术水平或专业技术水平的人员授予相应的学位。学位证书是国家授权的教育机构授予个人的一种终身的学术称号，表明学位获得者所达到的学术或专业学历水平。博士学位由国务院授权的高等学校或科研机构授予。博士学位获得者必须通过博士学位课程考试和博士论文答辩，表明其在本门学科上掌握了坚实、宽广的理论基础和系统深入的专门知识，具有独立从事科学研究工作的能力，在科学或专业上作出创造性成果。学位授予单位应当按照《学位条例》第九条的规定，设立学位评定委员会并组织有关学科的学位论文答辩委员会，按照学位的学科门类，设立学位分委员会，学位分委员会协助学位评定委员会工作。博士论文答辩委员会负责审查硕士、博士学位论文，组织论文答辩，就是否授予硕士、博士学位作出决议。北京大学作为国家批准成立的高等院校，在法律、法规授权的情况下，享有代表国家对受教育者颁发相应的学位证书的权力。

（2）评审规则中的投票有效问题。对于单纯的学术行为，如答辩委员会的答辩意见，以及教师的评分，都无法启动司法程序，但是对基于学术权力而作出的行政决定本身可以进行司法审查，当然严格限制在合法性审查的范围内，避免侵害到学术的自由。主体提起行政诉讼，行政机关成为被告，此时法院或听取行政机关的意见，包括书面意见、口头意见，或把受争议事件发回行政机关，让其重新考虑。在技术专业领域，行政机关有科学技术或者政策方面的专长，通常应当尊重行政机关的决策，这也方便法院的审查工作。

根据北京大学学位评定委员会第 41 次会议记录，16 位出席委员就是否授予刘某文博士学位的表决票共 16 份，投票表决结果为：7 票反对通过，6 票赞成通过，3 票弃权，该次会议将 3 票弃权票计算在反对票中，其表决结果为：校学位评定委员会不批准授予刘某文博士学位。

诉讼中，刘某文 103 号案原告对弃权票的归属提出了正当性问题：《学位条例》第十条"经全体成员过半数通过"应当理解为：批准的决定应当经过半数的赞成票才能通过，同样，不批准的决定也应过半数的反对票才能通过。校学位评定委员会的委员们就是被遴选出来以解决这一特定问题的，法律赋予了他们神圣的权利，同时也意味着加给他们不可转让、不可抛弃的重大职责。委员们投赞成票还是反对票，应由他们作出自由判断，不应被质问和干预。但是，当他们投下弃权票时，他们不仅仅是放弃了权利，同时也懈怠了职责，这样的表决结果失去了正当性、合法性。原告认为学校对刘某文作出决定的程序不仅违背程序正义的基本要求，而且决定本身明显的违法。被告认为校学位评定委员会对论文水平是否达到博士水平有实质上的审查权，这实际上是将校学位评定委员会变成了另一个论文答辩委员会。按照《学位条例》第十条第一款的规定，答辩委员会对论文是否达到博士水准有权"决议"，而"决议"一词本身的内涵就是决定权，即对于论文是否达到博士水准问题，法律已最终地授权于论文答辩委员会。为防止答辩委员会滥用权力，根据《学位条例》和《学位条例暂行实施办法》第十八条第一款第八项，校学位评定委员会对答辩委员会的决议有批准或不批准权。校学位评定委员会对答辩委员会的决议行使的撤销权、否决权不代表其对论文本身是否达到博士水平有决定权，这是两种完全不同的权力。学位评定委员会直接越权作出了论文未达到博士水平的认定，对论文进行了实质性判断，属于超越职权。

在刘某文 103 号案中，校学位评定委员会第 41 次会议 5 位委员缺席有正当原因。对投票规则合法性的论述的判理是：按照《学位条例》第十条第二款的规定，校学位评定委员会应当按照对学位论文答辩委员会报请授予硕士、博士学位的决议，作出是否批准的决定，决定以不记名投票方式，由全体成员过半数通过。北京大学第四届学位评定委员会共有委员 21 人，1996 年 1 月 24 日召开的第 41 次学位评定委员会会议，到会人数为 16 人，对刘某文博士学位的表决结果是：7 票反对，6 票赞成，3 票弃权，并以此作出了不批准学位论文答辩委员会报请授予刘某文博士学位的决议的决定，该决定未经校学位评定委员会全体成员过半数通过，违反了《学位条例》第十条第二款的规定的法定程序，法院不予支持。

第六，关于对规范性文件附带审查问题。

从提升司法监督力度，实现对规章以下的规范性文件进行附带审查中的合法性审查工作，法院不能拒绝对法律事实的判断。田某案和刘某文案都涉及校规能否作为判断事实的依据。

对规范性文件的审查，早在 1989 年出台行政诉讼法之前，存在大量的以抽象性文件进行行政管理的方式，而且，在这些文件中存在影响行政相对人合法权利的事项，甚至对公民权益造成侵害。行政诉讼在经历了三十年之后，行政机关的执法水平得到了普遍提高，绝大多数行政案件在事实认定、证据收集以及执法程序方面基本上没有太大的争议，行政争议主要涉及规范性文件的适用问题。虽然新法条增加了法官可以一并对规范性文件进行审查的规定，但是对于我国庞大的行政管理体系，很多的规范性文件无不体现着各部门的利益，虽然在《立法法》颁布之后有所调整，但是规范性文件的制定机关和解释机关同一，这就给法院在具体适用法律裁判案件时带来很大的难度，也是造成法官在实体问题上不能做到实质性化解行政争议的问题之一。

　　《行政诉讼法》还是留下了一个"口子"，就是在法院审判依据上写了这样一个条款——依据法律、行政法规、地方性法规，然后参照规章。正因为有这样的条款，在田某案判决中，法院就比较充分地利用了这个条款，在《行政诉讼法》修改之前就已经对规范性文件进行附带审查，在判决书中体现出对规范性文件附带审查的态度。

第四章
研究论证成果

一、《中华人民共和国最高人民法院公报》第四期（总第六十期）

田某诉北京科技大学拒绝履行颁发毕业证、学位证行政诉讼案❶

原告：田某，男，北京科技大学应用科学学院物理化学系94级学生。

委托代理人：马怀德，北京市大通–正达律师事务所律师。

委托代理人：孙雅申，北京市通正律师事务所律师。

被告：北京科技大学。

法定代表人：杨天钧，校长。

委托代理人：张锋，中国政法大学副教授。

委托代理人：李明英，北京科技大学校长办公室主任。

原告田某认为自己符合大学毕业生的法定条件，被告北京科技大学拒绝给其颁发毕业证、学位证是违法的，遂向北京市海淀区人民法院提起行政诉讼。

原告诉称：我一直以在校生身份在被告北京科技大学参加学习和学校组织的一切活动，完成了学校制定的教学计划，并且学习成绩和毕业论文已经达到高等学校毕业生水平。然而在临近毕业时，被告才通知我所在的系，以我不具备学籍为由，拒绝给我颁发毕业证、学位证和办理毕业派遣手续。被告的这种做法违背了法律规定。请求判令被告：一、为我颁发毕业证、学位证；二、及时有效地为我办理毕业派遣手续；三、赔偿我经济损失3000元；四、在校报上公开向我赔礼道歉，为我恢复名誉；五、承担本案诉讼费。

被告辩称：原告田某违反本校《关于严格考试管理的紧急通知》（以下简称《068号通知》）中的规定，在补考过程中夹带写有电磁学公式的纸条被监考教师发现，本校决定对田某按退学处理，通知校内有关部门给田某办理退学手续。给田某本人的通知，也已经通过校内信箱送达到田某所在的学院。至此，

---

❶ 执笔人：北京市海淀区人民法院饶亚东。

田某的学籍已被取消。由于田某不配合办理有关手续，校内的一些部门工作不到位，再加上部分教职工不了解情况等原因，造成田某在退学后仍能继续留在学校学习的事实。但是，校内某些部门及部分教师默许田某继续留在校内学习的行为，不能代表本校意志，也不证明田某的学籍已经恢复。没有学籍就不具备高等院校大学生的毕业条件，本校不给田某颁发毕业证、学位证和不办理毕业派遣手续，是正确的。法院应当依法驳回田某的诉讼请求。

北京市海淀区人民法院经审理查明：

1994 年 9 月，原告田某考入被告北京科技大学下属的应用科学学院物理化学系，取得本科生学籍。1996 年 2 月 29 日，田某在参加电磁学课程补考过程中，随身携带写有电磁学公式的纸条，中途去厕所时，纸条掉出，被监考教师发现。监考教师虽未发现田某有偷看纸条的行为，但还是按照考场纪律，当即停止了田某的考试。北京科技大学于同年 3 月 5 日按照《068 号通知》第三条第五项关于"夹带者，包括写在手上等作弊行为者"的规定，认定田某的行为是考试作弊，根据第一条"凡考试作弊者，一律按退学处理"的规定，决定对田某按退学处理，4 月 10 日填发了学籍变动通知。但是，北京科技大学没有直接向田某宣布处分决定和送达变更学籍通知，也未给田某办理退学手续。田某继续在该校以在校大学生的身份参加正常学习及学校组织的活动。

1996 年 3 月，原告田某的学生证丢失，未进行 1995 至 1996 学年第二学期的注册。同年 9 月，被告北京科技大学为田某补办了学生证。其后，北京科技大学每学年均收取田某缴纳的教育费，并为田某进行注册、发放大学生补助津贴，还安排田某参加了大学生毕业实习设计，并由论文指导教师领取了学校发放的毕业设计结业费。田某还以该校大学生的名义参加考试，先后取得了大学英语四级、计算机应用水平测试 BASIC 语言成绩合格证书。田某在该校学习的 4 年中，成绩全部合格，通过了毕业实习、设计及论文答辩，获得优秀毕业论文及毕业总成绩全班第九名。北京科技大学对以上事实没有争议。

被告北京科技大学的部分教师曾经为原告田某的学籍一事向原国家教委申诉，原国家教委高校学生司于 1998 年 5 月 18 日致函北京科技大学，认为该校对田某违反考场纪律一事处理过重，建议复查。同年 6 月 5 日，北京科技大学复查后，仍然坚持原处理结论。

1998 年 6 月，被告北京科技大学的有关部门以原告田某不具有学籍为由，拒绝为其颁发毕业证，进而也未向教育行政部门呈报毕业派遣资格表。田某所在的应用学院及物理化学系认为，田某符合大学毕业和授予学士学位的条件，由于学院正在与学校交涉田某的学籍问题，故在向学校报送田某所在班级的授予学士学位表时，暂时未给田某签字，准备等田某的学籍问题解决后再签，学校也因此没有将田某列入授予学士学位资格名单内交本校的学位评定委员会审核。

被告北京科技大学为此案向法院提交的证据有：（1）原告田某于1996年2月29日写下的书面检查和两位监考教师的书面证言，这些证据能够证明田某在考试中随身携带了写有与考试科目有关内容的纸条，但没有发现其偷看的事实；（2）原国家教委《关于加强考试管理的紧急通知》、校发（94）第068号《关于严格考试管理的紧急通知》、原国家教委有关领导的讲话，这三份材料不属于《中华人民共和国行政诉讼法》第五十三条规定人民法院审理行政案件时可以参照的规章范畴；（3）北京科技大学教务处关于田某等三人考试过程中作弊按退学处理的请示、期末考试工作简报、学生学籍变动通知单，以上书证能够证明北京科技大学于1996年4月10日作出过对田某按退学处理的决定，但不能证明该决定已经直接送达给田某，也不能证明该决定已经实际执行；（4）原国家教委高校学生司函、北京科技大学对田某考试作弊一事复查结果的报告，这些书证能够证明北京科技大学部分教师、原国家教委高校学生司对田某被处分一事的意见，以及北京科技大学在得知这两方面意见后的态度；（5）北京科技大学的《关于给予北京科技大学学生王某勒令退学处分的决定》一份、《期末考试工作简报》7份，以上书证与本案没有必然联系，不能成为本案的证据。此外，北京科技大学在诉讼期间，未经法院同意自行调取了唐某兰等教师的证言、考试成绩单、1998届学生毕业资格和学士学位审批表、学生登记卡、学生档案登记单、学校保卫处户口办公室书证、学籍变动通知单第四联和第五联、无机94级人数统计单等书证交给法院，这些证明由于不符合《行政诉讼法》第三十三条关于"在诉讼过程中，被告不得自行向原告和证人收集证据"的规定，不能作为认定本案事实的根据。

原告田某提交的证据有：（1）1996年9月被告北京科技大学为田某补办的学生证（学号为9411026），能够证明北京科技大学不仅从1996年9月为田某补办了学生证，并且还逐学期为田某进行了学籍注册，使其具有北京科技大学本科学生学籍的事实；（2）献血证、重修证、准考证、收据及收费票据、英语四级证书、计算机BASIC语言证书、田某同班同学的两份证言、实习单位书证、结业费发放书证，以上证据能够证明田某在北京科技大学的管理下，以该校大学生的资格学习、考试和生活的相关事实；（3）学生成绩单，能够证明田某在该校四年的学习成绩；（4）加盖北京科技大学主管部门印章的北京地区普通高校毕业生就业推荐表，能够证明北京科技大学已经承认田某具备应届毕业生的资格；（5）北京科技大学应用科学学院的证明，证实田某已经通过了全部考试及论文答辩，其掌握的知识和技能已具备了毕业生的资格，待田某的学籍问题解决后就为其在授予学位表上签字的事实。

在庭审中，法庭对双方当事人提交的上述证据均进行了质证。

北京市海淀区人民法院认为：

在我国目前情况下，某些事业单位、社会团体，虽然不具有行政机关的资格，但是法律赋予它行使一定的行政管理职权。这些单位、团体与管理相对人之间不存在平等的民事关系，而是特殊的行政管理关系。他们之间因管理行为而发生的争议，不是民事诉讼，而是行政诉讼。尽管《中华人民共和国行政诉讼法》第二十五条所指的被告是行政机关，但是为了维护管理相对人的合法权益，监督事业单位、社会团体依法行使国家赋予的行政管理职权，将其列为行政诉讼的被告，适用行政诉讼法来解决它们与管理相对人之间的行政争议，有利于化解社会矛盾，维护社会稳定。《中华人民共和国教育法》第二十一条规定："国家实行学业证书制度。经国家批准设立或者认可的学校及其他教育机构按照国家规定，颁发学历证书或者其他学业证书。"第二十二条规定："国家实行学位制度。""学位授予单位依法对达到一定学术水平或者专业技术水平的人员授予相应的学位，颁发学位证书。"《中华人民共和国学位条例》第八条规定："学士学位，由国务院授权的高等学校授予"。本案被告北京科技大学是从事高等教育事业的法人，原告田某诉请其颁发毕业证、学位证，正是由于其代表国家行使对受教育者颁发学业证书、学位证书的行政权力所引起的行政争议，可以适用行政诉讼法予以解决。

原告田某没有得到被告北京科技大学颁发的毕业证、学位证，起因是北京科技大学认为田某已被按退学处理，没有了学籍。《教育法》第二十八条规定的学校及其他教育机构行使的权力中，第四项明文规定："对受教育者进行学籍管理，实施奖励或者处分"。由此可见学籍管理也是学校依法对受教育者实施的一项特殊的行政管理。因而，审查田某是否具有学籍，是本案的关键。

原告田某经考试合格，由被告北京科技大学录取后，即享有该校的学籍，取得了在该校学习的资格，同时也应当接受该校的管理。教育者在对受教育者实施管理中，虽然有相应的教育自主权，但不得违背国家法律、法规和规章的规定。田某在补考时虽然携带写有与考试有关内容的纸条，但是没有证据证明其偷看过纸条，其行为尚未达到考试作弊的程度，应属于违反考场纪律。北京科技大学可以根据本校的规定对田某违反考场纪律的行为进行处理，但是这种处理应当符合法律、法规、规章规定的精神，至少不得重于法律、法规、规章的规定。国家教育委员会 1990 年 1 月 20 日发布的《普通高等学校学生管理规定》第十二条规定："凡擅自缺考或考试作弊者，该课程成绩以零分计，不准正常补考，如确实有悔改表现的，经教务部门批准，在毕业前可给一次补考机会。考试作弊的，应予以纪律处分。"第二十九条规定应予退学的十种情形中，没有不遵守考场纪律或者考试作弊应予退学的规定。北京科技大学的《068 号通知》，不仅扩大了认定"考试作弊"的范围，而且对"考试作弊"的处理方法明显重于《普通高等学校学生管理规定》第十二条的规定，也与第二十九条规定的退学条件相抵触，应属无效。另一方面，按退学处理，涉及被处理者的受教育权利，从充分保障当事人权益的原则出发，作出处理决定的单位应当将该处理决定直接向被处理者本人宣布、送达，允许被处理者本人提出申辩意见。北京科技大学没有照此原则办理，忽视当事人的申辩权利，这样的行政管理行为不具有合法性。北京科技大学实际上从未给田某办理过注销学籍，迁移户籍、档案等手续。特别是田某丢失学生证以后，该校又在 1996 年 9 月为其补办了学生证并注册，这一事实应视为该校自动撤销了原对田某作出的按退学处理的决定。此后发生的田某在该校修满四年学业，还参加了该校安排的考核、实习、毕业设计，其论文答辩也获得通过等事实，均证明按退学处理的决定在法律上从未发生过应有的效力，田某仍具有北京科技大学的学籍。北京科技大学辩称，田某能够继续在校学习，是校内某些部门及部分教师的行为，不能代表本校意志。鉴于这些部门及部分教师的行为，都是北京科技大学的职务行为，北京科技大学应当对该职务行为产生的后果承担法律责任。

国家实行学业证书制度。原告田某既然具有北京科技大学的学籍，在田某接受正规教育、学习结束并达到一定学历水平和要求时，北京科技大学作为国家批准设立的高等学校，应当依照《教育法》第二十八条第一款第五项及《普通高等学校学生管理规定》第三十五条的规定，给田某颁发相应的学业证明，以承认其具有的相当学历。

国家实行学位制度。原告田某是大学本科生，在其毕业后，按照《中华人民共和国学位条例》第四条的规定，可以授予学士学位。被告北京科技大学作为国家授权的学士学位授予机构，应当依照《中华人民共和国学位条例暂行实施办法》第四条、第五条规定的程序，组织有关人员对田某的毕业成绩、毕业鉴定等材料进行审核，以决定是否授予其学士学位。

关于高等院校毕业生派遣问题。《毕业生就业派遣报到证》，是各省、自治区、直辖市主管毕业生调配的部门按照教育行政部门下达的就业计划签发的。普通高等学校根据《普通高等学校毕业生就业工作暂行规定》第九条的规定，应当履行将毕业生的有关资料上报所在地的教育行政主管部门的职责，以供当地教育行政部门审查和颁发毕业派遣证。原告田某取得大学毕业资格后，被告北京科技大学理应履行上述职责。

《中华人民共和国国家赔偿法》第三条、第四条规定的行政赔偿范围，只包括违法行政行为对受害人人身权或者财产权造成的实际侵害。目前，国家对大学生毕业分配实行双向选择的就业政策，并非学生毕业后就能找到工作，获得收入。因此，被告北京科技大学拒绝颁发证书的行为，只是使原告田某失去了与同学同期就业的机会，并未对田某的人身权和财产权造成实际损害。故田某以北京科技大学未按时颁发毕业证书致使其既得利益受到损害为由提出的赔偿经济损失主张，不能成立。

原告田某在考试中有违反考场纪律的行为，被告北京科技大学据此事实对田某作出的按退学处理的决定虽然不能成立，但是并未对田某的名誉权造成损害。因此，田某起诉请求法院判令北京科技大学在校报上向其赔礼道歉，为其恢复名誉，不予支持。

综上，北京市海淀区人民法院于1999年2月14日判决：

一、被告北京科技大学在本判决生效之日起30日内向原告田某颁发大学本科毕业证书；

二、被告北京科技大学在本判决生效之日起60日内召集本校的学位评定委员会对原告田某的学士学位资格进行审核；

三、被告北京科技大学于本判决生效之日起30日内履行向当地教育行政部门上报原告田某毕业派遣的有关手续的职责；

四、驳回原告田某的其他诉讼请求。

第一审宣判后，北京科技大学提出上诉。理由是：（1）田某已被取消学籍，原判认定我校改变了对田某的处理决定，恢复了其学籍，是认定事实错误；（2）我校依法制定的校规、校纪及依据该校规、校纪对所属学生作出处理，属于办学自主权范畴，任何组织和个人不得以任何理由干预；（3）我校向一审提交的从教学档案中提取的证据，不属于违法取证，法院应予采信。请求二审撤销原判，驳回田某的诉讼请求。

北京市第一中级人民法院经审理认为，原判认定事实清楚、证据充分，适用法律正确，审判程序合法，应当维持。上诉人北京科技大学认为被上诉人田某已不具有该校学籍，与事实不符，不予采纳。学校依照国家的授权，有权制定校规、校纪，并有权对在校学生进行教学管理和违纪处理，但是制定的校规、校纪和据此进行的教学管理和违纪处理，必须符合法律、法规和规章的规定，必须保护当事人的合法权益。北京科技大学对田某按退学处理，有违法律、法规和规章的规定，是无效的。北京科技大学在诉讼中提交的从教学档案中调取的证据，虽然不属于《行政诉讼法》第三十三条规定的被告不得在诉讼过程中自行向原告和证人收集证据的情况，但是由于无法证明这些证据是在作出按退学处理的决定时形成的，故法院不予认定。据此，北京市第一中级人民法院依照《行政诉讼法》第六十一条第（一）项的规定，于1999年4月26日判决：

驳回上诉，维持原判。

二、最高人民法院发布第九批指导性案例第 38 号❶

近日，根据《最高人民法院关于案例指导工作的规定》第九条的规定，最高人民法院对《最高人民法院公报》（简称《公报》）刊发的对全国法院审判、执行工作具有指导意义的案例进行了清理编纂，经最高人民法院审判委员会讨论决定，现将清理编纂后的田某诉北京科技大学拒绝颁发毕业证、学位证案等七个案例（指导案例 38-44 号），作为第九批指导性案例发布。

在案例指导制度正式确立之前，通过《公报》刊发案例是人民法院案例工作的重要载体形式。《公报》刊发的案例形式规范、内容丰富、要旨鲜明，对人民法院的审判、执行工作发挥了重要的参考和示范作用，不少案例仍然具有指导意义。指导性案例不同于以前发布的案例，其经过最高人民法院审判委员会讨论决定，由最高人民法院统一发布，选编要求严格规范，具有重要指导作用和参照适用效力。因此，根据有关规定对《公报》案例进行清理编纂，将仍具有指导意义的案例提升为指导性案例，对于总结审判经验，统一法律适用标准，保障公正司法，增强司法透明度，提升司法公信力，加强法治宣传都具有重要意义。

这批发布的七个指导性案例，包括行政案例四个，国家赔偿案例三个。行政案例主要涉及教育行政案件的受理、高等学校学术自治、受教育者基本权利、工伤认定标准等方面的问题；国家赔偿案例主要涉及精神损害赔偿、国家赔偿范围等方面的问题。

指导案例 38 号田某诉北京科技大学拒绝颁发毕业证、学位证案，旨在明确高等学校可以成为行政诉讼的适格被告，人民法院对校纪、校规的司法审查权限，以及教育行政管理应当遵循正当法律程序原则等问题。本案作为我国首例大学生因受高校退学处理产生的教育行政纠纷案件，确认了高等学校作为法律法规授权组织的行政主体地位，可以成为行政诉讼被告。这对规范教育领域乃

---

❶ 最高人民法院于 2014 年 12 月 25 日发布第九批指导性案例新闻。

至其他法律法规授权的组织的管理活动具有积极作用和现实意义。

指导案例 39 号何某强诉华中科技大学拒绝授予学位案，旨在明确高等学校作出不授予学位的决定属于行政诉讼的受案范围，以及高等学校在学术自治的范围内有依法自行制定学术评价标准的职权。这对正确理解学术自治与司法审查范围的关系有重要指导意义，具有较强的普遍性和现实意义。

（第 40 号—44 号内容略）

三、最高人民法院指导案例 38 号的理解与参照

《田某诉北京科技大学拒绝颁发毕业证、学位证案》的理解与参照
—— 受教育者因学校拒发毕业证、学位证可提起行政诉讼❶

2014 年 12 月 25 日，最高人民法院发布了指导案例 38 号《田某诉北京科技大学拒绝颁发毕业证、学位证案》。为了正确理解和准确参照适用该指导案例，现对该指导案例的推选经过、裁判要点等有关情况予以解释、论证和说明。

一、推选过程及指导意义

2010 年 11 月 26 日，最高人民法院发布了《最高人民法院关于案例指导工作的规定》（以下简称《规定》），标志着中国特色的案例指导制度得以确立。该《规定》第 9 条规定，对于本规定施行前，最高人民法院已经发布的对全国法院审判、执行工作具有指导意义的案例，应当清理、编纂后作为指导性案例公布。《最高人民法院公报》（以下简称《公报》）自 1985 年 5 月创刊开始即向社会发布各类典型案例，这些案例在案例指导制度确立以前，对于审判和执行工作，事实上发挥了一定的指导或参考作用。2013 年 4 月 23 日，最高人民法院召开了案例清理工作会议，下发了《最高人民法院案例清理工作会议纪要》（以下简称《会议纪要》），会议决定对《公报》刊发的对全国法院审判、执行工作具有指导意义的案例进行清理、编纂。清理范围原则上以 2005 年 1 月后刊发的案例为主。本案例原刊登于《公报》1999 年第 4 期，鉴于其具有较为重要的指导价值，也将其列入了《公报》案例清理、编纂的范围。

按照《会议纪要》的要求，最高人民法院行政庭经过初审，同意推荐该案例。行政庭经审查认为，本案例属于开创性的教育行政经典案例，明确了高校可作为行政诉讼被告，高校作为管理者，对学生作出退学处理等决定时应当遵

❶ 执笔人：北京市第三中级人民法院　饶亚东，最高人民法院案例指导工作办公室　石磊。原载于：饶亚东，石磊.《田永诉北京科技大学拒绝颁发毕业证、学位证案》的理解与参照：受教育者因学校拒发毕业证、学位证可提起行政诉讼［J］. 人民司法，2016（20）：13-21，26.

循正当法律程序原则，以及人民法院有权对规范性文件进行合法性审查等法律适用问题，对于高校作为被告以及类似案件的审查方式具有重要指导价值。2013年7月9日，案例清理工作领导小组办公室经征求《公报》编辑部意见，将该案例列为第二阶段案例清理范围，并再次送行政庭。行政庭经过复审，经主管院领导审核同意该案例进入下一阶段清理程序，并编写了指导性案例文本。2014年4月22日，案例清理工作领导小组办公室经过修改，将该案例提交研究室室务会讨论，室务会同意推荐该案例，报经院领导审核后提交最高人民法院审判委员会审议。10月21日，审判委员会经过讨论同意该案例作为指导性案例。12月25日，最高人民法院以法〔2014〕337号文件将该案例列在第九批指导案例予以发布。

该指导案例旨在明确高等学校可以成为行政诉讼的适格被告，人民法院对校纪、校规的司法审查权限，以及教育行政管理应当遵循正当法律程序原则等问题。本案作为我国较早的大学生因受高校退学处理产生的教育行政纠纷案件，确认了高等学校作为法律法规授权组织的行政主体地位，可以成为行政诉讼被告。这对规范教育领域乃至其他法律法规授权的组织的管理活动具有积极作用和现实意义。

二、关于本案例的背景情况

自20世纪90年代初期以来，我国教育领域中因招生不公平、学校乱收费等问题引起的纠纷，施教过程中学生与学校之间的纠纷，教师与学校之间在教学服务、待遇保障、惩戒处分等方面的纠纷，以及社会力量办学等引发的纠纷逐渐增多。如20世纪90年代发生的中学教师卢某诉某区教育委员会行政不作为案件、大学生哈某不服学校对其作出的劝其退学决定案件、河南省平顶山煤矿技术学校对学生刘某等4人作出责令退学、注销学籍决定案件，这些案件都发生在田某案之前。但这些涉及学生与学校、教师与学校之间的纠纷属于什么性质，通过什么途径解决，怎么解决都是难点问题。由于缺乏明确的法律规定，加上人们观念的不同，这些纠纷进入诉讼后的处理方式和结果不同。有的法院认为不属于行政诉讼受案范围不予受理，有的法院驳回了学生或教师的诉讼请求，也有的法院作出判决责令学校作出相关行政处理决定。

1998年，北京市海淀区人民法院受理了田某诉北京科技大学拒绝颁发毕业证、学位证一案，判决被告败诉。被告不服，提起上诉，1999年北京市第一中级人民法院判决驳回上诉，维持原判。同期，北京大学1992级电子学系博士研究生刘某文因母校拒绝向其颁发毕业证、学位证将北京大学告上法庭。1999年9月，北京市海淀区人民法院受理此案，一审判决北京大学败诉，北京大学上诉后，北京市第一中级人民法院裁定撤销一审判决，发回重审。2000 年 12 月，海淀法院以"超过诉讼时效"为由，驳回了刘某文的诉讼请求。上述两个案件在当时引起了行政法学界的高度关注，双方当事人更是有的委托了北京大学法学院、中国政法大学的著名教授、博士研究生作为诉讼代理人。2002 年 10 月初，重庆某大学女生李某与其大学生男友张某在外出旅游途中同居并怀孕。事情发生后，学校依据原国家教委颁布的《普通高等学校学生管理规定》等规定，以及该校《违纪学生处罚条例》等校规、校纪，认定李某、张某"道德败坏，品行恶劣"，给予两名当事学生勒令退学的处分。两名学生将母校告上法庭，2003 年 1 月底，重庆市南岸区人民法院作出一审行政裁定，以此事不属于法院受理范围为由驳回了当事人的起诉。原告不服上诉，重庆市中级人民法院维持了一审裁定。

这些案件引起了人们的高度关注，教育行政案件开始进入人们的视野，教育行政案件的一些审判规则引起了人们的热烈讨论。田某案之前，在教育行政领域产生的纠纷，作为民事案件诉讼或采取信访形式解决问题的案例在全国非常普遍，真正能够纳入行政诉讼调整的案件极少。当时较为普遍的观点，有的认为学校与学生之间是平等的民事法律关系，也有的认为学校对学生的管理是法律授予的特权。两种观点都认为学校作为行政诉讼的被告，法律依据不足。以上观点均有些偏颇或片面，他们强调的是教育者的权力，而忽视了受教育者的权利和救济，同时也忽略了教育者在实施教育教学活动中，应当在法律监督下进行活动。任何权力的行使不是绝对的，必须有一定的监督制约机制与之相匹配，才能在合法、公正的道路上健康发展。否则，将导致权力的滥用。《教育法》第二十九条规定了学校要"维护受教育者和教师或其他职工的合法权益"。《教育法》第四十二条规定了学生对于学校给予的处分不服可以向有关部门提出申诉，对于其人身权、财产权受到侵害时，有权申诉或向法院起诉。那么，在高等教育中教育权的行使由谁来监督？监督权如何行使？学生的权利如何救济？这些都是亟待解决的问题，也是健全教育法规的重要问题。

田某案的判决明确了受教育者的基本权利可以得到司法救济的基本原则，对高校教育管理的自主权与司法审查权的关系也给予了一定的阐释。此后，教育行政案件经过一段时间的曲折反复之后，逐渐打开了进入诉讼途径的大门，案件类型逐渐增多，审判规则进一步明晰。从上述案件可以看到，人们对教育管理的法治理念有了很大转变。过去人们似乎认为学校对学生的管理只是学校内部的事情，按校纪校规处理就可以了，其纠纷的解决也与诉讼无关。但现代教育管理制度首先要求从法律规定上明确教育者和受教育者的权利和义务，这些权利义务的内容规定在宪法、教育法和相关的行政法规中，而且要求当受教育者的权利义务受到侵害时，应当有法律的救济途径，这是教育管理制度现代化、法治化的基本内涵。因此，应当从现代法治的内涵和现代教育发展的客观需要去理解和规范教育者和受教育者之间的法律关系。

最高人民法院发布的第九批指导性案例，除了指导案例38号"田某诉北京科技大学拒绝颁发毕业证、学位证案"，还有指导案例39号"何某强诉华中科技大学拒绝授予学位案"。两个案例涉及的行政诉讼案由基本相同，但基本案情、裁判结果和法律适用问题有一定区别，为了更全面地阐释教育行政案件的审判规则，两个案例经过审委会讨论，同批作为指导性案例予以发布。

三、裁判要点的理解与说明

该指导案例的裁判要点确认：（1）高等学校对受教育者因违反校规、校纪而拒绝颁发学历证书、学位证书，受教育者不服的，可以依法提起行政诉讼。（2）高等学校依据违背国家法律、行政法规或规章的校规、校纪对受教育者作出退学处理等决定的，人民法院不予支持。（3）高等学校对因违反校规、校纪的受教育者作出影响其基本权利的决定时，应当允许该受教育者申辩并在决定作出后及时向其送达，否则视为违反法定程序。现围绕与该裁判要点相关的问题逐一论证和说明如下：

（一）关于第一个裁判要点的说明

第一个裁判要点涉及两个层面的问题：一是高等学校能否成为行政诉讼中的适格被告；二是高等学校拒绝颁发毕业证、学位证的行为是否属于具体行政行为，能否纳入行政诉讼的受案范围。第一个问题背后实质是高等学校在行政法律关系中的法律地位问题。第二个问题涉及高等学校拒绝颁发毕业证、学位证行为的法律性质问题。

1. 高等学校能否成为行政诉讼中的适格被告

从高等学校的建构上看，高等学校虽然不是法律意义上的行政机关，但是根据法律的规定，高等学校有对受教育者进行学籍管理等权力。根据《教育法》第三十条的规定，学校作为一种社会组织，是《教育法》所调整的重要对象，享有一定的权利并承担一定义务。表现在教育管理活动中，学校的管理活动参与到行政法律关系中，其行使的自然是行政方面的权力；其参与到民事活动中，又属于民事关系的主体。也就是说，学校在教育教学活动中存在双重的主体资格。按《教育法》的规定，学校特别是高等学校享有办学自主权，其为了实现办学宗旨，独立自主地进行教育教学管理，实施教育活动，这是学校的专有权力。享有该权力，其就应具备和享有实施教育教学活动的资格和能力，这种权力是一种公共的权力，该权力的行使必须符合国家和社会的公共利益，不得滥用办学自主权。高等学校拥有办学自主权，并不意味着学校由此就可以放任自流地办学，自行其是。还有自我约束、自我完善的义务，也需要来自政府和法律的干预和监督。干预和监督体现在立法、行政、经济等方面，以立法监督为例，主要体现在国家发布法令，承认大学的自治、学术自由的同时，也明确规定了一定的权力范围。如《教育法》在第二十八条中规定了教育者享有的权利，学校必须在法律规定的范围内活动。❶ 以行政干预手段为例，则体现在政府以行政的手段和监督方式，对学校的自主权加以限制。如《教育法》第十四条规定，国家对教育实行分级管理，高校由国务院和省、自治区、直辖市的人民政府管理，并明确划分了各自的职责。田某案一审法院在判决中即认为，根据我国法律规定，高等学校对受教育者有进行学籍管理、实施奖励或处分的权力，有代表国家对受教育者颁发相应的学业证书、学位证书的职责。受教育者在经过考试合格录取后，即享有该校的学籍，取得了在校学习资格。教育者在对受教育者实施管理中，虽然有相应的教育自主权，但不得违背国家法律、法规和规章的规定。

虽然可以明确，高等学校根据法律的授权，具有教育行政管理的职权，但高等学校毕竟不同于行政机关，其行政法地位究竟如何，还是一个需要明确的问题。历史上，由于我国长期政事不分的体制对这个问题的理解导致一系列的困扰和障碍。而高等学校行政法地位的模糊自然导致其在行政诉讼中的被告资格的确认困难。为了解决这个问题，司法实践中运用了"法律法规授权的组织"这个定义，但这个概念并没有回答高等学校行政法上的地位这个问题。本案一审、二审判决书基于种种原因的限制无法对这个问题进行更加深入的阐述。

从世界其他国家看，高等教育都是一个国家重要的公共事务之一。但是对于从事高等教育机构本身的性质，各个国家基于自身不同的体制有不同的定位。在法国行政法上，将公立高等学校界定为"公务法人"。公务法人这个概念在王名扬先生的《法国行政法》有深刻阐释。作为一种公共服务分权化的技术手段，公务法人使公共服务脱离国家和地方行政区域的层级制，使其更加贴近社

---

❶ 《教育法》第二十八条规定的教育者的权利包括：（1）按照章程自主管理；（2）组织实施教育教学活动；（3）招收学生或其他受教育者；（4）对受教育者进行学籍管理，实施奖励或处分；（5）对受教育者颁发相应的学业证书；（6）聘任教师及其他职工，实施奖励与处分；（7）管理、使用本单位的设施和经费；（8）拒绝任何组织和个人对教育教学活动的非法干涉等；（9）法律、法规规定的其他权利。第二十九条规定的教育者的义务包括：（1）遵守法律、法规；（2）贯彻国家的教育方针，执行国家教育教学标准，保证教育教学质量；（3）维护受教育者、教师及其他职工的合法权益；（4）以适当方式为受教育者及其监护人了解受教育者的学业成绩及其他有关情况提供便利；（5）遵照国家有关规定收取费用并公开收费项目；（6）依法接受监督。

会。公务法人是国家和地方行政区域以公共资金设立的，具有法人资格，有财政自治权，可以制定预算方案，采取必要的措施进行管理，不受所属的设立者的完全摆布。公法上的法人，具有公的特征，是以"公务"为目的而成立的，履行公共职能。

我国行政法上并无"公务法人"的概念。1986年的《民法通则》正式确立了我国的法人制度。它将法人分为以营利为目的企业法人和不以营利为目的的非企业法人。非企业法人又包括机关法人、事业单位法人、社会团体法人。据此，公立高等学校被认为是非企业法人中的事业单位法人。1992年的《中国教育改革的发展纲要》提出，要按照"政事分开"的原则，通过立法，明确高等学校的权利和义务，使高等学校真正成为"面向社会自主办学的法人实体"。1995年《教育法》第三十一条规定："学校及其他教育机构具备法人条件的，自批准设立或者登记注册之日起取得法人资格。"1998年《高等教育法》第三十条规定："高等学校自批准之日起取得法人资格"。对于公立高等学校的法律性质，比较一致的观点是按照1998年10月25日国务院颁布的《事业单位登记管理暂行条例》的规定，将其界定为事业单位。

但将高等学校界定为事业单位，其法律地位仍然处于模糊状态。我们常常面对一种尴尬境地：在组织形态上，一方面很多的法律法规授权事业单位从事公共服务，履行公权力，有些事业单位实际成为一类特殊的行政主体；另一方面，人们坚持事业单位与企业以及行政机关的区别，并习惯于将事业单位排除在行政机关之外。在司法救济问题上，一方面，面对事业单位与其利用者、使用者之间关系的特殊性，人们无法将所有事业单位与利用者之间的所有关系定性为平等主体之间的民事关系而纳入普通民事诉讼中；另一方面，事业单位与其成员或利用者之间的争议又被排斥在行政诉讼之外，于是此类争议成为司法救济的真空地带。为了解决这一矛盾，行政诉讼实践采用"法律法规授权组织"这一概念，认为凡是法律法规授权组织实施公权力的行为，均可以将其视为行政行为而提起行政诉讼。严格地说，这只是权宜之计。因为它并没有解决法律法规为什么要授权，在何种情况下授权，对谁授权等基本理论问题。按照《事业单位登记管理条例》的规定：事业单位是指国家为了社会公益目的，由机关举办或者其他组织利用国有资产举办的，从事教育、科技、文化、卫生等活动的社会服务组织。事业单位在我国是一个很大的范围，既包括类似行政机关的，如国务院所属的事业单位，国务院发展研究中心，北京市房屋土地登记事务所等机构，也包括从事教学和研究的各类公立学校，提供公共服务的公立医院、博物馆、图书馆等。相对于较为明确的行政机关，事业单位的范围和类别显得含糊不清。这种状况既不利于权利义务的确定，也不利于司法实践中被告确认的困难。因此，有必要对于事业单位进行具体的分类，分别确定他们的法律性质，以便对行政主体理论进行更进一步的研究，同时也便于行政诉讼案件的审理。高等学校等事业单位法律地位的模糊造成的困扰，源于我国无公法和私法之分，也无公法人和私法人之别的传统。相比之下，大陆法系国家公务法人的概念以及建立在公私法二元化基础上的特有司法救济制度对我们解决事业单位的定性及救济问题具有借鉴意义。正是鉴于事业单位本身并不能反映学校的公法地位，因此有学者主张借鉴大陆法系的公务法人制度。将高等学校等事业单位定位于公务法人，并区分公务法人与其利用者之间的不同种类的法律关系，提供全面的司法救济途径，绝不只是称谓的改变，而是在我国现有行政体制及救济体制下，更新行政主体学说，改革现行管理和监督体制，提供全面司法保护的一次有益探索。❶

但目前，公务法人在我国行政法上仍然只是一个学理概念。前述已分析，行政诉讼实践中，为了解决非国家行政机关做被告的问题，采用了"法律法规授权的组织"这一概念。根据我国《教育法》《学位条例》等教育行政管理有关法律法规的规定，高等学校对受教育者有进行学籍管理、实施奖励或处分的权力，有代表国家对受教育者颁发相应的学业证书、学位证书的职责，是法律法规授权的组织，在行政法上具有行政主体资格。《行政诉讼法》第二十五条第四款规定：由法律、法规授权的组织所作的具体行政行为，该组织是被告。本案中，北京科技大学以田某不具备学籍为由，拒绝为其颁发毕业证书、学位证书以及办理毕业派遣手续。因此，田某对该教育行政管理行为不服的，可以依法提起行政诉讼，北京科技大学是适格被告。

2. 本案被诉行为能否纳入行政诉讼的受案范围

（1）关于被诉行为的法律性质。

行政诉讼权是公民的一项重要权利，只要公民认为自己的权益受到公权力侵害，不管客观上是否真正受到侵害，他们都可以行使行政诉讼权，去寻求司法的保障。法院在审查时，应当最大限度地保障公民诉权的充分行使。在本案中，原告起诉称，我国尚未颁布教育行政处罚，以及学生申诉等方面的具体实施办法，学生与学校纠纷形成之后，如何给权利人一个争辩是非的机会处于立法空白。在法无明文禁止的前提下，应当将高等学校对学生的学籍管理、学历证书、学位证书的颁发等理解为高等学校行使的是国家法律法规授予的权力，是行政法意义上的履行职责行为，符合《行政诉讼法》所确立的立法精神，属

❶ 马怀德. 公务法人问题研究［J］. 中国法学，2000（4）.

于行政诉讼所调整的范畴。原告的诉讼请求涉及的主要问题是：被诉行为是否是行政行为？该行为是否在符合《行政诉讼法》第 2 条、第 11 条的规定情况下，属于人民法院行政诉讼的受案范围。

本案争议的焦点问题之一是高校颁发的学历证书、学位证书行为是否是行政行为。根据法律规定，这两种颁证行为是国家为保证教育活动有序进行和保障教育质量的行政管理制度，是国家承认的具有法定效力的证书，是个人学历、知识水平、专业技能等方面的证明，是个人能够进入高一级学校学习或从事相应职业的必要证件，也是用人单位对应聘人员进行优先选拔和录用的凭证。基于行政合同理论，学生通过了学校安排的学习、考试、考核，达到一定水平，有权取得教育者颁发的相关证书，这涉及两个问题：

其一，教育者的颁证权力是法律赋予的权力，是代表国家对受教育者的学习经历、学业水平作出的评价，与国家行政管理机关为相对人颁发的许可证同类。

其二，受教育者必须完成教育者制定的教育教学计划，考试合格为基础。获得公正评价权是学生通过参加学习、考试之后，由教育者对学生进行品行考核，对学生的学业成绩和品行作出公正的评价。学校或其他教育机构应当依法对符合规定条件的学生颁发相应的学业证书；经国家批准设立或认可的学校及其他教育机构按照国家有关规定，对达到一定学术水平或专业技术水平的人员授予相应的学位，颁发学位证书。这就意味着学业证书、学位证书的发放行为是一种国家特许的权利，这种权利的行使应当接受来自行政和司法的监督是不容争辩的事实。

关于本类案件所涉行为的性质一直争论不休，这个问题主要关系到公立高等学校和本校学生之间的管理关系的法律属性。公立高等学校和学生之间既存在民事关系也有行政关系。田某的请求中主要是涉及学籍管理以及文凭发放等和教育职能密切相关的行为，因此，我们应着重分析这种关系的性质。

对于这种关系的性质，属于公法关系还是私法关系，存在不同的观点。有人认为属于公法关系。❶ 有人认为随着教育的产业化，教育市场的开放，学校和学生之间的关系将完全等同于教育服务贸易的提供者和消费者的私法关系。❷ 日本的室井力教授认为："公务员之勤务关系、公立学校、公立医院等营造物之利用关系为民法上之契约关系。"按照他的见解，"公立学校之利用关系与私立学校无异，应视其为民法上之契约，对义务教育可解为'强制契约'。学校对

---

❶ 马怀德. 公务法人问题研究 [J]. 中国法学，2000（4）.

❷ 劳凯声. 我国教育法制建设的宏观改革背景 [G] //中国教育法制评论：第 1 辑. 北京：教育科学出版社，2002：18.

学生之命令权或惩戒权，系利用学校的契约关系，为达成教育之目的，本质上教师应具有的权利，无碍其为契约之一种"❶有人认为属于准行政关系，这种关系的产生从形式上看需要一个意思表示的过程，这类法律关系的成立在一定程度上依赖法律关系主体的意思表示。其中公民的意思表示行为由报考行为和报到注册行为两部分行为组成，教育机构的意思表示行为由公布招生信息、招生、注册三部分组成。但是这种法律关系，从形式上看由意思表示设定，实质上并不完全由意思表示决定，在很大程度上受国家规制。如学校的招生和收费等事项上的权力是受限制的。❷

判断这种关系是属于公法关系还是私法关系，在世界范围内在不同法系的国家法律制度下表现不同。在公法和私法划分的国家，如法国、德国为代表的大陆法系国家则通常将公立高等学校和学生的关系作为公法关系的一种，出现的纠纷由行政法院按照行政法的基本理论和法律规定审理。对于私立高等学校和学生的关系则被视为私法关系，发生纠纷则由普通法院按照民事法律的相关规定审理。而在美、英为代表的英美法系国家，司法制度中不划分公法和私法，因此，对于公立高等学校和私立高等学校在司法中被同样看待。

基于这种情况，将这种关系作为公法关系还是私法关系，其根源在于不同国家的司法制度的不同。在我国因为司法制度中设立了民事法庭和行政法庭，划分公法关系和私法关系不仅是理论界的共识也是司法实践的需要。但是对于如何判断公法关系还是私法关系，至今仍然是一个争议颇多的问题。学者们也提出了多个标准。判断公法关系和私法关系的基础是公法和私法的区别。

在公立学校和学生之间既有民事法律关系，也有公法关系。但是学校和学生之间的教育和被教育关系，管理和接受管理的关系，显然不是一般的民事关系。而是"以权力服从为基本原则，以领导与被领导、命令与服从的行政领导和管理为主要内容的教育行政关系"。❸因为如果将学校和学生之间的教育关系视为普通民事关系，则无法解释为什么学校对学生享有特殊的管理权限，如纪律处分，颁发学历学位证书，制定校规校纪。❹

公立学校和学生之间的关系不是按照合同的约定进行的，而是按照有关的法律规定。在学校和学生之间没有签订合同的行为，而平等主体之间签订合同是民事行为的一个重要表现。没有合同，是否招生行为被认为是合同的协商，

---

❶ 翁岳生. 行政法与现代法治国家 [M]. 台北：祥新印刷有限公司，1990：149.
❷ 蒋少荣. 公民受教育权及其实现中的法律关系 [G] //中国教育法制评论：第1辑. 北京：教育科学出版社，2002：394.
❸ 劳凯声，李凌. 关于高等学校法人地位问题探讨 [J]. 中国高等教育，1992 (11).
❹ 马怀德. 公务法人问题研究 [J]. 中国法学，2000 (4).

学生报志愿是邀约，学校决定接受是承诺？但是，学生没有和学校签合同，也没有规定权利义务。所以，学生不同于一般的消费者，接受学校的管理和监督，而一般的消费者，则只承担合同明确的义务。而在一些招生行为中有合同形式，如《研究生委托培养协议》，虽然也存在一定的提供服务并付费的行为，但是因为其中强烈的权力色彩，这种协议从总的原则来看，作为关系一方主体的学生和学校的地位不完全平等，学生必须接受学校的管理。学校有制定内部规则、制裁和管束学生的权力，甚至可以将学生开除出学校，从根本上改变其法律地位。因此，学生和学校之间不是普通的民事关系，更不是平等的民事法律关系。

有专家认为："行政法对于保持国家与公民权利之间的平衡起到很大的作用"❶，国家通过"对行政争议的解决，来矫正违法或不当的具体行政行为，从而实现行政救济的目的"❷。有行政争议，就可能引发行政救济。通过上文分析，高校在对学生管理中，对于学生的学籍管理、颁发学业证书和学位证书的管理性质决定了这种纠纷不同于普通的民事关系，由此引起的纠纷属于行政争议，应当由行政法来调整。

（2）是否属于行政诉讼的受案范围。

本案被诉行为属于行政法调整的范围，但在我国能否纳入行政诉讼的受案范围，又是接下来的一个问题。对于目前出现较多的关于学生处分的案件，如退学等，是否可诉，有不同的意见。有人认为根据目前的法律规定是不应该受理的。理由是：

其一，对开除学籍处分，法律、法规并未明文规定可向法院起诉，而是规定的申诉。根据《教育法》第二十八条第（四）项规定，受教育者有"对学校给予的处分不服向有关部门提出申诉，对学校、教师侵犯其人身权、财产权等合法权益，提出申诉或者依法提起诉讼"的权利。尽管开除学籍，也是对受教育权的剥夺，理应包含在人身权、财产权"等合法权益"内，但并不能向法院起诉，因为对开除学籍等处分而引起的纠纷已经规定了特殊的解决机制，即"向有关部门提出申诉"。

其二，按照现行的法律规定，学校对于学生的处分权不是行政权。在我国现行法律上，公立学校的权利即使具有支配性和公益性，也并不当然属于行政权。某种权力是不是行政权，只能根据法律的规定来确定。在我国立法技术上，对作为国家权力的行政权的文字表述一般用"职权""职责""权力""负责……工作"或者"主管……工作"等。在现行法律规范中，还没有把行政权

---

❶ 韦德. 行政法［M］. 徐炳，译. 北京：中国大百科全书出版社，1997：7.

❷ 刘恒. 行政救济制度研究［M］. 北京：法律出版社，1998：3.

称为"权利"的现象。也就是说，被称为"权利"的肯定不会是行政权，还不至于把行政权混淆为相对人的"权利"。那么《教育法》第二十八条赋予学校的处分权到底是不是一种行政权呢？"学校及其他教育机构行使下列权利：……（四）对受教育者进行学籍管理，实施奖励或者处分"。与此相对应的，该法使用了"义务"而没有采用"职责"一词。该法第二十九条规定："学校及其他教育机构应当履行下列义务……"这就表明，无论学校的处分权在本质上是否应当作为一种行政权，法律是否应当作为行政权来加以规定，但就现行法律规定而言，它并不是一种行政权。

其三，学校的处分权是一种授权或委托的观点，并不正确。如果某项权利本身并非行政权，即使它来源于法律、法规和行政机关，也并非《行政诉讼法》上的行政授权或行政委托。家长对未成年子女的监护权，私营企业对人财物的管理指挥权，都来源于法律，但显然不是行政授权，而是法律的权利赋予。行政机关委托律师代理法律事务，也不是行政委托，而是一种民事委托。权利来源于法律或行政机关与这一权利是何种性质的权利，并没有必然的逻辑联系。相反，如果某项权力是行政权，那么即使授权或委托并不合法，也仍然是行政权。

以上观点虽然并不符合扩大行政诉讼受案范围的大趋势，也不符合国际社会的人权保护发展趋势，但是也在一定程度上表明了现行法律的不足以及理论界不同观点的交锋。首先，《教育法》的这个规定似有矛盾之处，这个问题和我国法律界对于受教育权的性质认识不清有一定关系。从本条文的用语来看，学校的处分和学校、教师侵犯其人身权、财产权等合法权益的行为是并列的关系，但事实上，学校对于学生的错误处分不仅可能侵犯学生的受教育权，也可能侵犯学生的财产权，如开除学生的决定使学生无法按计划完成学业，因此将遭受经济损失。同时也应该看到由于我国法制还不够完备，因此在很多问题上还存在空白，而这正需要法院灵活地运用法治的一般原则和宪政的基本原则审理案件，不能因循守旧，对于没有明确法律条文规定的情况一概不理，从而放弃推动我国法治进步的责任。其次，关于学校对于学生的管理权的性质认识，学生和学校之间的关系曾被认为是特别权力关系，随着人权理论的发展和法治的进步，这种理论已经逐渐消亡。

通常，对于当事人的诉讼请求没有法律明文规定的，法官会频繁使用"于法无据"，其中不乏一些法官以法律没有明文的规定为由来回避问题。"法官有责任维护法律，不得根据与法律不一致的个人观点来判决"❶。审判是保护权

---

❶ 伯顿. 法律和法律推理导论［M］. 张志铭, 解兴权, 译. 北京：中国政法大学出版社, 1998：151.

利、自由的最后一道屏障，当合法权益受到不法侵害时，法院将是公正的维护者。因此，认识和理解法律精神是法官的责任，法官不仅在案件的审判中充当着法律的维护者，同时在案件审判中，作为法律的适用者，不应当拘泥于法律条文的规定，机械地运用法律，在审判中要充分理解法律的原则和精神，在审判中以现有的实体法、程序法资源、法学理论资源和司法解释发展法律，最大限度地保护当事人的合法权益。从学校的地位以及和学生之间关系的特点表明，学校相对于学生处在主导地位，学校在法律授权范围内具有制订内部规定的权力，作为学生必须遵守学校的规定。学校对于学生进行管理的行为是在行使权力，而不是平等主体之间的权利。无救济即无权利，本案被诉行为属于具体行政行为，将其纳入行政诉讼的受案范围符合行政诉讼法的原则和精神，有利于依法保护受教育者的权益。

（二）关于第二个裁判要点的说明

第二个裁判要点涉及教育自主权的行使范围问题。本案中，被告根据原国家教委关于严肃考场纪律的指示精神，于 1994 年制定了校发（94）第 068 号《关于严格考试管理的紧急通知》（以下简称《068 号通知》）。该通知规定，凡考试作弊的学生一律按退学处理，取消学籍。被告依据《068 号通知》的规定，于 1996 年 3 月 5 日在学校的《期末考试工作简报》中通报了田某考试作弊一事，并决定对田某按退学处理。对于《068 号通知》应当理解为学校为了实施管理发布的规范性文件。被告答辩该文件是根据原国家教委的文件精神制定的，在内容上与文件的精神一致，被告依据相关文件的精神发布《068 号通知》，属于办学自主权范围内的事项。被告认为，根据《068 号通知》，学校对田某作退学处理属于高校办学自主权范围内在学籍管理上的一种合法、有效的处理形式。

本案不能回避的问题是高校的办学自主权问题。根据《教育法》的规定，高校享有办学自主权，为了实现办学的宗旨，可以独立进行教育管理，实施教育活动，这是高校的专有的权力。在办学自主权方面包括：（1）教学自主权，学校有权为实现办学宗旨，独立自主进行教育教学管理活动；（2）招收学生及其他受教育者；（3）组织教学、科研，对学生进行考试、考核；（4）聘用教师；（5）管理和使用本单位的设备和经费；（6）拒绝任何组织或个人对教育教学活动的非法干预。有些人在高校办学自主权问题上认为，在学籍问题上，只有学校才能决定学生学籍的存续与否，是学校行政管理的专属权限。持这种观点的人并认为，学校与学生之间是内部行政关系，学校对学生的处理决定一经作出，只有学校或上级才能够以同样的决定予以改正或撤销。此观点来源于对教育自主权的不同理解。法官在审判中也同样认识到高校的办学自主权对学生的学籍管理如何调控是田某案件审判的重点问题，涉及到法院能否对学校的学籍管理进行司法审查。从理论上，我们需要明确学校内部规定的法律地位以及法律效力，以便进一步分析法院在诉讼中对于学校内部规定应当采取的态度以及审查的标准。

法律授权公法人有制订自治规章的权力是为了促进社会上团体力量自主性的发挥。从性质上说，自治规章属于从属性法源，它之所以发生法律效力在于法律之授权，自治团体依授权的内容与范围制订自治规章。自治规章的立法权来自国家法律，为国家所承认，在国家授权范围内立法，因此需要受到一定的限制：第一，自治规章的内容应限于公法组织的法定的任务与职权；第二，自治规章之效力适用于自治体内的成员；第三，法律优位原则的适用；第四，法律保留之事项，自治规章不得规定。也即若无国家法律之授权，自治规章不得干预人民之自由及权利。大学作为进行高等教育的机构，在国家法律规定的范围内享有自治权，具有自治团体的地位，因此拥有自治规章的制订权，这些规章包括大学的章程以及其他内部规范。例如，德国大学基准法第58条第2项规定大学制订基本章则，其内容包括大学本质、任务、内部成员的权利义务等。除基本章则以外，还有学位的授予、考试规则、注册规则、内部秩序的维持等也属于这个范围。

对于大学自治规章的监督，在世界范围内，主要依靠两种方式：第一是行政监督，如德国大学法规定大学自治规章应经上级机关的许可，许可是自治规章生效的要件。我国《高等教育法》只规定学校章程的制定和修改需要经过教育主管机关的审批，而对于其他规定，则是学校校长职权。该法第二十九条规定："高等学校和其他高等教育机构分立、合并、终止，变更名称、类别和其他重要事项，由原审批机关审批；章程的修改，应当报原审批机关核准。"第二是司法监督。法国的做法是在审查依据内部自治规章作出的行为的合法性时一并审查规则的有效性。我国目前由于大学的公法地位不够明确，因此大学自治的程度还很低，泛机关化的现象还没有得到纠正，因此如何对于自治规章进行监督还是一个不甚明确的问题。

本案判决书虽然没有直接宣布被告发布的068号文件的中涉案条款无效，但是已经指明该文件与上位法规章中的规定相抵触。高等学校在对受教育者实施管理过程中，虽然根据法律、法规、规章的规定，拥有相应的教育自主权，可以自主制定相关校纪、校规，但其职权行使不得违背国家法律、法规、规章的规定。本案中，北京科技大学制定的《068号通知》规定"凡考试作弊者，一律按退学处理"，直接与《普通高等学校学生管理规定》第二十九条规定的法定退学条件相抵触，因而是无效的。人民法院审理行政案件依据法律、行政法规和地方性法规，参照规章，对行政主体制定的规范性文件，有权进行合法性审查，以决定是否予以适用。❶

（三）关于第三个裁判要点的说明

第三个裁判要点涉及正当法律程序问题，正当的行政程序是行政行为合法的要件之一。一审法院在田某案的判决书中指出："退学处理的决定涉及原告的受教育权利，从充分保障当事人权益原则出发，被告应将此决定向本人送达、宣布，听取当事人的申辩意见。而被告既未依此原则处理，尊重当事人的权利，也未实际给原告办理迁移学籍、户籍、档案等手续。"本案中涉及对学校的纪律处分原则的研究。纪律处分虽然不同于行政处罚，但是在世界范围内已经普遍认为，严重的纪律处分，涉及到被处分人的重大或基本权益的，也应当遵循正当程序原则。因此，最高人民法院公报刊登的田某案例指出："按退学处理，涉及到被处理者的受教育权利，从充分保障当事人权益的原则出发，作出处理决定的单位应当将该处理决定直接向被处理者本人宣布、送达，允许被处理者本人提出申辩意见。北京科技大学没有按照正当程序原则办理，忽视当事人的申辩权利，这样的行政管理行为不具有合法性。"在美国，公立学校给予学生纪律处分的行为也是作为公行政的研究范围。"根据正当程序要求，在学生因其不轨行为而被公立学校开除之前，必须给予其通知并给其受审讯（即听证）的机会。法院一致确认，正当程序条款适用于公立学校做出的开除学生的决定"❷。

正当程序的原则具体表现为以下制度：一个是听证制度，不同的体制下，纪律处分的程序是不同的，但是给予被处分人听证的机会是保证程序正当的一个因素。第二个是辩护权，在所有的情况下，被处分人的辩护权应该被尊重，这种辩护权是被法律条文和法律基本原则确定的。第三个是说明理由，说明理由制度是行政行为的基本原则。行政主体在作出对相对人合法权益产生不利影响的行政行为时，除法律有特别规定外，必须向行政相对人说明其作出该行政行为的事实因素、法律根据以及进行自由裁量时所考虑的政策、公益等因素。❸

---

❶ 根据最高人民法院关于印发《关于审理行政案件适用法律规范问题的座谈会纪要》的通知（法〔2004〕96号），人民法院经审查认为被诉具体行政行为依据的其他规范性文件合法、有效和合理、适当的，在认定被诉具体行政行为合法性时应承认其效力；人民法院可以在裁判理由中对其他规范性文件是否合法、有效、合理或适当进行评述。

❷ 施瓦茨. 行政法 [M]. 徐炳，译. 群众出版社，1986：218.

❸ 章剑生. 行政行为说明理由研究 [J]. 法学研究，1998（3）. 其他定义参见：李春燕. 行政行为说明理由制度的构建 [J]. 行政法学研究，1998（3）；姜明安. 行政的现代化与行政程序制度 [J]. 中外法学，1998（1）.

随着近年来我国法学界对程序正义的大力宣传介绍，人们对健全的程序在国家法律中的作用的认识日益普及深化，我们不得不正视这样一个现实：虽然我们正在转变重实体、轻程序的法律传统模式，在公开审判中对程序价值有了相当的重视，我国行政法领域也切实进行了一系列基本程序制度的努力，却仍处于起始阶段。《行政处罚法》规定了一些基本的行政程序方面的制度，诸如听证制度、告知制度、职能分离制度等，但这些规定尚显粗糙，在当前行政诉讼活动中，行政程序违法、不履行行政机关告知义务、在作出行政行为之前不向相对人说明理由、侵犯相对人知情权，导致败诉现象屡有发生。目前，随着依法行政、法治政府建设的不断推进，保障行政相对人的知情权、申辩权，行政机关的行政告知义务及行政决定的送达及宣布义务已成为所有行政机关及其工作人员必须严格遵守的基本法则，这是程序公平原则的具体体现。

本案中，被告作出的退学决定和学籍变更通知事关当事人受教育的基本权利，对当事人合法权益具有重大影响，但被告并未将决定事项向田某宣布、送达，没有说明作出决定的理由，也没有给予田某陈述、申辩的机会，其处理决定缺乏最低限度的程序正义要件，违反正当法律程序，属于违法行政行为，应当承担由此产生的法律后果。

四、其他相关问题的说明

1. 指导案例 38 号与 39 号的区别和联系

两个案例，即"田某案"与"何某强案"，虽然都是因为高等学校拒绝颁发毕业证、学位证引起的行政诉讼，但两案在基本案情、裁判结果和裁判要点等方面具有不同。首先，田某案是因为大学生违反校规、校纪，高等学校对其作出退学处理决定而拒绝颁发毕业证书、学位证书；何某强案是因为大学本科毕业生因为没有通过大学英语四级考试，高等学校在学术自治范围内经过审查，认为学生达不到学术标准拒绝授予学位证引起的。其次，两案都涉及高等学校自行制定的校规、校纪问题。田某案中，北京科技大学发布的《关于严格考试管理的紧急通知》，由于违背国家法律、行政法规或规章等上位法的规定，被告据此通知对大学生作出退学处理决定的，被判败诉。何某强案中，华中科技大学和武昌分校制定的授予本科毕业生学士学位实施细则等规定，将通过全国大学外语四级考试作为非外国语专业学生申请学士学位的必备条件之一。最终法院认定高等学校依法定授权，在学术自治范围内实施的审查授权学士学位行为合法。再次，田某案的第一个裁判要点在说理方面，侧重阐释高等学校实施了影响受教育者基本权利的管理行为，就可能成为行政诉讼中的适格被告。而何某强案第一个裁判要点突出的是高等学校实施的审查授予学位属于依法定授权实施的行政行为，具有可诉性，属于行政诉讼的受案范围。二者结论是一样的，只是阐释的角度有所不同。最后，田某案第三个裁判要点还涉及正当法律程序原则，即应当保障受教育者在教育管理活动中享有最低程序权利原则，这一问题在何某强案中没有涉及。

2. 本案例裁判要点在编写时的一些具体问题

一是，吸收了教育部提出的意见，即将案例标题和裁判要点中的"学业证书"修改为"学历证书"，以与《高等教育法》保持一致。另外，田某案中原告是大学毕业生，被告拒绝向其颁发本科毕业学历证书和学士学位证书，裁判要点直接使用了学历证书、学位证书，这样本案例的参照适用不局限于本科阶段，可以推广到硕士和博士阶段，保证案例参照适用的普遍指导价值。二是，本案例裁判要点在编写时，选择了高等学校的行政诉讼主体地位、高等学校行使教育自主权不得违背法律、法规、规章规定，以及教育行政活动应遵循正当程序原则三个要点，并未涉及被告是否应当颁发毕业证书、学位证书以及办理毕业派遣手续等问题。因为上述三个要点是本案例的前提问题、核心问题，也是本案例在法律适用方面最具指导价值的要点，解决了上述三个问题，确认了被告决定的违法性，认定原告仍然具备学籍，本案涉及的其他相关问题也迎刃而解。因此，本案例在编写裁判要点时有所取舍。三是，本案例说理部分引用的《普通高等学校学生管理规定》（1990 年 1 月 20 日国家教育委员会令第 7 号发布）已被《普通高等学校学生管理规定》（2005 年 3 月 29 日发布，2005 年 9 月 1 日实施）修改。但该规定的修改并未影响本案例的判决依据和说理。

四、关于受教育权的保护问题

从审判角度谈受教育权的保护与法官责任❶

1998 年 9 月 21 日，《北京晨报》在第一版以"这起作弊冤案何时能平反"为题，宣传报道了大学生田某在考试中途上厕所时，身上掉下一张小纸条，学校因此认定他考试作弊，勒令退学。系里、学院，包括 7 名博士生导师在内的30 名资深教师为其申诉的事件。文章以犀利的笔锋，触及到长时期以来，司法、行政对教育领域中的教育权与受教育权发生纠纷时无从管理的问题，为法学界人士提供了新鲜的研究课题。作为长期从事行政审判的法官，也引起了笔者的关注。直到 1998 年 10 月 19 日田某委托律师将北京科技大学告上法庭，理

---

❶ 原载于：饶亚东. 从审判角度谈受教育权的保护与法官责任 [J]. 行政法论丛，2000，3（1）：484-502. 此外，该文作为文献资料，被美国耶鲁大学学者全文翻译成英文。

由是北京科技大学拒绝履行为其颁发大学学历、学位证的法定职责。田某案件的审判为大学生状告学校拒绝履行法定职责能够进行行政诉讼开辟了道路，也是学校作为非行政管理机关成为行政诉讼被告的典型案例❶。该案从受案到审判突破了传统的行政诉讼的模式，拓宽了行政诉讼受案范围，使得建立在不平等法律关系上产生的争议能够得到司法的监督，在行政法学界产生了深远的影响。

一、开拓思维，充分保障公民的行政诉讼权利的行使

勇于担当新事物的探索者，不是容易的事情，也不是仅凭直觉就能够达到目的的，需要付出一定的努力，这种努力来自学识水平、胆量和丰富的实践经验。行政诉讼是专门处理、解决行政案件的法律制度，这一制度对公民、法人或其他组织合法权益的保护是专门针对行政机关行政职权而言的。因此，要保护这一合法权益，就必须依法监督行政机关行使职权，从而达到保护公民、法人或其他组织的合法权益不受侵害。在行政管理活动中，行政机关的行政行为是多种多样的，行政机关与公民、法人或其他组织之间发生的行政争议也是多种多样的。

在教育领域，教师与学校、学生与学校之间的纠纷频繁发生，但能够引起司法调整的案例凤毛麟角。笔者在审理田某案件时参考了下列案例，受到了一些启发：

案例1：1995年4月，笔者接待了一名中学教师卢某的来访，卢某称：她是体育教师，在授课时不慎将腰扭伤，休病假，其间有医院的病假证明。痊愈后上班时，学校通知，她被解聘。为此，卢某委托律师向该校所在区教育委员会递交了申诉书。区教育委员会在收到申诉书后30日内未予处理，也未予答复。她想通过行政诉讼来解决问题，当时的行政诉讼，法院普遍在案件受理方面还局限于《行政诉讼法》第十一条限定的内容，所以在立案审查阶段就产生了很大的分歧意见。但是，卢某的叙说让笔者思考，对于教师与学校之间的纠纷如何处理？如何以《行政诉讼法》第十一条来解释立案范围，以及教师被学校解聘的行为性质，这些都是立案审查的难点问题。

为此，笔者带着疑虑走访了一些战斗在教育第一线的人民教师。他们普遍认为，随着学校内部管理体制的改革，特别是教师聘任制和校长负责制的逐步推广，教师所享有的权利越来越受到限制。一些教师还提出，《教师法》第三十九条虽然为教师提供了行政救济制度，但通过身边一些教师的"告状无门"，反映出这条规定的设立徒有虚名。

---

❶ 参见《最高人民法院公报》1999年第4期。

　　教育工作是一种多层次的工作，需要各级人民政府、教育行政部门和其他有关行政部门履行法定职责，来维护和保障教师的合法权益。《教师法》第三十九条给我们提供了认识这类行为的特殊性和利用法律调整的可能性。从教师申诉行为的构成内容来分析，教师申诉行为符合行政法学对行政执法主体的概述。教师申诉制度作为《教师法》规定的一项维护教师合法权益的行政救济程序制度，具有与其他相应制度不同的特点，不同于一般的申诉，是一种有特色的申诉制度，也区别于一般的信访。因此，教师申诉制度是行政性的申诉制度，是行政主管机关依法对教师的申诉在其行政职权范围内作出行政处理的制度，其行政处理决定具有行政法的效力。对于是行政机关所为的、影响到管理相对人权利和义务的具体行政行为，不管有无书面决定，只要符合人民法院行政诉讼受案范围的，都应当予以受理。因此，行政诉讼法为教师申诉制度的进一步贯彻提供了程序上的法律保障。

　　卢某的问题通过法院的审判得到了公正的解决，为此笔者总结了受理此类纠纷的可诉性，引起了教育行政主管部门的重视❶。

　　案例2：《北京法制报》记者在采访中得知笔者曾经审理过教师申诉的行政案件后，与笔者联系，让笔者为他分析大学生哈某不服学校对其作出的劝其退学的决定却申诉无门的问题。从记者提供的材料看，哈某曾经以优异的成绩考取中央音乐学院。1997年7月，学院以其"与同学打架，并擅自与外国专家联系，给学校的形象造成了很坏的影响"为由，作出劝其退学的决定。哈某不服，向文化部申诉，文化部对哈某答复维持学校的处理决定。哈某为此以文化部为被告向法院起诉，法院认为不属于行政诉讼受案范围，裁定不予受理。

　　案例3：1995年，河南省平顶山煤矿技术学校与学生刘某聚、王某、张某、马某及其家长所在单位签订了委托培养合同，学校收取四位学生的培养费各3500元。学校发现四人在考试中有抄袭舞弊行为，被逐出考场，随后于1996年5月对四人作出责令退学、注销学籍的决定。四位学生家长多次找学校交涉，并向有关部门反映问题，均未得到解决。四人不服，于当年7月16日向平顶山市湛河区法院起诉，要求撤销上述决定。湛河区法院认为，根据劳动部1990年颁布的《技术学校学生学籍管理规定》第二十七条规定，对违反纪律和犯错误的学生，学校应当进行批评，情节严重或屡教不改者，可给予警告、严重警告、记过、留校察看、责令退学或开除学籍等纪律处分。四原告在之后能够主动承认错误，不属于屡教不改，学校对四原告注销学籍的做法违反了该法规的立法

---

　　❶　参见本章第五部分"关于教师权益的保障"。该论文获得北京法院第八届学术论文研讨会一等奖。

目的、精神和本意，显属适用法律错误。而且，《教育法》第二十八条规定，处分学生应当经校务会讨论，经校长批准执行。其中责令退学和开除学籍的处分应当报学校的主管部门批准，并报劳动部门备案。而被告对四原告作出的行为虽经校务会的讨论，但未报主管部门批准，故被告对四原告作出的决定显属违反法律程序。被告系法律法规授权的组织，符合行政诉讼的被告主体资格，被告辩称其不属于行政机关，不能作为行政诉讼的被告主体的理由不成立。法院判决撤销被告对四原告作出的责令退学、注销学籍的处分决定，并责令恢复四原告学籍。

亲历审判和媒体的宣传报道，为笔者继续研究教育领域内的纠纷如何处理提供了大量的素材。笔者发现，在教育领域中因招生不公平问题、在施教过程中学生与学校之间的纠纷、招生和毕业中的乱收费问题、教师与学校之间在聘用待遇、服务与处分、保障，以及社会力量办学等纠纷不断发生。这些纠纷属于何种性质，如何解决，谁来解决都是难点问题。田某与学校的纠纷引发行政诉讼，又为笔者提出了研究的课题。

案件受理后，如何依法办案，是主审法官最为关心的问题，对于常规案件，笔者已有经验，从案件的受案到结案，每一步如何进行，应该适用的程序，已经有法可依，笔者的主要精力会放在证据的审查和认证方面。而田某案件的确给笔者出了一大难题。案件受理之后，笔者认真分析了过去审理或了解的教育类行政诉讼案件，教育者的权利受到不法侵害时有法可依，教师们可以通过司法途径维护自己的合法权益，而受教育者的权利保护问题是否也能得到司法调整？司法调整的方式如何？以及学校对受教育者管理行为的性质是什么，等等。带着问题，笔者开始查找资料，请教行政法学界的专家，能够查到的资料只限于教育方面的法律、法规、规章或规范性文件，缺乏理论性的指导文章，更无可以参照的案例，专家们的意见也众说纷纭。

纵览目前解决教育纠纷的方式、结果存在不同。有的采取民事诉讼，如某大学学生齐某（体育特长生）在进行训练时，教练未在现场指导，齐某受伤，不能继续学习。齐某认为其受伤与学校有关，要求法院判令学校赔偿损失及给付医疗、营养等费用，法院给予了支持。有的采取信访形式解决，如某中学黄老师在学校受伤，要求学校按工伤认定。学校认为黄老师受伤是其不小心所致，与学校无关，不同意按工伤对待。经过黄老师长时期地向有关部门反映情况，其工伤的认定才得以解决。笔者认为，在教育领域中，作为民事案件诉讼或采取信访形式解决问题的案例在全国非常普遍，真正能够纳入行政诉讼调整的案件很少，形成原因大致有以下观点：

一类观点认为，学校是事业单位，其与学生之间所发生的争议依目前的法律法规，难以决定其性质。学校与学生之间的争议不同于国家行政机关与公务员的争议，学校与学生之间属于平等主体之间的争议，学校根据国家法律的规定，制定招生条件、招收学生，对学生进行管理，应视为一种合同关系。学校录取符合条件，同时愿意接受校纪校规约束的学生入学。而学生一旦被学校录取，便构成了学校依据校纪校规对其进行管理的关系，这是一种平等的双向选择关系，是一种平等的主体之间的法律关系。

另一种观点认为，学校享有办学自主权，是学校专有的权利，没有办学自主权，便意味着学校在法律上不享有实施教育、教学活动的资格和能力。从学生入学开始，学校即按照学校的章程和管理制度对学生行使管理的职能，学生对学校的管理应当无条件服从。从《教育法》和《7号令》的规定看，学校除享有教育、教学权外，还享有对学生学籍管理，实施奖励或处分等权力，这些权利的行使是学校的特有权力，有助于对学校的自我约束和调动其办学积极性。

两种观点均认为，《教育法》第四十二条虽然规定了学生对于学校给予的处分不服可以向有关部门提出申诉，对于其人身权、财产权受到侵害时，有权申诉或向法院起诉。但是，该申诉制度在现实中并不完善，诸如向谁申诉，依据什么程序申诉，申诉机关作出决定的效力如何，没有明确的规定，不应纳入行政诉讼调整的范畴。从保护学校和学生双方的合法权益的角度出发，应当允许学生向教育行政机关申诉，由其作出决定，解决争议，学生对教育行政机关的决定不服，可以以教育行政机关为被告提起行政诉讼，此类纠纷以学校为被告，法律依据不足。

以上观点均具有片面性，强调的是教育者的权力，而忽视了受教育者的权益，同时也忽略了教育者在实施教育教学活动中，还应当在法律监督下进行活动。任何权力的行使不是绝对的，必须有一定的监督制约机制与之相匹配，才能在合法公正的道路上健康发展。否则，将导致权力的滥用。《教育法》第二十九条规定了学校要"维护受教育者和教师或其他职工的合法权益。"那么，在高等教育中教育权谁来监督？监督权如何行使？都是亟待解决的问题，也是健全教育法规的问题。

田某案件的受理及审判，通过媒体的宣传报道，引起了全社会的关注，特别是学校、教育行政部门和大学生。《最高人民法院公报》肯定了该案的受理及审判。

二、学校或其他教育机构在教育管理活动中的法律地位

通常，行政诉讼的被告是行使国家行政职能，依法独立享有与行使职权的国家行政机关，这些行政机关必须是经过人民代表大会产生或正式列入国务院编制序列的机关。除此之外，《行政诉讼法》第二十五条第三款规定"法律法规授权的组织作出的具体行政行为，该组织是被告"。

从高等学校的建构上看，学校虽然不是法律意义上的行政机关，但是根据法律的规定，高等学校对受教育者进行学籍管理等权力是国家法律所授予的。根据《教育法》第三十条的规定，学校区别于社会的其他组织，学校作为一种社会组织，是教育法所调整的重要对象，享有一定的权利并承担一定义务。表现在教育管理活动中，学校的管理活动参与到行政法律关系中，其自然行使的是行政方面的权力；其参与到民事活动中，又属于民事关系的主体。也就是说，学校在教育教学活动中存在双重的主体资格。按教育法的规定，学校，特别是高等学校享有办学自主权，其为了实现其办学宗旨，独立自主地进行教育教学管理，实施教育活动，这是学校的专有权力。享有该权力，其就应具备和享有实施教育教学活动的资格和能力，这种权力是一种公共的权力，该权力的行使必须符合国家和社会的公共利益，不得滥用办学自主权。高等学校拥有办学自主权，并不意味着学校由此就可以放任自流地办学，无拘无束地发展，自行其是。要有自我约束、自我完善的义务，也需要来自政府和法律的干预和监督。干预和监督体现在立法、行政、经济等方面，以立法为监督，主要体现在国家发布法令，承认大学的办学自治权、学术自由的同时，也明确规定了一定的范围。如《教育法》在第二十八条中规定了教育者享有的权利，学校必须在法律规定的范围内活动；以行政手段干预，则体现在政府以行政的手段和监督方式，对学校的自主权加以限制。如《教育法》第十四条规定，国家对教育实行分级管理，高校由国务院和省、自治区、直辖市的人民政府管理，并明确划分了各自的职责。因此，概括地讲，高校的办学自主权应当包括：（1）教学自主权，学校有权为实现办学宗旨，独立自主地进行教育教学管理活动；（2）招收学生及其他受教育者；（3）组织教学、科研，对学生进行考试、考核；（4）聘用教师；（5）管理和使用本单位的设备和经费；（6）拒绝任何组织或个人对教育教学活动的非法干预。

高校的办学自主权是真空的吗？我们知道，行使权力的同时，必须要履行一定的义务，权利和义务是互相依存的。《教育法》第二十九条规定了学校应当履行的六个方面的义务。其中"遵守法律、法规"列在首位，这就要求高校在行使《教育法》第二十八条规定的权力时，要依法进行。从表面上看，学校与学生之间属平等的法律主体，应当受到民法的调整，属于私法的调整内容。但是学校与学生之间的相互关系在实际运行中是不平等的，一方是教育者，另一方是被教育者；一方是组织、实施教育教学计划的管理者，另一方是被管理的对象，必须服从。而且教育者在教育教学活动中所享有的权力是受教育者的能力所不及的，这种不平等关系使得教育管理中的争端不断发生。只有纳入法律调整，才能使此类争端得以合法地解决。在解决教育领域的争端时，关键需要分清争端所涉及的问题是属于民事法律关系，还是涉及学校依法管理的行政法律关系。

目前，我国尚未颁布教育行政处罚方面的实施办法、学生申诉办法等具体实施办法。纠纷形成之后，如何给权利人一个争辩是非的机会，笔者认为，在法无明文禁止的前提下，我们应当将高等学校在对学生的学籍管理、学历证书、学位证书的颁发方面其履行的职责，理解为学校在对学生行使国家公权力时所行使的是国家法律法规授予的权力，是行政法意义上的职责，符合《行政诉讼法》所确立的立法精神，属于行政诉讼所调整的范畴。就田某案件，原告争议的焦点涉及国家法律授予学校的行政管理职责，对于学校拒绝履行法定职责时，受教育者可以按照《行政诉讼法》第二十五条第四款的规定，以学校为被告提起行政诉讼。

三、受教育权应当有司法救济制度的保障和监督

"行政法对于保持国家与公民权利之间的平衡起到很大的作用"❶，国家通过"对行政争议的解决，来矫正违法或不当的具体行政行为，从而实现行政救济的目的"❷。

讲到行政救济，必然要讲行政争议。只有存在行政争议，才能引发救济。高校在学生管理中，对于学生的学籍管理，颁发学业证书和学位证书的管理等行为的性质的认定，决定了这种纠纷能否形成行政争执，能否由行政法来调整。

"不以规矩，不成方圆"，法律就像规矩一样，是判断人们行为是非曲直的标准。从社会的发展看，教育无疑起到了决定性的作用。教育进入法律调节领域将是现代社会、现代教育的必然和趋势。国家通过对教育的指导、干预，推进了教育的普及和发展，提高了全民素质，这些与教育的积极作用分不开。《宪法》第四十六条规定，公民享有受教育权。《教育法》还规定中华人民共和国的公民依法享有平等的受教育机会。这说明国家以法律的形式为教育领域规范了一定的行为准则，同时为贯彻这一准则的实施，国家又制定了相关的法规和部门规章，具体规定了执行教育法的具体程序和行为准则，体现了国家对教育活动的干预和管理。教育作为一种管理制度，不仅是社会发展的手段，也是公

---

❶ 韦德. 行政法 [M]. 徐炳，译. 北京：中国大百科全书出版社，1997：7.
❷ 刘恒. 行政救济制度研究 [M]. 北京：法律出版社，1998：3.

民个人的一种不可剥夺的宪法权利。基于宪法权利，公民享有均等的机会，包括入学、竞争、成功等方面的机遇。

行政诉讼权是公民的一项重要权利，只要公民认为自己的权益受到侵害，不管客观上是否真正受到侵害，他们都可以行使行政诉讼权，去寻求司法的保障。法院在审查时，应当最大限度地保障公民诉权的充分行使。

（一）受教育者具有学籍是依法取得学历、学位证书的前提条件

教育管理是教育活动的核心内容之一。从旧时期的私塾时代的教育教学方式，到现代社会科学的教育教学制度，反映出管理上的区别。私塾式的教育，学生交钱，先生教学，他们之间的关系类似商品交易形式，无章可循。现代教育管理制度从法律上明确了教育者和受教育者的权利和义务，这些权利义务来源于宪法、教育法和相关的法规。

讲到学籍管理，不得不重提高校办学自主权问题。一些人士在高校办学自主权问题上认为，"在学籍问题上，只有学校才能决定其存续与否，这是学校行政的专属权限"，并认为"学校与学生之间的关系是内部行政关系，学校对学生的处理决定一经作出，只有学校或上级才能够以同样的决定予以改正或撤销。因此认为学校个别人的行为不能代表学校作出撤销决定"❶。此观点的依据来源于教育自主权。法官们在审判中也同样认识到高校的办学自主权对学生的学籍管理如何调控是田某案件审判的重点问题，涉及法院能否对学校的学籍管理进行司法审查。

（1）教育者对受教育者的管理取决于受教育者的学籍登记、注册，学生经过考试合格被学校录取后，即取得了在该校学习的权利，学校根据《教育法》第二十八条的规定，对学生进行学籍管理，实施奖励或者处分。而教育者无论是公立学校，还是私立学校，在学业管理中，教育者的权利并不是一纸录取通知书，这种管理主要是对学生的学业管理。在我国，这种管理不是录取通知书设定的权利义务关系所能全部概括的，学校与学生之间的权利与义务应当受国家有关法律法规的约束。

学生经考试被学校录取之后，学校与学生之间就是教育与被教育、管理与被管理的关系。教育者对被教育者的管理体现在对受教育者的学籍管理中，学籍是受教育者接受教育者的教育、教学管理的前提条件。受教育者为取得学籍与教育者之间签署了管理与被管理的合同，这种合同正像英国学者威廉·韦德所说"合同被行政手段利用来贯彻某种政策"❷。国家正是靠这种手段来达到对

---

❶ 参见：庞冠清. 考试作弊学籍被注销 为拿毕业证状告校方 [J]. 法律与生活，1999 (4).

❷ 韦德. 行政法 [M]. 徐炳，译. 北京：中国大百科全书出版社，1997：488.

受教育者的管理职能。学校在录取学生、学生报到注册后，学校即"以实施管理为目的，与被管理的公民、法人或其他组织意思表示一致而签订的协议"❶，此时学校才能根据《教育法》第二十八条的规定，对受教育者进行学籍管理，对受教育者从入学、注册、教学、考核、纪律等方面实施学籍管理活动；按照国家有关学生奖励、处分的规定，结合学校的实际，制定并实施奖励、处分的具体办法。田某参加全国高考，成绩合格被被告北京科技大学录取，从其到北京科技大学报到注册之后即享有该校大学生学籍，取得了在学校学习的资格，即是行政合同确定的开始。

（2）教育者取消受教育者的学籍应当符合法定条件。

行政合同的特点在于行使权力的主体享有"行政优益权"❷。受教育权是宪法权利，国家将施教和受教的权利以法律的形式确定下来，施教者以法律的授权代替国家对受教育者进行管理，取得行政的优益权，受教育者必须服从。因此，这种学籍的管理权是国家法律赋予的，是公权力的行使，教育者应当严格依照有关规定代行国家的管理职权。

我国高等教育实施的是国家统一考试、招生制度，高校作为国家开办的教育机构，从招生、学生注册、教学计划的落实、考核学业、颁发相关学习经历证书，以及毕业派遣等工作均是以受教育者具有学籍为前提，按照《7号令》第三十八条"无学籍学生不得发给任何形式的毕业证书"的规定，受教育者的学业、学位证书必须以有相应的学籍为前提。因此，学籍的取得和取消是关键问题。对于学籍的取得不难理解，但是对于学籍的取消，在教育者的实际操作中有一些偏差，集中反映在退学能否取消受教育者的学籍问题上。从《7号令》第二十九条和六十三条规定的内容，取消学籍有两种形式：

第一种：退学。从《7号令》第二十九条规定的10项退学情形看，对于受教育者在学校学习期间达不到教育者制订的教学计划，成绩不合格，或因身体原因无法继续参加和完成教学计划的，或本人申请退学经说服教育无效的，具备其一，由教育者审批，予以退学。退学决定一旦作出，受教育者就不能再以该校学生的身份参加学习、考试并取得相关学习经历的证明。

第二种：勒令退学或开除学籍。《7号令》第六十二条规定："对犯错误的学生，可视情节轻重，给予批评、记过或处分。处分包括警告、记过、留校察

❶ 应松年. 行政法学新论［M］. 北京：中国方正出版社，1999：344.
❷ 应松年. 行政法学新论［M］. 北京：中国方正出版社，1999：346."行政主体享有的优益权"特征：（1）履行合同的监督权；（2）因公共利益单方面变更合同的权力；（3）为公共利益解除合同的权力；（4）制裁权。

看、勒令退学、开除学籍"。该条第二款规定："留校察看以 1 年为期。受留校察看的学生，1 年内有进步表现的，可解除留校察看；经教育不改的，可勒令退学或开除学籍"。对于勒令退学，该规章有规定，对于认错较好，真诚悔改的，可酌情减为留校察看。从以上内容看，勒令退学和开除学籍的行为比退学处理更加严厉。这两种取消受教育者学籍的处理形式，直接影响到受教育权能否继续享有。《教育法》第二十八条规定学校依法享有"对受教育者进行学籍管理，实施奖励或处分"的权利，其中包括了学籍管理方面的公权利和实施奖励或处分的私权利两方面的内容，不能混为一谈。教育者在对受教育者实施管理中，法律赋予的教育权有一定的办学自主权，可以根据教育行政部门关于学籍管理方面的规定，针对受教育者的具体情况制定有关入学、注册、考试、考勤、休学、复学、转学以及退学等具体的管理办法，从而对受教育者实施学籍管理活动。同时，还可以根据国家有关学生奖励或处分的规定，结合本校实际，制定具体的措施和办法。这就要求教育者在制定具体的操作规章时，必须符合国家法律、法规和部门规章以及规范性文件的规定。对于与法律、法规或规章精神不一致或有冲突的内容，自然不能得到合法的保障。田某在补考中随身携带纸条的行为属于违反考场纪律的行为，被告可以按照有关规定予以处理。但其依据的《068 号通知》关于"夹带即为作弊，按退学处理"的规定，明显与《7 号令》以及教育行政部门的有关规定不一致，其对田某作退学处理的行为，直接与《普通高等学校学生管理规定》第二十九条规定的法定退学条件相抵触。因北京科技大学对田某按退学处理之后，不但未向本人宣布并听取申辩意见，而且也未实际按照教育行政部门规定的程序为田某办理注销学籍、迁移户籍、档案等手续，并允许其继续在校参加正常的学习等活动，以及为其补办了丢失的学生证并注册等一系列事实行为，说明北京科技大学仍然将田某视为该校有学籍的大学生。

（二）发放学历、学位证书行为是保障受教育权之一

教育法赋予受教育者享有区别于其他公民所应当享受的具体权利。第四十二条具体规定的受教育权包括：（1）参加教育教学活动权；（2）获得奖学金、贷学金、助学金权；（3）获得公正评价权；（4）申诉、起诉权等法律法规规定的其他权利。

学历证书、学位证书制度是国家为保证教育活动有序进行和保障教育质量的行政管理制度；是国家承认的具有法定效力的证书；是个人学历、知识水平、专业技能等方面的证明；是个人能够进入高一级学校学习或从事相应职业的必要证件；也是用人单位对应聘人员进行优先选拔和录用的凭证。基于行政合同

理论，学生通过了学校安排的学习、考试、考核，达到一定水平，有权取得教育者颁发的相关证书，这涉及两个问题：

第一，教育者的颁证权力的取得是法律赋予的权力，是代表国家对受教育者的学习经历、学业水平作出的评价，与国家行政管理机关为管理相对人颁发的许可证同类。

第二，受教育者必须完成教育者制订的教育教学计划，以考试合格为基础。获得公正评价权是学生通过参加学习、考试之后，由教育者对学生进行品行考核，对学生的学业成绩和品行作出公正的评价。学校或其他教育机构应当依法对符合规定条件的学生颁发相应的学业证书；经国家批准设立或认可的学校及其他教育机构按照国家有关规定，对达到一定学术水平或专业技术水平的人员授予相应的学位，颁发学位证书。这就意味着学业、学位证书的发放行为是一种国家特许的权利，这种权利的行使接受来自行政和司法的监督是不容争辩的事实。

四、认识和理解法律精神是法官的责任

"于法无据"，主要是指当事人的诉讼请求没有法律明文规定，在法院的判决中经常出现，被法官们频繁运用，其中不乏一些法官以法律没有明文的规定为由，规避问题，也是对当事人权利的一种不负责任的表现。"法官有责任维护法律，不得根据与法律不一致的个人观点来判决"❶。审判是保护权利、自由的最后一道屏障，当合法权益受到不法侵害时，法院将是公正的维护者。因此，法官在案件的审判中充当的不仅是法律的维护者，还是法律的适用者，不应当拘泥于法律条文的规定，机械地运用法律，应当充分理解法律的原则和精神，在审判中以现有的实体法、程序法资源、法学理论资源和司法解释发展法律，最大限度地保护当事人的合法权益。

权利的救济不是无原则的。"告诉才受理"体现了我国的诉讼特色。如果没有田某站出来主张权利，也许此类纠纷将推迟一些时间出现。因此"权利的形成过程也就是主体的选择过程"❷，主体的积极选择行为，也是其权利得以取得的手段。权利的救济过程中，既要求当事人的积极行动，也要求法官们积极探索，勇于实践，以相关理论指导审判。因此，笔者的理解是，法官在审理案件时，对于案件适用法律问题，不能够机械地套用法律条文，应当在法律规定的范畴内，在法律精神的指导下，对各种现实问题和法律问题加以分析、推理，

---

❶ ［美］史蒂文·J. 伯顿. 法律和法律推理导论［M］. 张志铭，解兴权，译. 北京：中国政法大学出版社，1998：151.

❷ 程燎原，王人博. 赢得神圣［M］. 北京：山东人民出版社，1993：58.

以判决的形式对法律加以发展，能够分析、研究、大胆地发展法律的精神，使得法律原则在具体案件中得以体现，适用法律、发展法律，是法官的职责。在我国行政法法治还很不健全的情况下，也只有这样，才能达到行政诉讼法的立法目的。

五、关于教师法权益的保护

试论教师申诉行为的可诉性[1]

内容提要

教师是履行教育、教学职责的专业人员，其合法权益应当受到法律的保护。1994年1月1日起实施的《教师法》，为教师本人和教师管理机构提供了有章可循、有法可依的法律保障。特别是该法第三十九条的规定，为教师提供了一项维护其合法权益的行政救济程序制度。本文从行政诉讼法律关系特征论述了教师申诉行为的可诉性：（1）在教师申诉行为中提出申诉的主体是特定的，即由取得教师资格的教师本人提出；（2）受理申诉的机关是特定的，是依法享有行政职权的国家行政管理机关，即教育委员会、人民政府以及有关行政管理部门；（3）申诉的范围是特定的，即教师依法享有的各项权利；（4）其处理程序和结果将直接对申诉人或被申诉人设定义务。因此，这一制度不同于行政复议、来信来访或一般的申诉，也不是内部行政行为，是行政机关在执行职务的管理活动中，对具体的人或具体的事所采取的能够产生法律后果的行为，是可诉性的具体行政行为。

行政诉讼是专门处理、解决行政案件的法律制度，这一制度对公民、法人或其他组织合法权益的保护是专门针对行政机关的行政职权而言的。因此，要保护这一合法权益，就必须依法监督行政机关行使职权，从而保护公民、法人或其他组织的合法权益不受侵害。在行政管理活动中，行政机关的行政行为是多种多样的，行政机关与公民、法人或其他组织之间发生的行政争议也是多种多样的。

如何认识和理解教师申诉制度？根据教师法的规定，教师担负着教书育人、培养社会主义事业的接班人和提高民族素质的使命。教师的法律地位既不同于传统的自由职业者，也有别于国家公务员，既具有专门性，也具有一定的公共性。只有经过严格选择和专门训练，并且通过国家教师资格考试的人，才能取得教师资格。教师法的实施，使教师资格、培训、考核、任用等方面的工作有

---

[1] 作者饶亚东，写作于1996年6月，该论文获得北京市人民法院第8届学术研讨会一等奖，最高人民法院第八届学术研讨会三等奖。

章可循、有法可依；使学校和教育机构对教师的管理走上科学化、规范化、法制化的轨道。教师除依法享有《教师法》第七条规定的基本权利外，《教师法》第三十九条又为教师特别规定了申诉制度。即教师在其合法权益受到侵害时，可以依照该法的规定，向主管行政机关提出申诉理由，请求处理。这是一项维护教师合法权益的行政救济程序的制度。为了认真贯彻、执行教师法，保护教师的合法权益，笔者就教师申诉行为的可诉性问题作如下探讨。

一、从教师申诉行为的内容看其可诉性

《教师法》第三十九条第一款规定：教师对学校或者其他教育机构侵犯其合法权益的，或者对学校或其他教育机构作出的处理不服的，可以向教育行政部门提出申诉。教育行政部门应当在接到申诉的三十日内作出处理。第二款又规定：教师认为当地人民政府有关行政部门侵犯其根据该法规定所享有的权利的，可以向同级人民政府或者上一级人民政府有关部门提出申诉，同级人民政府或上一级人民政府有关部门应当作出处理。这是教师法对教师申诉行为作出的规定。

从对教师申诉行为的构成内容来分析，《教师法》第三十九条给我们提供了认识这类行为的特殊性和适用法律调整的可能性。教师申诉制度具有如下特征：

（1）提出申诉的主体是特定的，即教师申诉行为的申诉人只能是依法取得教师资格的教师本人。教师由于身体状况或其他原因，不能直接到主管行政机关进行申诉时，也可以委托代理人代为申诉，代理人必须有教师本人的特别授权，并且是以教师本人的名义向主管行政机关提出。否则，其他任何人员无权提出。

（2）从受理申诉的主体看，成为行政主体应享有国家行政权力，能以自己的名义从事行政管理活动，并能独立承担由此所产生的法律责任的组织。教育工作是一种多层次的工作，需要各级人民政府、教育行政部门和其他有关的行政部门履行法定职责，维护和保障教师的合法权益。根据《教师法》第三十九条的规定，受理教师申诉的机关包括教育行政部门、人民政府或人民政府的其他职能部门。根据被申诉的对象不同，受理申诉的机关有所不同：教师如果是对学校或其他教育机构作出的决定提出申诉的，受理机关为主管的教育行政部门；如果是对当地人民政府的有关行政部门侵权其权利的行为提出申诉的，受理机关可以是同级人民政府或上一级人民政府有关的行政主管部门。两方面的受理机关均为国家行政管理机关，是代表国家对教师进行行政管理活动的机构，它们的职权是国家法律所赋予的，其行为的作出将直接影响到申诉人或被申诉人的权利和义务。因此，符合行政法学对行政主体的概述。

（3）从申诉人申诉的范围看，是教师法所规定的教师依法享有的各项权利。教师的权利是否被侵害，需要通过申诉后的查办程序才能予以确认。所以，教师认为学校或其他教育机构侵害了其合法权益的，就可以提出申诉。同时，教师对学校或其他教育机构作出的处理不服的，也可以提出申诉。但是，教师对当地人民政府的有关行政部门提出的申诉，仅限于《教师法》第七条规定的教师享有的六项合法权益，即：进行教育教学活动，开展教育教学改革和实施；从事科研、学术交流，参加专业的学术团体，在学术活动中发表意见；指导学生的学习和发展，评定学生的品行和学业成绩；按时获取工资报酬，依法享受福利休假等待遇；参与学校管理工作并提出意见和建议；以及参加进修或其他方式的培训。所以，从《教师法》第三十九条规定看，申诉人申诉的范围存在一定的差距。

（4）从申诉的处理活动看，教育主管部门、人民政府或行政主管部门对申诉的处理活动，是行使职权的行为。且处理结果将直接对申诉人和被申诉人产生法律后果，符合具体行政行为的特征。

以上特征，充分体现了教师申诉行为是一种行政管理行为。

二、从教师申诉行为与其他相关行为的区别看其可诉性

教师申诉行为作为教师法规定的一项维护教师合法权益的行政救济程序制度，具有与其他相应制度不同的特点。

（1）教师申诉行为是一项行政救济制度，不完全等同于行政复议行为。"行政复议"是上级行政机关对下级行政机关作出的具体行政行为进行监督的一种较为规范的活动。有权申请行政复议的只能是不服行政行为的利害关系人；而教师申诉行为只能是教师本人在其合法权益被侵害时提出。另一方面，教师申诉的内容因《教师法》第三十九条两款内容的不同而有所区别。第一款规定的申诉内容不是教育行政管理部门作出的行政处理决定，而是学校或其他教育机构作出的内部行为。它与行政复议的重要区别在于：行政复议是一种行政司法活动，是矫正违法或不当行政行为的监督活动；教师申诉行为则是行政救济程序，目的在于要求行政机关保护教师的合法权益不受侵害。而第二款与第一款又存在着本质上的不同，严格地讲第二款规定的申诉内容是一种准行政复议形式，但又与行政复议有着一定的区别。再者，教师申诉与行政复议的又一重要区别在于教师申诉的依据包括了学校、其他教育机构、人民政府以及有关职能部门的事实行为，而行政复议的依据必须是行政机关作出的具体行政行为。

（2）教师申诉制度是一项法定的申诉行为，它不同于一般的申诉，是一种有特色的申诉制度。所以，各级人民政府及其有关行政部门必须依法在规定的期限内作出处理决定，保障教师合法权益的落实。而一般的申诉，虽然对维护教师的合法权益也能起到一定的积极作用，但由于其没有明确的法律规定，在实施过程中往往带有很大的弹性和随意性，不能有效地发挥其应有的作用。这是教师法之所以要把一般的申诉制度上升为一项法律制度的重要原因。

（3）教师申诉行为同其他行政行为一样，受到侵害的教师有提起申诉和获得救济的权利。这是教师法专门为教师这一特定的专业人员设立的，只能由教师本人或其委托代理人提出。所以，教师申诉制度的专门性使之区别于一般的信访工作。所谓"信访工作"是指人民群众通过书信或上访形式向党和政府的各级组织等机构反映个人或集体的愿望和要求，提出批评和建议的方式。信访的形式还包括控告、检举、批评、建议和反映情况等形式，其范围和受理的主体都比教师申诉制度要宽得多。信访的处理只是对需要查处的，才予立案查处。而教师申诉制度中，对教师依法提出的申诉，受理的行政管理机关必须作出相应的处理。

（4）教师申诉行为是行政性的申诉制度，是行政主管机关依法对教师的申诉在其行政职权范围内作出行政处理的制度，其行政处理决定具有行政法的效力。这也是教师申诉行为有别于诉讼法上的申诉行为的特征。

三、从教师申诉行为的性质来分析其行为的可诉性

曾有人认为，虽然教师申诉行为不同于一般的申诉、控告、批评等制度，在其没有作出处理决定之前，并没有对教师本人造成侵害。所以，教师申诉行为属于内部行政管理行为。其理由是，教师与教育行政部门在管理上存在隶属关系，对教师的奖惩、聘用等行为是内部管理行为，不受《行政诉讼法》的调整。教师可以通过申诉向上一级行政机关、人事部门或监察部门反映，不应向人民法院提起诉讼。

那么，教师申诉行为究竟是内部行政行为，还是外部行政行为？是可诉性行政行为，还是不可诉行政行为？这要从行政行为的特征来分析。所谓"行政行为"是行政机关和法定授权的组织为实现行政管理目标执行公务的方式、方法的总称，行政行为最能反映行政实践中出现的各种问题，是联系政府与个人的纽带。从理论上分析，行政行为可分为内部行政行为和外部行政行为。

所谓"内部行政行为"是行政机关在执行公务中对行政机关及其内部工作人员作出的行为，包括对行政机关工作人员的奖惩任免行为、进出机关的管理行为，以及监察、审计及行政机关内部的审批、指示、授权、计划会议等行为，由此导致的行政纠纷，应由行政机关自己处理解决，人民法院不予干预。这类

行政行为不涉及社会上公民、法人或其他组织的合法权益问题，公民、法人或其他组织无权对此提起行政诉讼。"外部行政行为"则是行政机关对外部管理相对人作出的执行公务的管理行为，是对具体的人或事所采取的产生法律后果的行为，是具体的行政行为。两种行政行为的主要区别在于：行为对象及其所处的法律地位不同。如果该行为针对的是行政机关内部机构或人员，该机构和人员处于执行公务的法律地位，那么该行为属于内部行政行为。如果行政机关的行为针对的是非行政机关及工作人员，或者虽然是行政机关或工作人员，但他们处于和一般公民、法人或其他组织相同的被管理者的法律地位，都属于具体行政行为范畴。

通过以上分析，教师申诉行为是外部行政行为，属于可诉性行政行为。我们可以借助下述案例予以剖析。某职业高中体育教师卢某在授课时不慎将腰扭伤，休病假。直到痊愈后上班时，被学校通知解聘。卢某委托律师向该校所在区教育委员会递交了申诉书。区教育委员会在收到申诉书后三十日内未予处理，也未予答复。卢某依据《行政诉讼法》第十一条的规定，以区教育委员会拒不履行法定职责为由，向人民法院提起行政诉讼，要求法院判令区教育委员会履行法定职责。该案在立案审查阶段就存在分歧意见：卢某的起诉是否为人民法院行政诉讼受案范围？卢某对学校的解聘行为能否主张权利？

首先，我们需要对教师聘任制度的性质要有充分的认识。

《教师法》第十七条规定："学校和其他教育机构应当逐步实行教师聘任制"。教师的聘任制是聘任双方在平等自愿的基础上，由学校或教育行政部门根据教育、教学需要设置的工作岗位，聘请具有教师资格的公民担任相应的教师职务的一项制度。对不能尽职尽责地完成工作任务的教师，学校有权解除其教育职务。教师本人认为被聘的教学职务和工作任务同自己的学术水平和工作能力不相符，不利于自己的发展，也可以谢绝其所在单位的聘任。所以，"聘任"是学校和教师双方在法律地位平等的基础上签订的聘任合同。卢某与学校在签订聘用合同后聘用合同即发生法律约束力。卢某被学校解聘的行为应属单位内部的行为，不受行政诉讼法的调整。

其次，卢某对其所在学校将其解聘的行为能否主张权利？

教师聘任制是建立在双方平等自愿的基础上签订聘用合同的活动。《民法通则》第八十五条规定了合同的定义，即"合同是当事人之间设立、变更、终止民事关系的协议"。合同一经签订，即具有法律约束力，双方应当严格遵守，教师聘用合同也应如此。无论是学校解聘教师，还是教师辞去聘任，都应保护对方的合法权益。单方面解除聘用合同的行为不符合社会主义的法律规范。所以，卢某认为学校的解聘行为侵害了其合法权益，其有权向教育行政部门申请保护其依法享有的权利。

最后，就如何认识这一申诉行为，笔者认为，教师与学校或其他教育机构发生了纠纷，属于内部行为，不属于行政诉讼的管辖范围。但是，教师以此向教育行政部门提出申诉的行为，是申请教育行政部门予以处理。对教师的申诉进行管理的行为应当属于教育行政管理部门的行政职权范围，教育行政部门依法应当予以处理。

四、从教师申诉行为中的处理程序看其可诉性

1. 根据《教师法》第三十九条第一款的规定，教师认为学校或其他教育机构侵犯其合法权益提出申诉的，教育行政部门应当在接到申诉的三十日内作出处理。这就要求教育行政部门在接到申诉后，要进行审查，对符合申诉制度要求的，应当予以调查。并在此基础上，在法定期限内区别不同情况，分别作出处理决定。其中，可诉性行为应当包括两个方面：

（1）申诉人和被申诉人对处理决定不服有权向人民法院提起行政诉讼。

根据行政诉讼法的立法精神，行政诉讼制度是监督和维护行政机关依法行政的制度，又是保障公民、法人和其他组织合法权益的制度，要切实保护公民、法人和其他组织的诉权。虽然在教师法中未规定起诉条款，但是根据《行政诉讼法》第十一条第一款的规定，教师与学校或其他教育机构作为申诉人与被申诉人对教育行政部门作出的处理决定不服的，均有权向人民法院起诉，要求保护其合法权益。对于教育行政部门只作了口头答复，没有出具书面处理决定的，人民法院在进行审查时，不应受到有无书面处理决定的限制。对于是行政机关所为的、影响到管理相对人权利和义务的具体行政行为，不论有无书面决定，只要符合人民法院行政诉讼受案范围的，都应当予以受理。因此，行政诉讼法为教师申诉制度的进一步贯彻提供了程序上的法律保障。

（2）未在法定期限内作出处理决定，能否引发诉讼？

该案在审理过程中，有同志认为：被告在收到原告卢某的申诉书三十日内未作出处理意见，即没有具体行政行为，对原告的合法权益并未构成直接侵害，原告的起诉，法院不应予以支持。

根据《行政诉讼法》第十一条第一款第五项的规定，行政管理相对人申请行政机关保护其人身权、财产权的法定职责，行政机关拒绝履行或不予答复的，属于行政不作为，表现在实体上不给予相对人合法权益的实现或保护。该案件中，被告在法定期限三十日内未履行其法定职责，即为行政不作为。根据法学原理，只要是法律行为，无论是作为，还是不作为，均会对原法律关系的状态或新的法律关系的形成产生影响，尤其是行政行为。原告卢某以被告不履行法定职责为由，向人民法院提起行政诉讼，在形式上符合《行政诉讼法》第四十一条规定，人民法院应当予以受理。

2. 教师根据《教师法》第三十九条第二款规定，对政府有关行政部门侵犯其权利的，可以向同级人民政府或上一级人民政府有关部门提出申诉，同级人民政府或上一级人民政府有关部门应当作出处理。因在法条中未对行政主体限定履行期限及方式，行政主体有可能因此而逃避其不作为的责任，促使其故意拖延履行或不履行职责。这与确定行政诉讼法的立法目的有悖。那么，如何掌握期限是个现实问题，也就是说行政主体履行法定职责应当有一个合理期限作为参考标准。对于第二款规定的这种准行政复议程序，由于其存在着特殊性，不能完全沿用《行政复议条例》的"二个月"限制，对于《教师法》未作出明确履行期限的情况下，笔者以为在法无明文规定的情况下，可以比照《行政诉讼法》第三十九条的规定，类推行政机关对公民、法人或其他组织申请不予答复的，计算期限应为三个月为限，三个月期限届满，申请人未得到答复的，即可以向人民法院提起行政诉讼。

因此，教师管理工作同其他行政法律关系一样，受到法律的支配。无论是教师，还是教育行政部门，如有违反教师法规定的，都要承担相应的法律后果。同时，受到教育行政部门、人民政府或其他行政主管机关的具体行政行为不利影响的教师，可以请求人民法院予以审查、监督，有权得到司法上的救济。所以说，将教师申诉行为纳入司法监督范围有充分的必要性，具有理论和现实意义。

五、由审判实践引发的思考

《教师法》于 1994 年 1 月 1 日起实施已经两年有余❶，就具体操作方面，各地掌握不一。单就其中对第三十九条的认识，在教育部门内部就存在分歧意见。笔者曾带着一些疑虑走访了一些战斗在教育一线的人民教师。他们普遍认为，随着学校内部管理体制的改革，特别是教师聘任制和校长负责制的逐步推广，教师所享有的权利越来越受到限制。一些教师还提出，《教师法》第三十九条虽然为教师提供了行政救济制度，但通过身边一些教师的"告状无门"，反映出这条规定的设立徒有虚名。纵观以上分析，笔者认为教育行政部门、人民政府及有关部门目前急需解决如下问题：

1. 尽快建立、健全教师申诉行为的配套管理制度。《教师法》把提高教师的社会地位问题规定为各级人民政府的一项重要职责，使得尊师重教和落实教

---

❶　此处指距笔者写作此文的时间。——编辑注

师合法权益有了法律保障。所以，保障教师的合法权益是各级人民政府应当履行的一项职责。虽然，教师合法权益的实现离不开教师自身的争取，但同时也离不开学校及其他教育机构特别是教育行政部门和人民政府的努力。因此，对于《教师法》的第三十九条的贯彻与执行是否深入，关系到教师合法权益能否得到充分的保护。各级人民政府及有关部门应当依照《教师法》的规定，采取相应的措施建立和健全规范化的教师申诉行为的受理、处理制度。

2. 以立法形式完善《教师法》第三十九条的内容，增强操作性。笔者通过行政法理论及审判实践，在此将教师申诉制度中的个别突出问题提出来，仅供读者参考。

（1）《教师法》第三十九条虽然规定了教师申诉制度，但是没有明确规定相对人（教师、学校或其他教育机构）的诉权及起诉期限。根据《行政诉讼法》第三十九条的规定，公民、法人或其他组织直接向人民法院提起诉讼的，应当在知道作出具体行政行为之日起三个月内提出，逾期不起诉的，即丧失请求法院保护的权利。有书面决定的，从书面决定送达之日起算；无书面决定的，从口头通知时认定其应知道。但是，如果行政机关在作出具体行政行为时，未告知当事人的诉权或起诉期限的，其诉讼期限应从当事人实际知道诉权起计算，最长不得超过一年。按照上述原则，应在制定教师法的实施办法中明确相对人的诉权及起诉期限，有利于充分保护教师、学校或其他教育机构的合法权益。

（2）《教师法》第三十九条对教师在何时提出申诉，没有明确规定。教师申诉行为作为一种行政救济程序是解决教师与学校或其他教育机构争端的手段。如果教师在事端发生多年以后才提出申诉请求，一方面不利于问题的解决，另一方面为调查取证工作带来困难。建议能够在教师法实施办法中对教师提出申诉请求的期限作出明确的规定。这样做，有利于当事人的权利得以及时保护。

（3）聘任合同是聘任单位与被聘任人员共同订立的，规定双方权利义务的证明文件。合同一经签订，即具有法律约束力。教师聘任制是社会主义市场经济发展和教育改革的产物，打破了教师的终身任用制。如何确保聘任制工作在健康有序的轨道上发展，逐步使聘用制度规范化，以教师法现有的条款还存在不足，需要制定严格的程序，使聘任工作规范化，避免社会上不正之风的影响。

因此，教师申诉制度能否真正发挥作用，仅有《教师法》第三十九条是不够的。急需建立健全一整套配套制度，以保障教师申诉的渠道通畅和这一行政救济申诉制度的贯彻和执行，使教师申诉制度真正地在规范化的轨道上正常运行。

参考书目

《中国司法审查制度》罗豪才主编，北京大学出版社

《行政行为法》应松年主编，人民出版社

《行政诉讼与行政执法的法律适用》姜明安主编，人民法院出版社

《行政法学》王连昌主编，中国政法大学出版社

《行政诉讼法学》应松年主编，中国政法大学出版社

《行政诉讼法贯彻意见析解》黄某主编，中国人民公安大学出版社

《行政诉讼法释义》胡康生主编，北京师范学院出版社

《行为法学》谢邦宇等著，法律出版社

《教师法学习宣传讲话》全国人大教科文卫委员会教育研究室主编，北京师范大学出版社

《教师法学习与实施指导》国家教委人事司、政策法规司组织编写，科学普及出版社

六、入选"推动中国法治进程十大行政诉讼典型案例"发言

对大学公权力的监督是现代法制的进步❶

感谢会长先生的邀请，很荣幸参加中国法学会行政法研究会举办的"推动中国法治进程十大行政诉讼典型案例"发布会。

在一个现代文明国家里，司法就是守护公平正义的最后一道防线。对于法院人来说，公平正义就是法官职业所要追求的价值坐标。作为一名法官，很荣幸在中国法治进程中留下自己的脚印。1989年4月4日，《行政诉讼法》颁布，我有幸成为第一批实践者，从1990年2月开始，我与行政审判事业结下了不解之缘。行政诉讼法在颁布实施后一直被誉为一部超前法律，我们在审判实践中遇到很多难题。案子收进来了，就要解决怎样判出去的问题。怎么判？在法无明文规定、案无先例可循的情况下，每一件案子都涉及法制建设面临的诸多难题和挑战，行政法官们能做的就是从基础做起，深入细致研究行政诉讼法以及部门法，审慎处理好每一件案件。

在北京，在海淀，有得天独厚的学术研究氛围，更有着丰富的案例素材。"田某案"就是在这样的环境中产生的。最早引起我关注的是一篇新闻，《北京晨报》1998年9月21日第一版以《这起作弊冤案何时能平反》为题，报道了

---

❶　2019年3月31日，笔者参加"推动中国法治进程十大行政诉讼典型案例"发布会，本文根据会上的发言内容整理成文。

大学生田某在考试中途上厕所时，身上掉下一张小纸条，学校因此认定他考试作弊，勒令退学。系里、学院，包括 7 名博士生导师在内的 30 名资深教师为其申诉的事件。文章以犀利的笔锋，触及到长时期以来，司法、行政对教育领域中的教育权与受教育权发生纠纷时无从管理的问题，为法学界人士提供了新鲜的研究课题。作为长期从事行政审判的法官，这也引起了我的关注。

没想到，《北京晨报》的这则消息成了一个具体的行政案件。原告田某起诉，要求被告北京科技大学履行颁发毕业证书、学位证书等法定职责。更没想到的是，原告的代理人是马怀德老师。怎么审，审什么？我深感压力。之前，我们一直审理的是传统的行政案件，被告都是国家行政机关。大学一直被作为事业单位，大学自治、学术自由都自成体系，高等教育学府怎么当行政诉讼的被告？虽然，《行政诉讼法》第二十五条规定了法律法规授权的组织也是行政诉讼的被告，但是，在教育法中并没有明确的法律规定，以及相应的法律救济程序。所以，高校当行政诉讼的被告，确实开了先河。大学享有法律赋予的公权力，对于公权力的监督是现代法制的进步，大学也不应有例外。

在审理田某案件之前，在教育领域，教师与学校、学生与学校之间的纠纷频繁发生，能够引起司法调整的案例凤毛麟角，法院在处理方式上存在差别。案例 1，河南省平顶山煤矿技术学校责令退学、注销学籍的决定案中，1995 年，法院受理后，认定被告是法律法规授权的组织，以被告违反法定程序为由，判决撤销了被诉决定并责令恢复四原告的学籍。案例 2，哈某诉文化部劝其退学的决定案中，1997 年，大学生哈某申诉无门，将文化部诉至法院，法院认为不属于行政诉讼受案范围，裁定不予受理。从积累的资料看，解决教育纠纷的方式、结果存在不同。在解决问题的途径方面，有的采取民事诉讼，有采取信访形式。

亲历审判和研究媒体报道的案例，为我继续研究教育领域内的纠纷如何处理提供了大量的素材。我发现，在教育领域中因招生不公平问题，在施教过程中学生与学校之间的纠纷，招生和毕业中的乱收费问题，教师与学校之间在聘用待遇、服务与处分、保障，以及社会力量办学等纠纷不断发生。这些纠纷属于什么性质，如何解决，谁来解决都是难点问题。

在田某案中，明确了三个问题：

第一，教育者的颁证权力的取得是法律赋予的权力，是代表国家对受教育者的学习经历、学业水平作出的评价，与国家行政管理机关为管理相对人颁发的许可证同类。所以，我在判决书中是这样写的："根据我国法律规定，高等学校对受教育者有进行学籍管理、实施奖励或处分的权力，有代表国家对受教育者颁发相应的学业证书、学位证书的职责。受教育者在经过考试合格录取后，即享有该校的学籍，取得了在校学习资格。教育者在对受教育者实施管理中，虽然有相应的教育自主权，但不得违背国家法律、法规和规章的规定。"

第二，受教育者必须完成教育者制定的教育教学计划，以考试合格为基础。获得公正评价权是学生通过参加学习、考试之后，由教育者对学生进行品行考核，对学生的学业成绩和品行作出公正的评价。学校或其他教育机构应当依法对符合规定条件的学生颁发相应的学历证书；经国家批准设立或认可的学校及其他教育机构按照国家有关规定，达到一定学术水平或专业技术水平的人员授予相应的学位，颁发学位证书。这就意味着学历、学位证书的发放行为是一种国家特许的权利，这种权利的行使应当接受来自行政和司法的监督是不容争辩的事实。学历证书、学位证书制度是国家为保证教育活动有序进行和保障教育质量的行政管理制度，学生通过了学校安排的学习、考试、考核，达到一定水平，有权取得教育者颁发的相关证书。

1999 年，田某案例入选《最高人民法院公报》，并获得当年优秀公报案例一等奖。最高人民法院公报案例指出："按退学处理，涉及被处理者的受教育权利，从充分保障当事人权益的原则出发，作出处理决定的单位应当将该处理决定直接向被处理者本人宣布、送达，允许被处理者本人提出申辩意见。北京科技大学没有照此原则办理，忽视当事人的申辩权利，这样的行政管理行为不具有合法性"。

第三，正当程序的提出。合法的行政程序是保障行政行为合法的前提。本案中涉及对学校的纪律处分原则的研究。纪律处分虽然不同于行政处罚，但是在世界范围内已经形成共识：严重的纪律处分，涉及被处分人的重大的权益的，构成行政行为，也应当遵循正当程序原则。正当程序的原则具体表现为三个制度：一是听证制度，二是辩护制度，三是说明理由。行政主体在作出对相对人合法权益产生不利影响的行政行为时，除法律有特别规定外，必须向行政相对人说明其作出该行政行为的事实因素、法律根据以及进行自由裁量时所考虑的政策、公益等因素。

关于行政说明理由的研究在田某案件审理的时候属于行政法学的前沿课题，随着近年来我国法学界对程序正义的大力宣传介绍，人们对健全的程序在国家法律中的作用的认识日益普及深化。《行政处罚法》从保障行政相对人的知情权、申辩权出发，正式把正当程序理论写进法律中。通过阅览司法文献，请教专家学者——当年我们请教了北大、人大和法大的教授，多次论证，最终，我们正式提出了要遵循保护当事人申辩权的原则，在判决书中大胆地论述了应当保护当事人的申辩权，指出被告没有听取当事人的申辩，这样的行政管理行为不合法。

在判决书中是这样写的："退学处理的决定涉及原告的受教育权利，从充分保障当事人权益原则出发，被告应将此决定向本人送达、宣布，听取当事人的申辩意见。而被告既未依此原则处理，尊重当事人的权利，也未实际给原告办理迁移学籍、户籍、档案等手续……上述一系列工作虽系被告及其所属院、系的部分教师具体实施，但因他们均是在被告领导下完成的职务工作，故对上述行为所产生的法律后果，被告理应承担。"

七、首案法官谈首案

荣耀的背后是激情与担当❶

感谢北京市高级人民法院举办的首案展，既让我们做过首案的法官们自豪，也让我们通过参观展览这些里程碑式的案例，激发干劲。每件展品，每一件案子，每一份史料，都凝聚着法院人的汗水和辛劳，承载着司法的公正与智慧，有力地展示了司法文明与进步，更传递着法院人的责任与担当。作为"首案"法官的代表，我很荣幸参加首案展的开幕式，首案展从"一号公告"到20世纪80年代以来的里程碑式的判决，都凝聚着各个时代法官们的智慧，彰显了首善法院的责任和追求，很多经典案件还弥补了法律的空白，法官们通过一个个鲜活的判决认真诠释了法律的意义，让大众真正感受到了公平和正义，作为首善法官，很自豪能够在法治进程中留下自己的足迹，为法律进步做出贡献，是我的最大荣耀。

第一，法官的荣耀莫过于由审判推动法治进程。

当我主审的田某案件入选最高法院指导案例的时候，年轻同事曾问我，判决书写入教科书是什么感觉？我当时的回答是：一辈子足矣。回顾这三十多年的工作轨迹，从不谙世事的走入法院大门担任书记员开始，到今天能够成长为一名有着丰富审判经验的资深法官，身上刻着首都法院的烙印。三件案子入选北京市高级人民法院新中国成立以来的首例案件展览，确实心里美滋滋的，美的是，自己在法院工作了一辈子总算有几件案子被大家记住，这辈子值了。尤其是在整理首案的工作中，看到这些曾经的裁判，我很欣慰在工作过的单位都能留下坚实的脚印。在这三十几年的工作历程中，我确实有很多案件值得去回

---

❶ 作者饶亚东，根据 2017 年 8 月在北京市高级人民法院举办的《首案法官谈首案》访谈中的发言内容整理。

忆和思考，在那些案件中，我收获了很多，无论是专业素质，还是人生阅历，还是深厚的法院文化精神，都融入了骨子里。在职业生涯里，特别要感谢一路上培养教育我的师傅、领导和同事们，回忆当年办的那些大要案，在办案过程中，院长和庭长手把手地教我，让我学习到很多工作经验，包括业务素质、政治形势和处事原则，比如庭审驾驭能力，比如答记者问方法，比如运用行政法平衡理论把握好行政案件的裁判尺度，等等。回忆那些场景，只有我们一起经历的同志们才能体会到审理那件案子的艰难。虽然这些典型案例署上了法官的名字，但是法官也不是个体在作战，在裁判背后还有很多的无名英雄，所以我还要感谢我的所有徒弟们，是你们的默默奉献，支持着我，让我坐在审判席上不为琐碎事烦扰，专心判案，静心思考，才能造就今天值得炫耀的优秀裁判。

　　这次参加访谈节目，重拾当年的回忆，很多情节还是那么清晰，甚至具体到开庭地点、宣判日期，以及那些年里讨论案件时候的精彩瞬间都历历在目。在审理田某案件之前，我在《北京晨报》上看到几名大学教师为自己的学生申诉无门的报道，没想到，几天之后，这个案子就交给了我。拿到案子，怎么审？审什么？都是棘手的难题。之前，我们一直审理的是传统行政案件，被告都是行政机关。在1998年，教育行政类案件也才刚刚确定了教师申诉权应当给予司法救济。而学生的受教育权和申诉权如何保障，相关的法律法规并没有相应的规定。虽然，《行政诉讼法》第二十五条规定了法律法规授权的组织可以是行政诉讼的被告，但是，高等学校是事业单位，学校自治以及学术自由都已经自成体系，没有给法院受理行政案件明确具体的救济程序。就像当年行政诉讼法实施以后，法院受理案件有很大的难度，对于没有明文法律规定的行政行为，法院无法受理。而田某案件的被告是高校，虽然不是传统意义上行政机关，但是大学享有国家法律赋予的公权力，对于公权力的监督是现代法制的进步，不应有例外。所以说，受理田某告北京科技大学行政案件是开了先河。虽然，行政诉讼法在发布之后，一直被誉为一部超前法律，行政法官们更是信心满满地手捧着这部最先进的法律，每天在行政诉讼法和当年的"115条司法解释"（即《最高人民法院关于贯彻执行〈中华人民共和国行政诉讼法〉若干问题的意见（试行）》）中寻找准确的答案。但是仅有这两部先进的法宝，还是不能解决我遇到的难题。在法无明文规定的情况下，驱使我寻找答案的是法官心中养成的朴素的程序正义理念，在请教行政法教授的过程中，我才开始接触正当程序理论。经过查阅行政法专业书籍、多方求教论证，终于在程序正义方面寻找到了解决田某案难题的切入点。于是，从对行政相对人的权利救济方面，我在判决书中大胆地论述了应当依法保护当事人的申辩权，坚定地指出被告没有听取当事人的申辩，这样的行政管理行为不合法。这个案子在 1999 年 2 月 14 日宣判，当年入选最高法院公报案例，并获得全国优秀公报案例一等奖。之后，在 2014 年又被最高人民法院确定为指导案例，作为同类案件的示范加以遵守。从此，正当程序原则的运用被正式得到了肯定。而对于在田某案件中没有研究透彻的问题，我在刘某文诉北京大学案中又作了进一步的论述。我从这两起案件的审理中，探索了依法保障受教育者的申诉权和对享有公权力的机构进行司法监督的审判规则，推动了相关行政法规的立法修法进程。同时，还触动了教育领域，很多教育类的行政管理规定都陆续进行了调整，法院的司法权威在更大地发挥作用。

第二，法官不需要掌声和鲜花，需要的是冷静思考和勇于担当的热情。

作为第一代行政法官，手捧着当时最先进的行政诉讼法实践了二十多年。"高官出庭应诉"入选首案，并不是我的这个判决写得多漂亮，而且这个案件对背后的法制环境有更深层次的影响。行政审判从三十年前开始，一路走来，从开始的艰难到后来的困惑，再到创新，展现了这个群体的智慧和担当。"在夹缝中求生存""在斗争中求发展"正是第一代行政法官们小心探索、大胆追求的时代缩影。在 2004 年，"高官出庭应诉"实属新鲜事，是法官们通过司法智慧，推进行政法治进步的成果。这才有了在 2015 年修订的《行政诉讼法》中，将行政机关负责人出庭作为一项法律制度写入法中，推进依法治国的进程，这也让行政法官们有了尊荣感。

1999 年 12 月，我审理的刘某文案当庭宣判，当我刚刚宣读完判决主文，三百多人的大法庭里响起了热烈的掌声。当年还没有法槌，我对着麦克风说道：请保持法庭肃静！接下来，我要把程序进行完毕，于是继续向各方当事人告知了诉讼费的承担和上诉权。这个事例被山东省高级人民法院纳入了法官考试题。很多人不理解，这个法官怎么不为掌声所感染？其实，这是法官们在长期的冷静审慎的工作中培养的素质。

有挑战，就有激情，这才是我入选第三件案子的背景。在访谈节目中，我说道"在法院工作了三十多年，遇到几个好案子很自然，我的运气不错，遇到过很多的疑难案件"。说句心里话，与大多数法官一样，在职业生涯中，都会遇到这种或那种的困难，尤其是对那些没有先例可循的案件更能激发我的探索兴趣。每每遇到这样的案件，我的做法是，自己先要研究明白，做好和当事人对话的准备，才能让当事人信服。在那个没有互联网的时代，我只有从书中寻找答案，法学书籍、法律条文的释义、法律起草的方案以及一些政策类的书籍都是我寻求答案的依据；还有，就是向专家学者们请教，听取多种意见。现在多好，在互联网时代，我们有大数据的帮助，当遇到疑难案件的时候，有类案检索，这么好的时代，法官更不能躲着走了，更要有迎难而上的斗志和信心。

所以，我在访谈最后阶段说："机会总是留给有准备的人，在工作中，要善于发现问题，勇于挑战；要善于抓住机遇，敢于创造先例"。

第五章
相关裁判文书

一、田某案一审行政判决书

北京市海淀区人民法院（1998）海行初字第142号行政判决书

原告田某，北京科技大学应用科学学院物理化学系学生。

委托代理人马怀德，北京市大通-正达律师事务所律师。

委托代理人孙雅申，北京市通正律师事务所律师。

被告北京科技大学，住所地本市海淀区学院路30号。

法定代表人杨天钧，校长。

委托代理人张锋，男，中国政法大学副教授。

委托代理人李明英，女，北京科技大学校长办公室主任。

原告田某诉被告北京科技大学拒绝颁发毕业证、学位证，于1998年10月19日来院起诉，本院受理后，依法组成合议庭，公开开庭审理了此案。原告田某与其委托代理人马怀德、孙雅申；被告北京科技大学的委托代理人张锋、李明英到庭参加诉讼。现本案已经审理终结。

原告诉称，1996年2月29日，其参加电磁学补考时，无意将写有公式的纸条带到考场，在考试时未查看。中途其上厕所时掉出，被教师发现。学校错误地认为其考试作弊，并作出退学决定。但该决定并没有正校及相关部门也未按此决定执行。1996年9月学校为其补办了丢失的学生证，使其一直正常参加学习和学校组织的一切活动，重修了电磁学课程，经考试合格，参加了学校组织的英语及计算机等级考试并获得了相应的证书；又按学校计划参加了毕业实习设计、论文答辩，学校按照标准发放了毕业设计费；还参加了学校组织动员的义务献血活动。其按规定向学校缴纳教育费用、注册学籍，在学校学习期间，完成了被告制定的教学计划，学习成绩和毕业论文已经达到高等学校毕业的要求。然而，1998年6月临近毕业时，学校通知系里，以其不具备学籍为理由，拒绝颁发毕业证书、学位证书和毕业派遣手续。根据《中华人民共和国教育法》《中华人民共和国学位条例》及《中华人民共和国学位条例暂行实施办法》的规定，被告应当履行颁发毕业证书、学位证书等法定职责。因此，要求法院判令被告：一、为其颁发毕业证书、学位证书；二、及时有效地为其办理毕业派遣手续；三、赔偿经济损失3000元；四、在校报上公开向原告赔礼道歉并为其恢复名誉；五、承担本案诉讼费。

被告辩称，本校根据原国家教委关于严肃考场纪律的指示精神，于1994年制定了校发（94）第068号《关于严格考试管理的紧急通知》（以下简称《068号通知》），该通知规定，凡考试作弊的学生一律按退学处理，取消学籍。1996年2月29日，原告在电磁学课程的补考过程中，因夹带写有电磁学公式的纸条，被监考教师发现，并当即停止田某的考试。学校以《068号通知》的规定，于1996年3月5日在学校的"期末考试工作简报"中通报了田某考试作弊一事，并决定对田某按退学处理，之后向学校的各部门发送了有关对田某进行退学处理的九联单，通知各部门办理田某的退学手续，并通过校内信箱向原告所在的学院送去了九联单中属于原告本人的一联，至此原告的学籍已被取消。但由于原告本人不配合办理有关手续，学校的一些部门工作不到位，部分教职工不了解情况等原因，造成田某被退学后仍继续留在学校学习的事实。但学校某些部门及教师默许原告参加学习等活动的行为不代表学校，也不表明恢复了原告学籍。因此，学校对田某作出的退学处理是正确的。田某已经不具备学籍，也就不具备高等院校大学生的毕业条件，本校不能为其颁发毕业证书和学位证书，因而也不能为其办理有关的毕业派遣手续。因此，请法院依法驳回原告的诉讼请求。

在公开审理中查明，原告田某于1994年9月考取北京科技大学，获得本科生的学籍。1996年2月29日原告在电磁学课程的补考过程中，随身携带写有电磁学公式的纸条。考试中，在上厕所时纸条掉出，被监考教师发现。监考教师虽未发现其有偷看纸条的行为，但还是按照考场纪律，当即停止了田某的考试。被告根据《068号通知》，于同年3月5日认为田某的行为属作弊行为，于当年4月10日填发学籍变动通知，对原告按退学处理，但未直接向原告宣布、送达，也未对田某办理有关退学的手续，田某继续在校以该校大学生的身份参加正常学习及学校组织的活动。1996年3月，原告因学生证丢失未进行1995至1996年度第二学期的注册，1996年9月被告为原告补办了学生证，之后每学期均收取原告缴纳的教育费，并为原告进行注册、发放大学生补助津贴、安排田某参加了大学生毕业实习设计，由其论文指导教师领取了学校发放的毕业设计结业费。原告还以该校大学生的名义参加考试，先后取得了大学英语四级、计算机应用水平测试 BASIC 语言成绩合格证书。被告对原告在该校的四年学习中，原告的学习成绩全部优良，通过毕业实习、设计及论文答辩，获得优秀毕业论文及毕业总成绩为全班第九名的事实无争议。1998 年 6 月，原告所在院系向学校报送田某所在班级授予学士学位表时，学校有关部门以田某已按退学处理、不具备北京科技大学学籍为由，拒绝为其颁发毕业证书，进而未向教育行政部门呈报毕业派遣资格表。田某所在应用学院及物理化学系认为原告符合毕业和授予学士学位的条件，但由于当时原告的毕业问题正在与学校交涉，故学院暂时未在授予学位表中签字，待毕业问题解决时再签。因被告的部分教师为田某一事向原国家教委申诉，国家教委高校学生司于 1998 年 5 月 18 日致函学校，认为学校对田某违反考场纪律一事处理过重，建议复查。同年 6 月 5 日，被告复查后，仍然坚持原结论。

在公开庭审活动中，本院对被告及原告提交的证据进行了质证。被告提交的证据包括：原告于 1996 年 2 月 29 日的书面检查、二位监考教师的书面证言，能够证明被告认定原告在考试中随身携带了与考试科目有关的纸条，但未发现其偷看的事实；原国家教委《关于加强考试管理的紧急通知》、校发（94）第 068 号"关于严格考试管理的紧急通知"、原国家教委有关领导的讲话，以上 3 份文件不属于《中华人民共和国行政诉讼法》第五十三条所规定的适用或参照的法律范畴；北京科技大学教务处关于田某等 3 人考试过程中作弊，按退学处理的请示、期末考试工作简报、学生学籍变动通知单，以上书证能够证明被告于 1996 年 4 月 10 日曾对原告作出按退学处理的决定，但并不能够证明被告将上述决定直接送达原告，也不能证明该决定实际执行；原国家教委高校学生司函、被告对田某考试作弊一事复查结果的报告，能够证明被告部分教师为田某提出申诉，原国家教委有关部门要求被告复查，以及被告作出复查意见的过程；关于给予北京科技大学学生王某勒令退学处分的决定、期末考试工作简报 7 份，以上书证与本案无必然联系，不能成为本案的证据；唐某兰等教师证言、考试成绩单、1998 届学生毕业资格和学士学位审批表、学生登记卡、学生档案登记单、学校保卫处户口办公室书证、学籍变动通知单第四联及第五联、无机 94 班级人数统计单，以上书证均为被告在诉讼期间未经本院同意自行调取的，该行为违反了《中华人民共和国行政诉讼法》第三十三条的规定，不应作为本案事实证据。

原告向法庭提交的证据包括：1996 年 9 月被告为原告补办的学生证，学号为 9411026，能够证明被告从 1996 年 9 月为原告补办学生证并逐学期为原告进行学籍注册，使其具有北京科技大学本科学生学籍的事实；献血证、重修证、准考证、收据及收费票据、英语四级证书、计算机 BASIC 语言证书、同学两份证言、实习单位 1997 年 8 月出据书证、结业费发放书证，以上书证能够证明原告在被告的管理中，以该校大学生的资格进行学习、考试和生活的相关事实；学生成绩单能够证明原告在该校四年的学习中取得的学习成绩；加盖有被告主管部门印章的北京地区普通高校毕业生就业推荐表，能够证明被告已承认了原告具备应届毕业生的资格；应用学院的书证，证明田某已经通过了全部考试及论文答辩，其掌握的知识和技能已具备毕业生的资格，学院等待问题解决之后，为田某在授予学位表上签字的事实。

本院认为，根据我国法律规定，高等学校对受教育者有进行学籍管理、实施奖励或处分的权力，有代表国家对受教育者颁发相应的学业证书、学位证书的职责。受教育者在经过考试合格被教育者录取后，即享有该校的学籍，取得了在校学习资格。教育者在对受教育者实施管理中，虽然有相应的教育自主权，但不得违背国家法律、法规和规章的规定。本案原告在补考中随身携带纸条的行为属于违反考场纪律的行为，被告可以按照有关法律、法规、规章及学校的有关规定处理，但其依本校制定的《068 号通知》的有关规定对原告作退学处理，直接与《普通高等学校学生管理规定》第二十九条规定的法定退学条件相抵触。而且退学处理的决定涉及原告的受教育权利，从充分保障当事人权益原则出发，被告应将此决定向本人送达、宣布，允许当事人提出申辩意见。而被告既未依此原则处理，尊重当事人的权利，也未实际给原告办理迁移学籍、户籍、档案等手续。原告在 1995 年至 1996 年年度第二学期虽因丢失学生证未能注册，但被告 1996 年 9 月又为其补办了学生证并予注册的事实行为，应视为被告改变了其对原告所作的按退学处理的决定，恢复了原告的学籍。被告又安排原告修满四年学业，参加考核、实习及作毕业设计并通过论文答辩等。上述一系列工作虽系被告及其所属院、系的部分教师具体实施，但因他们均是在被告领导下完成的职务工作，故被告应承担上述行为所产生的法律后果。

国家实行学业证书制度，被告作为国家批准设立的高等学校，对取得普通高等学校学籍，接受正规教育、学习结束达到一定的水平和要求的受教育者，应当为其颁发相应的学历证明，以承认该学生具有的相当学历。原告符合上述高等学校毕业生的条件，被告应当依《中华人民共和国教育法》第二十八条第一款第五项及《普通高等学校学生管理规定》第三十五条的规定，为原告颁发大学本科毕业证书。

国家实行学位制度，学位证书是评价个人学术水平的尺度。被告作为国家承认的高等学校学士学位授予机构，应依法定程序对达到一定学术水平或专业技能水平的人员授予相应的学位，颁发学位证书。依《中华人民共和国学位条例》第四条规定的学生，授予学士学位。依《中华人民共和国学位条例暂行实施办法》第四条、第五条、第十八条第三项规定的颁发学士学位证书的法定程序要求，被告应首先组织有关院、系审核原告的毕业成绩和毕业鉴定等材料，确定原告是否已较好地掌握本门学科的基础理论、专业知识和基本技能，是否具备从事科学研究工作或担负专门技术工作的初步能力；再决定是否向学位评定委员会提名列入学士学位获得者的名单，学位评定委员会方可依名单审查通过后，由被告对原告授予学士学位。

关于高等院校的毕业生派遣问题，国家实施的是由各省、自治区、直辖市的主管毕业生调配的部门按照国家教委下达的就业计划，签发本地区内普通高等学校《毕业生就业派遣报到证》。根据《普通高等学校毕业生就业工作暂行规定》第九条的规定，教育者在办理毕业生就业中应当履行的职责是将取得毕业资格的大学毕业生的有关毕业分配资料上报其所在地的高校行政主管部门，以供当地教育行政部门审查和颁发毕业派遣证。原告取得大学毕业生的资格后，被告理应按上述程序履行其职责。

虽然原告因被告的行为未能按时办理毕业手续，致使原告失去与同学同期获得工作的机会，可能失去取得一定劳动收入的机会。但是，根据《中华人民共和国国家赔偿法》第三条、第四条的规定，国家赔偿的范围应当是违法的行政行为对当事人的人身权或财产权造成的实际侵害。本案被告拒绝颁发证书的行为，未对原告形成人身权和财产权的实际损害。且，国家目前对于大学生毕业分配实行双向选择就业的政策，原告以被告未按时颁发毕业证书致使其即得利益造成损害的主张不成立，被告不承担赔偿责任。被告对原告作出退学决定虽然无法律依据，但原告在考试中违反考场纪律，携带与考试有关纸条的事实客观存在。被告依此事实认定原告违纪，未对原告的名誉权造成实际损害，因此对于原告起诉要求法院判令被告赔偿损失、赔礼道歉并在校报上为其恢复名誉的诉讼主张本院不予支持。

综上，依照《中华人民共和国教育法》第二十一条、第二十二条、第二十八条第一款第五项，《中华人民共和国学位条例》第四条，《中华人民共和国学位条例暂行实施办法》第三条、第四条、第五条、第十八条第三项，《中华人民共和国国家赔偿法》第三条、第四条及《中华人民共和国行政诉讼法》第五十四条第三项的规定，根据《中华人民共和国行政诉讼法》第五十三条的规定，参照《普通高等学校学生管理规定》第十二条、第三十五条及《普通高等学校毕业生就业工作暂行规定》第九条的规定，判决如下：

一、被告北京科技大学在判决生效之日起30日内向原告田某颁发大学本科毕业证书；

二、被告北京科技大学在判决生效之日起60日内组织本校有关院、系及学位评定委员会对原告田某的学士学位资格进行审核；

三、被告北京科技大学于本判决生效后30日内履行向当地教育行政部门上报有关原告田某毕业派遣的有关手续的职责；

四、驳回原告田某的其它诉讼请求；

诉讼费用80元，由被告北京科技大学负担60元（于本判决生效后7日内缴纳），由原告田某负担20元（已缴纳）。

如不服本判决，可在判决书送达之日起15日内，向本院递交上诉状，并按照对方当事人的人数提出副本，上诉于北京市第一中级人民法院。

审　判　长　　王振峰

审　判　员　　饶亚东

审　判　员　　王　燕

一九九九年二月十四日

书　记　员　　李宏志

二、田某案二审行政判决书

北京市第一中级人民法院（1999）一中行终字第73号行政判决书

上诉人（原审被告）北京科技大学，住所地北京市海淀区学院路30号。

法定代表人杨天钧，校长。

委托代理人张锋，中国政法大学副教授。

委托代理人李明英，北京科技大学校长办公室主任。

被上诉人（原审原告）田某，北京科技大学应用科学学院物理化学系学生。

委托代理人马怀德，北京市大通－正达律师事务所律师。

委托代理人孙雅申，北京市通正律师事务所律师。

上诉人北京科技大学因拒绝履行颁发毕业证、学位证职责一案，不服北京市海淀区人民法院（1998）海行初字第142号行政判决，向本院提起上诉。本院依法组成合议庭，对本案进行了审理，现已审理终结。

1999年2月14日，原审法院判决认定，原告在补考中随身携带纸条的行为属于违反考场纪律的行为，但被告依本校制定的校发（94）第068号《关于严格考试管理的紧急通知》（以下简称《068号通知》）的有关规定内容对原告作退学处理，直接与《普通高等学校学生管理规定》第二十九条规定的法定退学条件相抵触。而且退学处理的决定未直接向本人送达、宣布，未允许本人提出申辩意见，也未实际给原告办理注销学籍、迁移户籍、档案等手续，原告在1995年至1996年年度第二学期虽因丢失学生证未能注册，但被告1996年9月又为其补办了学生证并予注册的事实行为，应视为被告改变了其对原告所作的按退学处理的决定，恢复了原告的学籍。之后，原告实际修满四年学业，参加学校安排的考核、实习及作毕业设计并通过论文答辩等。故被告理应承担由上述行为所产生的法律后果。因国家实行学业证书制度、学位制度，故被告作为国家批准设立的高等学校，对符合高等学校毕业生条件的原告应依法办理大学本科毕业证书，并应依法定程序组织本校有关院、系及学位评定委员会对原告的学士学位资格进行审核。原告在取得大学毕业生资格后，被告还应依照有关程序履行向当地教育行政部门上报原告毕业派遣的有关手续的职责。原告所提赔偿之诉，因其未受到人身权和财产权的实际损害，故其主张不成立。原告所提名誉权损害之诉，因其在考试中违反考场纪律，携带与考试有关纸条的事实客观存在，故被告依此事实认定原告违纪，未对其名誉造成实际损害。据此，原审法院判决：一、被告北京科技大学在判决生效之日起三十日内向原告田某颁发大学本科毕业证书；二、被告北京科技大学在判决生效之日起六十日内组织本校有关院、系及学位评定委员会对原告田某的学士学位资格进行审核；三、被告北京科技大学于本判决生效后三十日内履行向当地教育行政部门上报有关原告田某毕业派遣的有关手续；四、驳回原告田某的其它诉讼请求。判决后，北京科技大学不服，以田某已被取消学籍，原判认定北京科技大学改变了对田某的处理决定，恢复了田某学籍的事实认定错误；北京科技大学依法制定的校规、校纪对所属学生作出处理属于其办学的自主权，任何组织和个人不独以任何理由干涉；以及北京科技大学提交的从教学档案中提取的有关证据不应属于违法取证，法院应予才信等理由，上诉至本院，请求判决撤销原判，驳回田某的诉讼请求。田某同意原判，以原判认定事实清楚，证据确凿，适用法律得当，判决正确、合法为由，请求维持原判。

本院经审理查明，被上诉人田某于一九九四年九月考取北京科技大学，取得本科生的学籍。1996年2月29日，被上诉人在电磁学课程的补考过程中，随身携带写有电磁学公式的纸条。考试中，其去上厕所时纸条掉出，被监考老师发现。监考老师按照考场纪律，当即停止了被上诉人的考试。同年3月5日，上诉人根据《068号通知》，认定被上诉人的行为属作弊行为，对其作出按退学处理决定，并于同年四月十日填发学籍变动通知。但该处理决定和变更学籍通知未直接向被上诉人宣布、送达，也未实际给被上诉人办理有关退学的手续，被上诉人继续在校以该校大学生的身份参加正常学习及学校组织的活动。1996年3月，被上诉人因学生证丢失未进行1995至1996年度第二学期的注册，1996年9月上诉人为被上诉人补办了学生证，之后每学期均收取被上诉人缴纳的教育费，并为被上诉人进行注册、发放大学生补助津贴、安排参加了大学生毕业实习设计。其间，上诉人安排被上诉人重修了电磁学课程并考试合格。被上诉人还以该校大学生的名义参加有关考试，先后取得了大学英语四级、计算机应用水平测试BASIC语言成绩合格证书。被上诉人在该校四年学制学习中成绩全部合格，毕业实习、设计及论文答辩均予通过，毕业论文成绩为优秀，毕业总成绩为全班第九名。1998年6月，被上诉人所在院系向上诉人报送田某所在班级授予学士学位表时，上诉人以田某已按退学处理、不具备北京科技大学学籍为由，拒绝为其颁发毕业证书，亦未向教育行政部门呈报毕业派遣资格表。被上诉人所在应用学院及物理化学系认为被上诉人虽然符合大学毕业和授予学士学位的条件，但由于当时被上诉人的毕业问题正在与学校交涉，故学院暂时未在授予学位表中签字，待学籍问题解决后再签。上诉人因此未将被上诉人列入授予学士学位资格的名单交该校学位评定委员会审核。另，因上诉人的部分教师为田某一事向原国家教委申诉，国家教委高校学生司于1998年5月19日致函上诉人，认为上诉人对田某违反考场纪律一事处理过重，建议复查。同年6月10日，被告复查后，仍然坚持原结论。

　　本院在原审法院当庭质证的基础上，对双方当事人提交原审法院的证据进行了书面审查，经审查，本院对上诉人提交的证据认证如下：1996年2月29日的书面检查、二位监考教师的书面证言、学生补考成绩记录表，能够证明上诉人认定被上诉人在考试中随身携带了与考试科目有关的纸条；北京科技大学教务处关于田某等3人考试过程中作弊，按退学处理的请示、期末考试工作简报、学生学籍变动通知单等证据能够证明上诉人于1996年4月10日曾对被上诉人作出按退学处理的决定，但并不能够证明上诉人将上述决定向被上诉人宣布及直接送达被上诉人，也不能证明该决定实际执行；原国家教委高校学生司函、上诉人对田某考试作弊一事复查结果的报告，能够证明上诉人部分教师为田某提出申诉，原国家教委有关部门要求上诉人复查，以及上诉人作出复查意见的过程；关于给予北京科技大学学生王斌勒令退学处分的决定、期末考试工作简报7份等书证与本案无必然联系，不能成为本案的证据；唐有兰等教师证言、学校保卫处户口办公室书证等证据为上诉人在原审诉讼期间未经法院同意自行调取的,该行为违反了《中华人民共和国行政诉讼法》第三十三条的规定,不应作为本案的事实证据;学生登记卡、学生档案登记单、学籍变动通知单、无机94班级人数统计单等书证不能被证明是于作出退学处理决定时形成的。本院对被上诉人提交的证据认证如下:一九九六年九月被告为原告补办的学生证(学号为9411026),能够证明上诉人从一九九六年九月为被上诉人补办学生证并逐学期为原告进行学籍注册,使其具有北京科技大学本科学生学籍;献血证、重修证、准考证、收据及收费票据、英语四级证书、计算机 BASIC 语言证书、田某同班同学有关证言、实习单位书证、结业费发放书证等证据能够证明被上诉人在上诉人的学籍管理中,以该校大学生的资格学习、考试和生活的相关事实;加盖有上诉人主管部门印章的北京地区普通高校毕业生就业推荐表能够证明上诉人已承认被上诉人具备应届毕业生的资格;应用学院的书证,证明田某已经通过了全部考试及答辩,具备毕业生的资格,学院等待问题解决之后,为田某在授予学位表上签字的事实。

本院认为,根据我国法律规定,国家实行学业证书制度和学位制度。高等学校作为法律授权机构有代表国家对受教育者颁发相应的学业证书、学位证书的职责。上诉人作为国家批准设立的高等学校及作为国家授权的高等学校学士学位授予机构,其对于取得本校学籍,接受正规教育,通过了全部学科考试及毕业论文答辩,符合毕业水平和要求的受教育者,应当依法为其办理相应的学业证明,以承认其具有的相当学历;并应依法定程序对达到一定学术水的人员授予相应的学位,颁发学位证书。上诉人在被上诉人取得该校学籍并在校学习期间,确曾因被上诉人在电磁学补考中随身携带了与考试有关的纸条,而作出认定被上诉人夹带作弊,并给予其退学的处理决定。但该处理决定实际未执行。此后上诉人允许被上诉人继续在校以该校大学生的身份参加正常学习、考试及学校组织的活动,其间上诉人还为被上诉人补办了丢失的学生证,收取了其缴纳的历学年住宿费,为其进行学籍注册,发放大学生补助津贴、毕业设计结业费等,上述行为均证明上诉人的退学决定因其没有执行而实际没有生效,上诉人应对被上诉人按有学籍的毕业生对待。原判认定事实清楚、证据充分,适用法律正确,审判程序合法,本院应予维持。上诉人认为被上诉人已不具有北京科技大学学籍,没有事实根据,本院不予采纳。学校有权制定校规校纪,并有权对在校学生进行教学管理和违纪处理,因此而引起的争议不属于行政诉讼受理范围。上诉人提交的从教学档案中调取的客观记录不属于在行政诉讼中未经法院同意自行向证人调取的证言,但因其不能证明上述证据是于作出退学处理决定时形成的，故本院不予认定。据此，依照《中华人民共和国行政诉讼法》第六十一条第（一）项，判决如下：

驳回上诉，维持原判。

二审案件受理费八十元，由上诉人北京科技大学负担（已缴纳）。

本判决为终审判决。

审　判　长　林民华

代理审判员　刘景文

代理审判员　张虹卿

一九九九年四月二十六日

书　记　员　强刚华

三、刘某文毕业证案一审行政判决书

北京市海淀区人民法院（1999）海行初字第 104 号行政判决书

原告刘某文，中科院电子所实习研究员。

委托代理人何海波，北京大学法学院 98 级行政法专业博士研究生。

委托代理人何兵，北京大学法学院 98 级行政法专业博士研究生。

被告北京大学，住所地北京市海淀区颐和园路 5 号。

法定代表人许智宏，校长。

委托代理人周其凤，北京大学研究生院常务副院长。

委托代理人湛中乐，北京大学法学院副教授。

原告刘某文诉被告北京大学拒绝履行颁发博士毕业证案，原告于 1999 年 9 月 24 日向本院起诉，本院受理后依法组成合议庭，于 1999 年 11 月 19 日和 1999 年 12 月 17 日公开开庭审理了此案。原告刘某文与委托代理人何海波、何兵；被告北京大学的委托代理人周其凤、湛中乐到庭参加了诉讼。本案现已审理终结。

被告北京大学于 1995 年 1 月不予颁发刘某文博士毕业证，向其颁发了研究生结业证。

原告刘某文诉称，其原是北京大学无线电电子学系 92 级博士生。1996 年初，其博士论文《超短脉冲激光驱动的大电流密度的光电阴极的研究》全票通过了论文答辩，并通过了系学位委员会的审查，但不知何故没有通过学校学位委员会的审查，学校向其颁发了结业证。同时认为，其在博士生学习期间，已在国际最权威的科学文献索引（SCI）收录的重要刊物 Nucl. Instr. andMeth（现

已被 SCI 和 EI 同时收录）上发表一篇论文，并已得到国外学者重视。在一级学报——《中国激光》（此文已被国际工程索引 EI 收录）、《北京大学学报》（此文已被国际电子工程文摘 EEA 收录）、《真空科学与技术学报》上发表三篇论文，以上四篇论文全部是其博士论文的研究内容，且各篇论文的研究内容决无重复。北京大学现在的新规定里才刚刚注明博士生必须在一级学报上发表或接受发表两篇以上论文（包括硕士研究生期间发表的论文），而其在硕士期间曾经在一级学报上也发表过 5 篇论文（包括第二作者），并荣获 1992 年度中国真空科学优秀论文奖。其导师吴全德教授是国际著名的光电阴极专家、中科院院士，以吴氏理论著称于世，治学极其严谨而近乎苛刻。他能够同意原告这篇关于光电阴极研究的博士论文进行答辩，这本身就说明其论文是有水平的。但是，其不明白的是论文通过答辩，系学位评定分委员会也通过了，为什么学校学位评定委员会没有通过，反而向其发结业证。根据规定，论文没有通过答辩的才发结业证。其在论文未获通过后，曾向各方了解其论文存在的问题，其才发现论文未获通过，主要原因不是论文存在什么问题，而是人为的问题。其在此之后曾经向北京大学多次询问，北京大学给予的答复是无可奉告。其向校长反映，得到的答复是"研究一下"，但此后再无下文。为此其也曾向国家教委学位办公室反映，学位办说已责成北大给予答复，然而其一直未得到答复。其曾经于 1997 年向法院起诉，未被受理。在此次起诉前，其也通知了学校，学校仍不管。其在没有办法的情况下，才向法院诉讼，请法院判令被告北京大学为原告刘某文颁发博士毕业证书。

被告北京大学答辩：北京大学是国务院批准的首批学位授予单位。北京大学学位评定委员会是根据《中华人民共和国学位条例》第九条、第十条，及《中华人民共和国学位条例暂行实施办法》第十八条、第十九条的规定成立的专司审查、批准有关学位授予职能的机构。北京大学第四届学位评定委员会组成人员名单，由北京大学报主管部门批准，并经主管部门转国务院学位委员会备案。所以就本案而言，作出拒绝授予刘某文博士学位证书和毕业证书的主体是合法的。从权限上讲，校学位评定委员会依照《中华人民共和国学位条例》第十条第二款之规定，有权负责对学位论文答辩委员会报请授予硕士学位或博士学位的决议，作出是否批准的决定。本案中，校学位评定委员会是根据到会的 16 名委员的无记名投票结果作出最后决定，没有超越权限。从程序上讲，北京大学学位评定委员会共有委员 21 人，实际出席会议 16 人，超过总数的 2/3（北京大学关于学位评定委员会审核博士、硕士学位授予的程序及办法的说明中规定，校评定委员会在每学期结束时召开会议，审定学位授予问题，出席会议的委员必须超过半数方为有效)，此次会议有效。1996 年 1 月 24 日，校学位评定委员会委员充分听取了无线电系分会主席对刘某文有关论文评议、答辩等情况的介绍说明后，经过询问、阅读论文、评议等程序，根据法律、法规之规定，采取完全无记名投票方式予以表决，根据投票表决结果，10 票反对 6 票赞成，作出不予批准授予刘某文博士学位的决定，程序合法，符合《中华人民共和国学位条例》第十条、《国务院学位委员会关于做好博士研究生学位授予工作的通知》(84) 学位字 013 号文，及《北京大学学位授予工作细则》《北京大学关于学位评定委员会审核博士、硕士学位授予的程序及办法的说明》所规定的审核程序。此外，根据当时北京大学乃至全国各学位授予单位的情况看，学生只有在获得博士学位证书后才能获取毕业证书，故北京大学不能颁发博士毕业证书给刘某文。综上所述，北京大学拒绝颁发博士毕业证书的行为，事实清楚，法律法规适用正确，符合法律程序，请法院予以维持。此外请人民法院依法驳回原告的诉讼请求。

庭审辩论中，合议庭明确了本案当事人围绕本案争议的焦点：高等学校在博士学历管理中的职责、取得博士毕业的条件、颁发毕业证书的程序、不予颁发刘某文博士毕业证的事实以及所依据的有关法律、法规或规章。

被告北京大学诉讼代理人围绕法庭明确的争议焦点发表辩论意见：第一，关于诉讼时效问题，原告提起诉讼超过法定期间，法院不应受理，应当裁定驳回起诉。北京大学是 1996 年 1 月 24 日作出拒绝批准授予刘某文博士学位决定的，时隔 3 年半之后，刘某文就此向法院提起行政诉讼，不符合行政诉讼案件受理的时限条件。法院应当裁定驳回起诉；第二，北京大学拒绝向刘某文颁发博士毕业证的决定是合法的。学校认为，判断北京大学拒绝授予刘某文博士学位的决定是否合法主要看以下方面：(1) 主体是否合法。北京大学是被教育部首批批准拥有学位授予权的单位，其学位评定委员会的组成也是合法的，是经过法定程序成立的，即其成员是由学校遴选，报国家教委批准，由国务院学位委员会备案的。(2) 权限合法，学校学位委员会有权对论文答辩委员会通过论文答辩的决定和分委员会建议授予博士学位的决定进行全面严格的审查。有权对存在争议的博士学位论文及相应的建议授予博士学位的决定行使否决权。(3) 程序合法，出席会议的成员达到了全体成员 2/3 以上，按照规则是在听取系分委员会代表成员汇报，查看论文评阅意见和同行评议人的意见，分会讨论决定等相关情况后，由出席会议的全体成员以完全无记名方式投票进行的，最终决定是根据 6 票赞成、7 票反对、3 票弃权结果作出的。虽然没有书面通知或送达通知给刘某文，但事实上是按惯例由所在系主管研究生的领导或教务人员予以通知转告的，事实上刘某文很快得知了决定的结果，包括其领取结业证书、办理有关离校手续时都知道其校学位评定委员会的最终结果。再者1996年1月校学位评定委员会作出决定时，法律法规尚无必须送达通知的程序规定，《中华人民共和国学位条例》及其《中华人民共和国学位条例暂行实施办法》中也没有规定类似的程序义务。所以不存在违反法定程序义务的问题，最多涉及到进一步完善现存法律、改进；第三，关于北京大学拒绝发给刘某文博士毕业证书的问题。博士生的学习有其很明显的特殊性，在校博士生的课程相对较少，主要时间或大部分精力都在做博士学位论文方面。所以，论文的质量如何是衡量一个博士研究生的成绩是否完全合格的重要标准。本案中针对刘某文的博士学位论文，从多位论文评阅人的评议和无线电分委会1996年1月11日、1月19日两次讨论的记录情况等证据材料看，确实存在不少的争议。根据法律、法规和国务院学位办的规范性文件的规定，校学位评定委员会对即使答辩委员会通过的论文、甚至包括系分委会以2/3成员赞成通过，但存在争议的学位论文，仍然最终审查的决定权。校学位评定委员会根据投票结果所作的决定是对刘某文博士学位的最终评价。按照国家教委《研究生学籍管理规定》《北京大学研究生学籍管理实施细则》和北京大学多年来一直的做法，只有在博士生通过校评定委员会批准授予其博士学位决定后才能获得博士毕业证书。否则，只能视情节获得结业证或肄业证书。结业证也是国家承认的学历证书，不能误认为结业证不是学历证。北京大学根据1995年原国家教委颁发的《研究生学籍管理规定》，制定了《实施细则》。根据该《研究生学籍管理规定》第三十三条、第三十七条及《北京大学研究生学籍管理实施细则》第二十一条的规定，发给刘某文博士生结业证书的行为事实清楚，证据确凿充分，法律依据正确，符合法定程序，请法院依法裁判，并驳回原告的诉讼请求。

原告刘某文在庭审期间，原告刘某文称其论文已经通过了答辩，系分委会也作出了决议，不知到为什么到了学校学位委员会没有通过。通过法庭审理，才明白了事实。按照合议制原则，学位委员会召开会议应当为单数，校学位委员会16人召开会议，不符合合议制原则。按照北京大学研究生学籍管理规定，校学位委员会作出决定必须是全体学位委员过半数才能通过。北京大学此次对其作出的不授予博士学位证书的人数是10人，其中还包括了3个弃权票，7票否定即作出了决定，也违反了北京大学自己的规定。

原告刘某文的委托代理人何海波围绕法庭明确的争议焦点发表辩论意见：认为依照北京大学的做法，颁发毕业证书是以获得博士学位证书为前提的，刘某文没有被授予学位证书，因而不能获得毕业证书。北京大学这种做法的依据是北京大学根据国家教委《研究生学籍管理规定》制定的《北京大学研究生学籍管理实施细则》。该细则在行政法上属于规章以下的规范性文件，该规定既不符合国家把学历证书和学位证书分开的立法精神，更不符合国家教育行政管理部门规章的具体规定。国家教委的《研究生学籍管理规定》第三十三条规定颁发学历证书的条件是："研究生按培养计划的规定，完成课程学习和必修环节，成绩合格，完成毕业（学位）论文并通过答辩，准予毕业并发给毕业证书。"可见，博士学位论文通过答辩，并符合其它规定条件，就可以取得毕业证书；获得博士学位证书不是颁发毕业证书的必要条件。诚如校方所言，北京大学的做法是考虑到博士研究生期间课程不多，博士生很大的时间和精力应当用于学位论文的写作，对博士生的把关，主要是看他的学位论文；有"全国最高学府"之誉的北京大学本着对博士生从严要求的原则，规定不能取得学位证书就不能颁发毕业证书。其理解北京大学的良苦用心，但不赞成这种做法。它违背了法律的规定，也混淆了学历证书和学位证书两种不同证书的功能。综上所述，北京大学的做法不符合规章规定，不应予以采纳。根据刘某文的实际情况并依据国家教委的规章规定，刘某文完全可以获得博士毕业证书。请法庭判决北京大学给刘某文颁发毕业证书；原告刘某文委托代理人何兵认为，无论本案实体判决如何，法庭给了刘某文一个申辩的机会，这是法律上的正当程序，被告在对学生作出有关性命攸关的决定时，如果拒绝给予学生一个正当的程序，将有损学生的利益。本案争辩的问题不仅是学校作出的决定内容，更是决定的过程。刘某文向学校被告所要求的不仅仅是其赖以存身的证书，更重要的是向学校要求一个正当的程序。如果没有正当程序的保护，一切法律上的权利都会落空。通过庭审，其认为学校对刘某文作出决定的程序不仅违背程序正义的基本要求，而且决定本身明显地违法，应当撤销。

在诉讼期间，当事人双方向本院递交了各自的证据，经过法庭审查与质证，本院对当事人双方的证据作出认定：

被告北京大学提交的国家教育委员会《同意北京大学由吴树青等十七人组成第四届学位评定委员会的函》、国家教委给北京大学的批准增补四位学位委员的函。被告认为以上证据能证明北大学位评定委员会是合法的学位授予机构、其组成人员经国家教委批准，机构组成合法。原告不持异议。本院对以上证据及被告的上述主张予以认定。

被告北京大学提交的原北京大学校长、北大学位评定委员会主席吴树青关于五位委员因故不能出席第四十一次校学位委员会会议的说明、刘泰委员因出国不能参加第四十一次校学位委员会会议的说明、马克委员因在台湾访问不能参加第四十一次校学位委员会会议的说明、胡壮麟委员因在香港访问不能参加第四十一次学位委员会会议的说明，被告认为以上证据证明第四十一次会议五位委员缺席的原因。原告不持异议。本院对以上证据予以认定。

被告北京大学提交的原告导师吴全德对原告的博士生现有业务水平的评语，其导师认为"刘某文博士期间，工作努力，论文有不少新的实验结果；但分析和讨论问题的能力有待加强。对固体物理、薄膜物理、超微粒子的基础理论、强激光与物质的作用等知识有深入的掌握。英语水平稍差些。"被告据此认为刘某文的导师也认为刘的分析和讨论问题的能力有待加强。这与其以后论文出现问题是有联系的。原告对导师评语未提出异议，但认为被告据此得出的结论不成立。本院认为该证据表明导师指出刘某文的学术能力上有一些欠缺，但其他证据表明导师仍同意了刘某文进入答辩。

被告北京大学提交的北京大学攻读博士学位研究生综合性学科考试成绩表，载明刘某文通过了北大的综合考试，成绩为良。当事人双方不持异议。本院认为该证据证明刘某文通过了校内综合考试，本院予以认定。

被告北京大学提交的导师吴全德对刘某文博士学位论文的学术评语。导师在评语中指出刘某文的学位论文《超短脉冲激光驱动的大电流密度的光电阴极的研究》"选题有意义，有应用背景。对文献资料基本掌握。论文有一些创新结果，写作基本达到要求，但各章节相对独立，总体考虑稍欠缺；内容单薄些。该博士生的基础理论、专门知识和外语水平基本达到要求，遵守纪律，工作勤恳；开展科研的独立工作能力一般。该论文达到基本要求，同意安排博士学位论文答辩。"被告认为其导师都认为论文"总体考虑稍欠缺"，说明导师对论文是不满意的；刘某文"开展科研的独立工作能力一般"，而按照国家对博士的要求应当是有较强的独立工作能力。原告在辩论中不同意被告的意见，认为这只表明其导师治学严谨，对学生要求严格，况且导师最终意见是同意安排其进行博士学位论文答辩。本院认为，导师对刘某文的论文、科研能力、工作态度进行了总体上的概括评价，但最终认定刘某文的论文达到基本要求，同意安排博士学位论文答辩。

被告北京大学提交的刘某文申请论文答辩时所提交的完成论文情况清单、北京大学博士学位论文同行评议书10份、北京大学博士学位论文学术评阅书3份、北京大学博士学位论文学术评阅、同行评议汇总表，以上证据表明，"论文选题具有科学价值和实用背景，工作有创造性，实验数据和理论推导都是可靠的。有些问题的探讨还有待于进一步深入"，结论为"达到博士论文水平，可以进行论文答辩。"原告对上述证据未提出反驳意见，法院予以认证。

被告北京大学提交的北京大学博士学位论文答辩委员会组成审批表、北京大学博士学位论文答辩委员会决议书。决议以 7 票全票同意通过刘某文论文答辩，同意建议授予博士学位。

被告北京大学提交的学位评定委员会无线电系分会决议、北京大学学位评定委员会分会 1996 年授予博士学位表决票，当事人双方对证据本身未发表反驳意见，能够证明被告认定的刘某文的博士以全票通过了论文答辩，在系学位分委员会讨论中，以 12 票同意、1 票反对通过了系学位分委员会的讨论，以及论文答辩委员会和系学位分委员会作出建议授予刘某文博士学位的决议。

被告北京大学提交的北京大学学位评定委员会第四十一次会议记录，载明该次会议出席委员 16 人，缺席委员 5 人、北京大学学位评定委员会第 41 次会议对一九九六年度授予博士学位表决票统计汇总表，载明不同意授予刘某文博士学位者有 10 票。

被告北京大学提交的北京大学学位评定委员会第 41 次会议，16 位出席委员是否授予刘某文博士学位的表决票共 16 份，载明不同意授予刘某文博士学位（在票上显示为划×）的票数为 7 票，同意授予刘某文博士学位（在票上显示为划〇）的票数为 6 票，弃权票（既未在票上划×，也未划〇）为 3 票。

被告北京大学提交的北京大学攻读博士学位研究生学位审批表，载明学位评定分委员会应到 13 人，表决结果为 12 人同意，1 人不同意；校学位评定委员会审批意见为"未通过授予博士学位"，实到 16 人，10 人反对，6 人同意。

原告刘某文提交的北京大学为刘某文颁发的（96）研结证字第 001 号结业证书，能够证明北京大学于 1996 年 1 月向原告刘某文颁发了研究生结业证的事实。

在公开开庭审理中，本院根据有效的证据认定以下事实：

原告刘某文系北京大学 92 级无线电电子学系电子、离子与真空物理专业博士研究生。1994 年 4 月 27 日，刘某文通过北京大学安排的笔试考试，并于当年 5 月 10 日通过了博士研究生综合考试，成绩为良。之后，刘某文进入博士论文答辩准备阶段。1995 年 12 月 22 日，刘某文提出答辩申请，将其博士论文《超短脉冲激光驱动的大电流密度的光电阴极的研究》提交学校，由学校有关部门安排、聘请本学科专家对该论文进行评阅和同行评议。其中同行评议人认为论文达到博士论文水平，同意答辩；评阅人意见为"同意安排博士论文答辩。一九九六年北京大学论文学术评阅、同行评议汇总意见为"达到博士论文水平，可以进行论文答辩。" 1996 年 1 月 10 日，刘某文所在系论文答辩委员会召开论文答辩会，刘某文经过答辩，以全票 7 票通过了答辩。系论文答辩委员会作出决议"授予刘某文博士学位，建议刘某文对论文作必要的修订。"1996年1月19日，刘某文所在系学位评定委员会讨论博士学位，应到委员13人，实到13人，同意授予刘某文博士学位者12人，不同意授予刘某文博士学位者1人，表决结果为：建议授予博士学位。1996年1月24日，北京大学学位评定委员会召开第41次会议，应到委员21人，实到16人，同意授予刘某文博士学位者6人，不同意授予刘某文博士学位者7人，3人弃权，表决结果为：校学位评定委员会未通过授予刘某文博士学位。之后，北京大学为刘某文颁发了博士结业证书。

本院认为，根据我国法律规定，高等学校对受教育者有进行学籍管理等权力，有代表国家对受教育者颁发相应的学业证书、学位证书的职责。高等学校作为教育者虽然不是法律意义上的行政机关，但是其对受教育者进行颁发学业证书与学位证书等权力是国家法律所授予的，教育者在教育活动中的管理行为参与到行政法律关系中，其自然行使的是行政管理权。根据《中华人民共和国教育法》第二十八条、第二十九条的规定，教育者享有按照章程自主管理的权利，行使对受教育者颁发相应的学业证书的权利，同时还要受教育者的合法权益，并依法接受监督。根据《中华人民共和国行政诉讼法》第二十五条第四项的规定，由法律、法规授权的组织所作出的具体行政行为，该组织是被告。北京大学作为国家批准成立的高等院校，在法律、法规授权的情况下，负有代表国家对受教育者颁发相应的学业证书的职责，北京大学在依法行使法律授权的行政管理职权时，其作出的行为属于具体行政行为。

学历证书制度是国家为保证教育活动有序进行和保障教育质量的管理制度。根据《教育法》第二十一条的规定，国家实行学业证书制度，经过国家批准审理或认可的学校及其他教育机构按照国家有关规定为受教育者颁发学业证书。学业证书是证明受教育者受教育的程度及其达到的知识水平和能力水平，是受教育者个人能够从事相应职业的必备条件，也是我国目前的用工单位对应聘人员进行优先选拔和录用的凭证，是国家承认的具有法定效力的证书。按照我国的学制体系，受教育者必须完成教育者制订的教育、教学计划规定的全部课程，考试成绩合格，准予毕业者，可能获得不同阶段的毕业证书，是由教育者对受教育者的学业成绩和品行作出的公正评价。

刘某文于1992年9月取得北京大学攻读博士学位研究生学籍后，其按照北京大学制订的培养方案和要求，学习了规定的课程，参加了所修课程的考试，成绩合格，也完成并通过了毕业论文答辩，其德体合格，按照原国家教委《研究生学籍管理规定》第三十三条的规定，其符合取得博士研究生的毕业资格，北京大学应当向其颁发博士研究生毕业证书。北京大学以其博士学位未被校学位评定委员会通过，不向刘某文颁发博士毕业证书，而向刘某文颁发结业证书没有法律依据，法院不予支持。综上，依照《教育法》第二十一条、《中华人民共和国行政诉讼法》第五十四条第二项第二目、第五十三条的规定，参照《研究生学籍管理规定》第三十三条、《普通高等教育学历证书管理暂行规定》第二条、第九条的规定，判决如下：

一、撤销被告北京大学1996年1月为原告刘某文颁发的"博士研究生结业证"；

二、责令被告北京大学在判决生效后两个月内向刘某文颁发博士毕业证。

案件受理费80元，由被告北京大学负担（于本判决生效后7日内缴纳）。

如不服本判决，可于判决书送达之日起15日内向本院递交上诉状，并按对方当事人的人数提出副本，上诉于北京市第一中级人民法院。

审　判　长　　　饶亚东
审　判　员　　　王　燕
人民陪审员　　　金维克
一九九九年十二月十七日
书　记　员　　　石红心

四、刘某文学位案一审判决书

北京市海淀区人民法院（1999）海行初字第103号行政判决书

原告刘某文，中国科学院电子学研究所助理研究员。
委托代理人何海波，北京大学法学院98级行政法专业博士研究生。
委托代理人何兵，北京大学法学院98级行政法专业博士研究生。
被告北京大学学位评定委员会，住所地北京市海淀区颐和园路5号。
法定代表人陈佳洱，主任。
委托代理人周其凤，北京大学研究生院常务副院长。
委托代理人湛中乐，北京大学法学院副教授。

原告刘某文不服不批准授予博士学位的决定诉北京大学学位评定委员会（以下简称校学位委员会）案，原告于1999年9月24日向本院起诉，本院受理后依法组成合议庭，于1999年11月19日和1999年12月17日公开开庭审理了此案，并于1999年12月17日当庭宣判。原告刘某文与委托代理人何海波、何兵；被告校学位委员会的委托代理人周其凤、湛中乐到庭参加了诉讼。本案现已审理终结。

被告北京大学学位评定委员会于 1995 年 1 月 24 日召开第 41 次会议,对博士论文答辩委员会提交的建议授予刘某文博士学位的决议,以 6 票赞成、10 票反对作出不批准授予刘某文博士学位的决定。

原告刘某文诉称,其原是北京大学无线电电子学系 92 级博士生。1996 年初,其博士论文《超短脉冲激光驱动的大电流密度的光电阴极的研究》全票通过了论文答辩,并通过了系学位委员会的审查,但不知何故没有通过学校学位委员会的审查,学校向其颁发了结业证。同时其认为,其在博士生学习期间,已在国际最权威的科学文献索引(SCI)收录的重要刊物 Nucl Instr and Meth(现已被 SCI 和 EI 同时收录)上发表一篇论文,并已得到国外学者重视。在一级学报——《中国激光》(此文已被国际工程索引 EI 收录)、《北京大学学报》(此文已被国际电子工程文摘 EEA 收录)、《真空科学与技术学报》上发表 3 篇论文,以上 4 篇论文全部是其博士论文的研究内容,且各篇论文的研究内容决无重复。北京大学现在的新规定里才刚刚注明博士生必须在一级学报上发表或接受发表两篇以上论文(包括硕士研究生期间发表的论文)。其在硕士期间曾经在一级学报上也发表过 5 篇论文(包括第二作者),并荣获 1992 年度中国真空科学优秀论文奖。其导师吴全德教授是国际著名的光电阴极专家、中科院院士,以吴氏理论著称于世,治学极其严谨而近乎苛刻。他能够同意原告这篇关于光电阴极研究的博士论文进行答辩,这本身就说明其论文是有水平的。但是,其不明白的是论文通过答辩,系学位评定分委员会也通过了,为什么学校学位评定委员会没有通过,反而向其发了结业证。根据规定,论文没有通过答辩的才发结业证。其在论文未获通过后,曾向各方了解其论文存在的问题,才发现论文未获通过,主要原因不是论文存在什么问题,而是人为的问题。其在此之后曾经向北京大学多次询问,北京大学给予的答复是无可奉告。其向校长反映,得到的答复是"研究一下",但此后再无下文。为此其也曾向国家教委学位办公室反映,学位办说已责成北大给予答复,然而其一直未得到消息。其曾经于1997 年向法院起诉,未被受理。在此次起诉前,其也通知了学校,学校仍不管。其在没有办法的情况下,才向法院诉讼,请法院判决撤销校学位委员会不授予刘某文博士学位的决定,并责令校学位委员会在合理的时间内对刘某文的申请重新评议并作出决定。

被告校学位委员会答辩称:北京大学是国务院批准的首批学位授予单位。校学位委员会是根据《中华人民共和国学位条例》第九条第十条及《中华人民共和国学位条例暂行实施办法》第十八条、第十九条规定依法定程序成立的专司审查、批准有关学位授予职能的机构。北京大学第四届学位评定委员会组成人员名单，由北京大学报主管部门批准，并经主管部门转国务院学位委员会备案。所以就本案而言，作出拒绝授予刘某文博士学位证书和毕业证书的主体是合法的。从权限上讲，校学位委员会依照《中华人民共和国学位条例》第十条第二款之规定，有权负责对学位论文答辩委员会报请授予硕士学位或博士学位的决议，作出是否批准的决定。本案中校学位委员会便是根据到会的16名委员的无记名投票结果作出最后决定，没有超越权限。从程序上讲，校学位委员会共有委员21人，实际出席会议16人，超过总数的2/3（北京大学关于学位评定委员会审核博士、硕士学位授予的程序及办法的说明中规定，校评定委员会在每学期结束时召开会议，审定学位授予问题，出席会议的委员必须超过半数方为有效）会议有效，而且校学位委员会于1996年1月24日在充分听取无线电系分会主席对刘某文有关论文评议、答辩等情况的介绍说明后，经过询问、阅读论文、评议等程序，根据法律、法规之规定，采取完全无记名投票方式予以表决，根据投票表决结果，10票反对（其中7票反对、3票弃权）、6票赞成作出不予批准授予刘某文博士学位的决定，程序合法，符合《中华人民共和国学位条例》第十条、《国务院学位委员会关于做好博士研究生学位授予工作的通知》及《北京大学学位授予工作细则》的规定，与北京大学关于学位评定委员会审核博士、硕士学位授予的程序及办法的说明所规定的审核程序一致。综上所述，校学位委员会针对刘某文同学所作出的不授予其博士学位的决定，事实清楚，法律法规适用正确，符合法律程序，请法院予以维持。此外请人民法院依法驳回原告的诉讼请求。

庭审辩论中，本案当事人围绕本案争议的焦点：（1）高等学校在博士学位管理中的职责；（2）取得博士学位的条件；（3）授予博士学位证书的程序；（4）不予颁发刘某文博士学位决定依据的事实；（5）以上问题所依据的有关法律、法规或规章。

庭审期间，原告刘某文陈述，按照合议制原则，学位委员会召开会议应当为单数，认为到会16人不能开会。而且，按照北京大学研究生学籍管理规定，校学位委员会人数是21人，作出决定必须是全体学位委员必须是11人以上才能通过。北京大学此次对其作出的不授予博士学位证书的人数是10人，没有超过北京大学自己规定的人数。而且，以3张弃权票和7张否定票即作出决定，也不合法。

原告刘某文的委托代理人何海波围绕法庭明确的争议焦点发表辩论意见：博士论文的评审是一项高度专业性的工作，对如此专业的问题，应当留给专家去评定。经过原告刘某文的同意变更了诉讼请求，不再请求法院直接判决北京大学学位评定委员会给刘某文颁发学位证书，而只是请求被告对刘某文的申请重新审议并作出决定。就本案而言，需要指出的是学位评定委员会在否决刘某文博士论文中的两个不合法之处：第一是表决结果问题，被告在答辩状中称，不授予刘某文博士学位，是因为校学位评定委员会对刘某文论文的表决结果是"10票反对，6票赞成"。这一说法的事实依据是被告向法庭提交的北京大学博士学位审批表。该审批表上记载，对刘某文论文的表决结果是"到会16人，10人反对，6人同意"。但是，在法庭第二次开庭中，被告提交的证据表明被告的上述记载和说法是不正确的，实际的情况是7票反对，3票弃权，6票赞成。学位评定委员会委员在表决时"弃权"是否允许？虽然没有相关的条文规定委员可以或者不可以投弃权票。但是否允许弃权是依表决（决定）事项的性质而定的，对于在民主选举和议会表决中，由于决策的高度政治性和政策性，需要尊重参与者的自由选择，通常情形下法律允许弃权。校学位评定委员会的委员们就是被遴选出来以解决这一特定问题的，法律赋予了他们神圣的权利，同时也意味着加给他们不可转让、不可抛弃的重大职责。委员们投赞成票还是反对票，应由他们作出自由判断，不应被质问和干预。但是，当他们投下弃权票时，他们不仅仅是放弃了权利，同时也懈怠了职责，这样的表决结果失去了正当性、合法性。第二是表决结果也不足以达到否决一篇博士论文的半数。《中华人民共和国学位条例》第十条规定"经全体成员过半数通过"应当理解为：批准的决定应当经过半数的赞成票才能通过，同样，不批准的决定也应过半数的反对票才能通过。校学位委员会共有21名委员，对刘某文论文的反对票只有7票，远未达到全体成员（21位委员）的半数，甚至没有达到出席人员（16位）的半数，因此不能作出不批准的决定。第三是关于学位评审的程序问题，依照我国现行的制度，博士学位的授予可以说采用三级评审制：第一级是答辩委员会，第二级是校学位评定委员会设在各系的分委员会，最后是校学位评定委员会。从三级评审机构委员的人员组成和知识结构来看，答辩委员会的委员来自本校或者外校，都是博士论文相关领域的专家，对该博士学位论文的理论背景和学术价值最了解；分委员会的委员通常由本院系的专家组成，他们在学术专长上可能与博士论文的主题稍有差距，但其知识结构和学术水平使他们基本能够胜任；至于校学位评定委员会的委员来自全校各院系的专家，在北京大学这样的综合性大学里，则是文理科学者兼而有之。那些校学位委员会的委员，无疑是本领域内具有很深学术造诣的权威。但是，当他们越出自己的知识领域，来到一个完全陌生的领域时，这些专家实际上成了"门外汉"。但是，通过开庭表明，校学位委员会在作出是否授予博士学位的决定前，不仅进行形式审查，而且进行实质审查。这意味着他们必须就每一篇博士论文是否达到应有水准作出判断。由于时间的限制，学位评定委员会通常要在1天时间内评审上百篇博士论文，与刘某文同期的博士论文有29篇，而评审的时间只有半天。那么短的时间，对那么多的论文进行审查，而且是实质审查，在技术上是有相当大的难度的。也许由于刘某文的论文在分委员会表决时有1票反对，到校学位评定委员会审议时被认为有争议。就本案而言，如果校学位评定委员会在作出最终决定之前，给刘某文一个在各位委员面前陈述和申辩的机会，也许结果可能完全不同；即使结果仍然是否决，也应当把结果用书面形式及时通知刘某文本人，并说明理由。尽管没有一条法律条文明确要求这样做，但法律的正当程序要求这样做，被告北京大学没有履行这些程序原则，其所作的不授予刘某文博士学位的决定不具有合法性，已构成滥用职权。应当指出的是，行政法上的正当程序原则已经被司法实践所确立，法院创造性地运用正当程序原则作出的判决已经得到了最高法院的认可，具有师范作用。与田某案件一样，两案都涉及高等教育制度，保持司法判决的前后一致，同类问题相同判决，是法治国家的基本原则之一。请法院能够以正当法律程序的原则去审视我国的学位评审制度，撤销不授予刘某文博士学位的决定，并责令校学位委员会对刘某文的申请重新审议。

原告刘某文的委托代理人何兵认为：第一，无论本案实体判决如何，被告在对学生作出有关性命攸关的决定时，如果拒绝给予学生一个正当的程序，将有损学生的利益。正如法院在另案判词："从充分保障当事人权益原则出发，被告应将其决定直接向本人送达、宣布、允许当事人提出申辩意见"，法院已经在判决中确立了正当程序原则。本案争辩的问题不仅是学校作出的决定内容，更是决定的过程。刘某文向学校所要求的不仅仅是其赖以存身的证书，更重要的是向学校要求一个正当的程序。如果没有正当程序的保护，一切法律上的权利都会落空。通过庭审，其确信：学校对刘某文作出决定的程序不仅违背程序正义的基本要求，而且决定本身明显地违法。有以下问题：第一校学位委员会形成的决定未达到法定的票数要求，其决定无效。《中华人民共和国学位暂行条例》第十条第二款规定"全体成员"应当理解为全体组成人员，而不能理解为实际到会的人员。学校如欲对"全体成员过半数"解释为"到会成员过半数"则必须提供依据，否则只能按常态解释，这是法律解释的基本原则。被告否决刘某文博士学位申请的理由是：既然没有一半票数"通过"，那就是"没通过"，这是被告单方的解释。之所以出现这种逻辑上的不可解，是因为被告采取的标准实质上是多数决，而不是半数决，违反了法定程序的要求。被告的学位评定委员会的表决实际上未形成任何结果，依理应重新表决，而不是轻率地作出否决的决定。第二被告的决定缺乏事实依据。被告认为校学位委员会对论文水平是否达到博士水平有实质上的审查权，这实际上是将校学位委员会变成了另一个论文答辩委员会。前述学位条例以及国务院的实施办法对答辩委员会和评定委员会的职责进行了明确划分，它们是两个具有不同职能分工的机构，而不是一种行政上具有隶属关系的上下级机构，更不是两个机构同时拥有答辩权。按照《中华人民共和国学位条例》第十条一款的规定，答辩委员会对论文是否达到博士水准有权"决议"，而"决议"一词本身的内涵就是决定权，即对于论文是否达到博士水准问题，法律已最终地授权于论文答辩委员。为防止答辩委员会滥用权力，《中华人民共和国学位条例》和《中华人民共和国学位条例暂行实施办法》第十八条第一款第八项的规定，校学位评定委员会对答辩委员会的决议有批准或不批准权。校学位委员会对答辩委员会的决议行使的撤销权、否决权不代表其对论文本身是否达到博士水准有决定权，这是两种完全不同的权力。撤销的结果是"决定"不存在，但并不形成新的决定，决定的权力和任务仍保留在答辩委员会，学位评定委员会自己并无权就论文是否达到博士水准作出决定。学位评定委员会直接越权作出了论文未达到博士水平的认定，对论文进行了实质性判断，属于超越职权。第三被告的不具有基本的程序正义。首先，被告的运行体制是一个让外行决定内行的体制。被告将实体的判断权交给一个非本专业的专家来判断，实际上是让外行来判断内行。专家永远只是行业的专家，学者也只能是专业的学者。跨越了所专的行业，专家就不是专家，学者就不是学者。问题就在于，一但超越专业的领域，专家就失去了判断的能力。当外行的专家们对他们一无所知的领域的博士论文进行否决的时候，是否应当听取被否决者的意见？其次，本案中，原告之所以被否决，是因为某些人对论文有异议。博士论文的要求是创新，创新意味着与世不同，与前人不同。一个新的观点，一个新的认识在其提出之初，时常并不能为人们所承认和理解，这时需要设置一种争辩的机制来帮助判断，真理是在争辩过程中被人认知的。仅仅因为部分人对论文有异议或不同的评价，就在没有听取辩解理由的情况下否决一篇博士论文，这是一种即为危险的体制。被告的行政程序是一个不具有最基本程序正义的程序。程序的一个最基本要求是参与，被决定者有参与的权利。当然，博士学位不是一种施舍，不能因为原告承受了苦难就要给他一种精神上的安慰，但诉诸我们的良知，我们在决定一个正式学生的命运时，应该征求一下他们的意见。我们真诚地希望被告能够革除弊政，这是我们对于北大的厚望。

被告校学位委员会委托代理人围绕法庭明确的争议焦点发表辩论意见：第

一，关于诉讼时效问题，原告提起诉讼超过法定期间，法院不应受理，应当裁定驳回起诉。北京大学学位评定委员会于 1996 年 1 月 24 日作出拒绝授予刘某文博士学位决定，时隔 3 年半之后，刘某文就此向法院提起行政诉讼，不符合行政诉讼案件受理的时限条件，法院应当裁定驳回起诉。第二，诉讼主体资格问题。北京大学是学位授予单位，北京大学具备法定的主体资格，学位评定委员会只是北京大学专司审核、批准是否授予博士学位决定职能的法定机构，不能成为最后颁发博士学位证书的主体。尽管学校和学位委员会有紧密的联系，但二者毕竟不是同一主体，是种属关系。虽然学位委员会是北京大学学位评定委员会是法律授权专门行使某项职权的机构，但不是一般行政法意义上所讲的法律、法规授权的组织，只是法律规定的学位授予单位内部一种相对独立的特定机构而已。最终还得由北京大学根据校学位评定委员会的投票结果作出不授予刘某文博士学位的决定。所以，该诉讼中校学位委员会不具有适格的被告身份。第三，北京大学拒绝授予刘某文博士学位的决定是合法的。学校认为判断北京大学拒绝授予刘某文博士学位的决定是否合法主要看以下方面：（1）主体是否合法。北京大学是被教育部首批批准拥有学位授予权的单位，其学位评定委员会的组成也是合法的，是经过法定程序成立的，即其成员是由学校遴选，报国家教委批准，由国务院学位委员会备案的。（2）权限合法，校学位委员会有权对论文答辩委员会通过论文答辩的决定和分委员会建议授予博士学位的决定进行全面严格的审查；有权对存在争议的博士学位论文及相应的建议授予博士学位的决定行使否决权。（3）程序合法，出席会议的成员达到了全体成员 1/2 以上，按照规则是在听取系分委员会代表成员汇报，查看论文评阅意见和同行评议人的意见，分会讨论决定等相关情况后，由出席会议的全体成员以完全无记名方式投票进行的，最终决定是根据 6 票赞成、10 票反对的结果作出的。虽然没有书面通知或送达给刘某文，是按惯例由所在系主管研究生的领导或教务人员予以通知转告的，但事实上刘某文很快得知了决定的结果，包括其领取结业证书、办理有关离校手续时都知道其校学位委员会的最终结果。再者 1996 年 1 月校学位评定委员会作出决定时，法律法规尚无必须送达通知的程序规定，《中华人民共和国学位条例》及其《中华人民共和国学位条例暂行实施办法》中也没有规定类似的程序义务。所以不存在违反法定程序义务的问题，最多涉及到应该进一步完善现有法律规范，以及应当改善北京大学的工作程序问题。但这并非本案合法性审查的范围。

　　在诉讼期间，当事人双方向法院提交了各自的证据，经过法庭审查，本院对当事人双方的证据作出认定：

被告校学位委员会提交的国家教育委员会《同意北京大学由吴树青等十七人组成第四届学位评定委员会的函》、国家教委给北京大学的批准增补四位学位委员的函，以上书证能够证明被告以上证据证明北京大学是合法的学位授予机构，北京大学学位评定委员会的组成人员经国家教委批准，机构组成合法。原告不持异议。本院对以上证据及被告的上述主张予以认定。

被告校学位委员会提交的原北京大学校长、北京大学学位评定委员会主席吴树青关于5位委员因故不能出席第41次校学位委员会会议的说明、刘泰委员因出国不能参加第41次校学位委员会会议的说明、马克委员因在台湾访问不能参加第41次校学位委员会会议的说明、胡壮麟委员因在香港访问不能参加第41次学位委员会会议的说明。以上书证能够证明被告以上证据证明校学位委员会第41次会议5位委员缺席的原因。原告不持异议。本院对以上证据予以认定。

被告校学位委员会提交的北京大学攻读博士学位研究生综合性学科考试成绩表，载明刘某文通过了北京大学的综合考试，成绩为良。当事人双方不持异议，本院认为该证据能够证明刘某文通过了校内的综合考试，其成绩合格的事实。

被告校学位委员会提交的原告导师吴全德院士对原告的"博士生现有业务水平的评语"，载明其导师认为"刘某文博士期间，工作努力，论文有不少新的实验结果；但分析和讨论问题的能力有待加强。对固体物理、薄膜物理、超微粒子的基础理论、强激光与物质的作用等知识有深入的掌握。英语水平稍差些。"被告据此认为刘某文的导师也认为刘的分析和讨论问题的能力有待加强。这与其以后论文出现问题是有联系的。原告对导师评语未提出异议，但认为被告据此得出的结论不成立。本院认为该证据表明导师指出刘某文的学术能力上有一些欠缺，但其导师仍同意刘某文进入论文答辩。

被告校学位委员会提交的原告导师吴全德院士对刘某文博士学位论文的学术评语。导师在评语中指出刘某文的学位论文"选题有意义，有应用背景。对文献资料基本掌握。论文有一些创新结果，写作基本达到要求，但各章节相对独立，总体考虑稍欠缺；内容单薄些。该博士生的基础理论、专门知识和外语水平基本达到要求，遵守纪律，工作勤恳；开展科研的独立工作能力一般。该论文达到基本要求，同意安排博士学位论文答辩。"被告认为其导师都认为论文"总体考虑稍欠缺"，说明导师对论文是不满意的；刘某文"开展科研的独立工作能力一般"，而按照国家对博士的要求应当是有较强的独立工作能力。原告在辩论中不同意被告的意见，认为这只表明其导师治学严谨，对学生要求严格，况且导师最终意见是同意安排其进行博士学位论文答辩。本院认为，导师对刘某文的论文、科研能力、工作态度进行了总体上的概括评价，但最终仍认为刘某文的论文达到基本要求，同意安排博士学位论文答辩。

被告校学位委员会提交的刘某文申请论文答辩时所提交的完成论文情况清单、北京大学博士学位论文同行评议书 10 份、北京大学博士学位论文学术评阅书 3 份、北京大学博士学位论文学术评阅与同行评议汇总表，以上证据认定的结论为刘某文的论文"达到博士论文水平，可以进行论文答辩。"原告对上述证据未提出反驳意见，本院予以认定。

被告校学位委员会提交的北京大学博士学位论文答辩委员会组成审批表、北京大学博士学位论文答辩委员会决议书。当事人双方均不持异议，本院认为，上述证据表明刘某文的博士论文答辩委员会的人员组成合法，其论文在答辩中以 7 票全票通过，答辩委员会同时全票通过建议授予刘某文博士学位的决议。本院对上述证据予以认定。

被告校学位委员会提交的无线电系学位分委员会决议、北京大学学位评定委员会分会一九九六年授予博士学位表决票，被告据此认为系学位分委员会在讨论中对刘某文的学位论文是有争议的，还有一位委员投了反对票，原告对证据本身不持异议。本院认为，该证据能够证明刘某文的博士学位论文在系学位分委员会讨论中，以 12 票赞成、1 票反对被通过，系学位分委员会作出同意授予刘某文博士学位的决议，及刘某文未被系学位分委员会全票通过博士学位的事实。

被告校学位委员会提交的北京大学攻读博士学位研究生学位审批表，载明系学位分委员会应到 13 人，实到 13 人，表决结果为 12 人同意，1 人不同意；校学位委员会审批意见为"未通过授予博士学位"，实到 16 人，10 人反对，6 人同意；被告校学位委员会提交的北京大学学位评定委员会第 41 次会议记录，载明该次会议出席委员 16 人，缺席委员 5 人、北京大学学位评定委员会第 41 次会议对 1996 年度授予博士学位表决票统计汇总表，载明不同意授予刘某文博士学位者有 10 票；北京大学学位评定委员会第 41 次会议记录，16 位出席委员就是否授予刘某文博士学位的表决票共 16 份，载明不同意授予刘某文博士学位（在票上显示为划×）的票数为 7 票，同意授予刘某文博士学位（在票上显示为划○）的票数为 6 票，弃权票（既未在票上划×，也未划○）为 3 票。被告认为校学位委员会根据以上证据显示的投票结果，作出不授予原告刘某文博士学位的决定是符合法定程序。原告认为，根据庭审中被告提交质证的表决票原件，对是否批准授予刘某文博士学位的实际投票结果是反对通过的为 7 票，赞成通过的为 6 票，弃权者为 3 票。而非被告所说的反对通过的为 10 票，赞成通过的为6票，被告将弃权票也记入反对票，是不正确的。本院认为，上述证据表明，校学位委员会在第41次会议上对是否通过授予刘某文博士学位决议的投票表决结果为：7票反对通过，6票赞成通过，3票弃权。

原告刘某文提供了北京大学为刘某文颁发的（96）研结证字第001号研究生结业证书，被告据此认为，原告已于1996年1月得知了被告不为其颁发博士毕业证、向其颁发研究生结业证的决定事实，原告于1999年提起本次诉讼已过了诉讼时效。原告认为，结业证的实际送达时间应在1996年春节后，而不是结业证上的落款日期。且原告一直在向被告反映其要求，并等待被告的回音，故并未超出诉讼时效。本院认为，上述证据表明北京大学已于1996年1月作出了对原告刘某文颁发研究生结业证、其博士学位论文未获通过、不授予其博士学位的决定的事实。

原告刘某文提供的北京大学博士学位论文答辩委员会决议书与被告校学位委员会提供的决议书一致，能够证明原告于1996年1月10日通过了博士论文答辩。同时也能证明论文答辩委员会的出席人员、评论的评语以及表决结果。双方当事人未持异议，本院予以认定。

在公开开庭审理中，本院根据有效的证据认定以下事实：

原告刘某文系北京大学92级无线电电子学系电子、离子与真空物理专业博士研究生。1994年4月27日，刘某文通过北京大学安排的笔试考试，并于当年5月10日通过了博士研究生综合考试，成绩为良。之后，刘某文进入博士论文答辩准备阶段。1995年12月22日，刘某文提出答辩申请，将其博士论文"超短脉冲激光驱动的大电流密度的光电阴极的研究"提交学校，由学校有关部门安排、聘请本学科专家对该论文进行评阅和同行评议。其中，同行评议人认为论文达到博士论文水平，同意答辩；评阅人意见为"同意安排博士论文答辩"。1996年北京大学论文学术评阅、同行评议汇总意见为"达到博士论文水平，可以进行论文答辩。"1996年1月10日，刘某文所在系论文答辩委员会召开论文答辩会，刘某文经过答辩，以全票7票通过了答辩。系论文答辩委员会作出决议"授予刘某文博士学位，建议刘某文对论文作必要的修订。"1996年1月19日，刘某文所在系学位评定委员会讨论博士学位，应到委员13人，实到13人，同意授予刘某文博士学位者12人，不同意授予刘某文博士学位者1人，表决结果为：建议授予博士学位。1996年1月24日，北京大学学位评定委员会召开第41次会议，应到委员21人，实到16人，同意授予刘某文博士学位者6人，不同意授予刘某文博士学位者7人，3人弃权，该次会议将3票弃权票计算在反对票中，其表决结果为：校学位评定委员会不批准授予刘某文博士学位。

本院认为，根据我国法律规定，高等学校有权对受教育者有进行学籍管理，享有代表国家对受教育者颁发相应的学业证书、学位证书的职责。高等学校作为教育者虽然不是法律意义上的行政机关，但是，其对受教育者颁发学业证书与学位证书等的权利是国家法律所授予的。教育者在教育活动中的管理行为，是单方面作出的，无须受教育者的同意。根据《中华人民共和国教育法》第二十八条、第二十九条的规定，教育者享有按照章程自主管理的权利，行使对受教育者颁发相应的学业证书的权利，同时还有义务保护受教育者的合法权益，并依法接受监督。北京大学作为国家批准成立的高等院校，在法律、法规授权的情况下，享有代表国家对受教育者颁发相应的学位证书的权力。北京大学根据《中华人民共和国学位条例》第九条的规定，设立北京大学学位评定委员会，北京大学学位评定委员会依据《中华人民共和国学位条例》第十条第二款的规定，依法行使对论文文答辩委员会报请授予博士学位的决议作出是否批准的决定权，这一权力专由该学位评定委员会享有，故该学位评定委员会是法律授权的组织，依据《中华人民共和国行政诉讼法》第二十五条第四项规定，具有行政诉讼的被告主体资格。北京大学依据《中华人民共和国学位条例》第十一条的规定，只有在校学位委员会作出授予博士学位决定后，才能发给学位获得者相应的学位证书。校学位委员会作出的是否授予博士学位的决定，将直接影响到刘某文能否获得北京大学的博士学位证书，故北京大学学位评定委员会应当确定为本案的适格被告。

根据《中华人民共和国教育法》第二十二条的规定，国家实行学位制度，学位授予单位依法对达到一定学术水平或专业技术水平的人员授予相应的学位。学位证书是国家授权的教育机构授予个人的一种终身的学术称号，表明学位获得者所达到的学术或专业学历水平。博士学位由国务院授权的高等学校或科研机构授予。博士学位获得者必须通过博士学位课程考试和博士论文答辩，表明其在本门学科上掌握了坚实、宽广的理论基础和系统深入的专门知识，具有独立的从事科学研究工作的能力，在科学或专业上作出创造性成果。学位授予单位应当按照《中华人民共和国学位条例》第九条的规定，设立学位评定委员会并组织有关学科的学位论文答辩委员会，按照学位的学科门类，设立学位分委员会，学位分委员会协助学位评定委员会工作。博士论文答辩委员会负责审查硕士、博士学位论文，组织论文答辩，就是否授予硕士、博士学位作出决议。

原告刘某文于 1992 年 9 月取得北京大学攻读博士学位研究生学籍，其按照北京大学制订的培养方案和要求，学习了规定的课程，完成了学校制订的教学计划，考试合格后，进入论文答辩阶段，其论文经过评阅和同行评议，被认为达到博士论文水平，同意进行答辩。之后，刘某文通过了论文答辩和系学位分委员会的审查，系学位分委员会在作出表决"建议授予博士学位"后提交校学位委员会讨论。按照《中华人民共和国学位条例》第十条第二款的规定，校学位委员会应当按照对学位论文答辩委员会报请授予硕士、博士学位的决议，作出是否批准的决定，决定以不记名投票方式，由全体成员过半数通过。北京大学第 41 届学位评定委员会共有委员 21 人，1996 年 1 月 24 日召开的第 41 次学位评定委员会会议，到会人数为 16 人，对刘某文博士学位的表决结果是：7 票反对，6 票赞成，3 票弃权，并以此作出了不批准学位论文答辩委员会报请授予刘某文博士学位的决议的决定，该决定未经校学位委员会全体成员过半数通过，违反了《中华人民共和国学位条例》第十条第二款的规定的法定程序，本院不予支持。因校学位委员会作出不予授予学位的决定，涉及到学位申请者能否获得相应学位证书的权利，校学位委员会在作出否定决议前应当告知学位申请者，听取学位申请者的申辩意见；在作出不批准授予博士学位的决定后，从充分保障学位申请者的合法权益原则出发，校学位委员会应将此决定向本人送达或宣布。本案被告校学位委员会在作出不批准授予刘某文博士学位前，未听取刘某文的申辩意见；在作出决定之后，也未将决定向刘某文实际送达，影响了刘某文向有关部门提出申诉或提起诉讼权利的行使，该决定应予撤销。北京大学学位评定委员会应当对是否批准授予刘某文博士学位的决议，依法定程序审查后重新作出决定。

综上所述，依照《中华人民共和国教育法》第二十二条、第四十二条第三项，《中华人民共和国高等教育法》第二十条第一款、第二十二条、《中华人民共和国学位条例》第九条、第十条，《中华人民共和国学位条例暂行实施办法》第十二条、第十三条、第十四条第二款、第十八条、第十九条，《中华人民共和国行政诉讼法》第五十四条第二项第三目的规定，判决如下：

一、撤销被告北京大学学位评定委员会 1996 年 1 月 24 日作出的不授予原告刘某文博士学位的决定；

二、责令被告北京大学学位评定委员会于判决生效后 3 个月内对是否批准授予刘某文博士学位的决议审查后重新作出决定。

案件受理费 80 元，由被告北京大学学位评定委员会负担（于本判决生效后 7 日内缴纳）。

如不服本判决，可于判决书送达之日起 15 日内，向本院递交上诉状，并按对方当事人的人数提出副本，上诉于北京市第一中级人民法院。

审　判　长　　饶亚东

审　判　员　　王　燕

人民陪审员　　金维克

一九九九年十二月十七日

书　记　员　　石红心

五、黄某不服取消毕业分配资格决定诉被告北京师范大学一案

北京市海淀区人民法院（1999）海行初字第 93 号行政裁定书

原告黄某，女，北京市某中学教师。

被告北京师范大学，住所地新街口外大街 19 号。

原告黄某不服取消毕业分配资格决定诉被告北京师范大学一案，原告黄某于 1999 年 8 月 9 日向本院提起诉讼，本院受理后，依法组成合议庭，于 1999 年 11 月 4 日公开开庭审理了本案。原告黄某的委托代理人黄仁伸、被告北京师范大学的委托代理人田如海到庭参加了诉讼。庭审中，被告委托代理人以"原告起诉的诉讼时效已过、法院无权受理"为由，中途退出法庭。本院依法予以缺席审理，本案现已审理终结。

原告黄某诉称，其原系北京师范大学中文系 82 级毕业生（5 年制），于 1987 年毕业并取得学士学位。毕业时，学校公布的毕业初分配单位为四川省宜宾师专，其向所在系老师提出支边职工子女在分配上国家有照顾政策，恋人在京，希望缓分改派留京。当时，学校同意，并安排其住在校内学 12 楼 126 室等候改派，其将派遣宜宾师专的户口迁移证、报到证等材料交给时任学生处主管分配的周处长。周老师曾提到两所中专，但未落实。1988 年秋，周处长不再负责毕业分配，将原告的材料及改派事宜移交继任的李某。李某于 1988 年 11 月 29 日与其谈话，认为其要求分配留京的申请过高，让原告自己回家去想办法，学校不再管了。1989 年 2 月 21 日，李某以学生处的名义通知其在两天内搬出学校后再谈分配，并于 1989 年 3 月 1 日以学校学生处的名义作出《关于取销黄某毕业分配资格的决定》（以下简称《决定》），张贴校内后才向其送达了一份。当时其向李某提出异议，但学校于当年 3 月 11 日至 6 月 8 日之间派工人拿走了被褥、调换门锁、封闭寝室，被赶出校门。其认为：一、被告的《决定》与事实不符，其提出重新分配后，经学校的批准，被安排住在学校等候改派，并非被告认为的"无正当理由"；二、被告作出《决定》的程序违反法律规定，未

· 177 ·

告知处分依据的事实、理由及依据，作出后未向其宣布，没未让其签字，没给其申辩、申诉和保留不同意见的权利。之后，在国家教委的过问下，其工作才得以解决，但工龄至今仍按报到时间为准，在此之前的 10 年因被告的错误决定而遗误的工龄至今无法解决。因此，请法院能依法被告撤销《决定》。

被告辩称，依照《中华人民共和国行政诉讼法》的规定，对该法生效前发生的行为不适用。学校对黄某的《决定》是在 1989 年 3 月 1 日作出的，并告知了黄某。而《中华人民共和国行政诉讼法》是在 1990 年生效的，黄某无权对《决定》提起行政诉讼。因此，黄某的起诉已经超过诉讼时效，请求法院驳回原告的起诉。

经审理查明，原告黄某系北京师范大学中文系 82 级毕业生（5 年制），1987 年毕业并取得学士学位。毕业时学校原定分配方案为四川省宜宾师专，原告不同意，认为自己属支边职工子女，符合照顾留京条件，提出改派北京。经学校同意，原告继续在校等候改派。期间，学校学生处就毕业分配问题征求过原告的意见，也曾经提出派遣方案。1989 年 3 月 1 日，被告所属学生处作出 (89) 校学 07 号《关于取销黄某毕业分配资格的决定》，认定原告黄某 "1987 年 7 月毕业后，在无正当理由的情况下，不服从四川宜宾师专的分配方案，又拒绝学校的多次耐心教育和改派，由于她要求过高，以至长时间滞留学校。在滞留学校期间，黄某多次严重违反学校纪律。根据有关规定，经学校研究决定取销黄某的毕业分配资格，将其档案及户口转回家庭所在地。" 被告将该决定在校内张贴后，1989 年 3 月 7 日前交给原告一份，但未将原告的档案和户口办理有关手续。原告不服，多次向被告申诉。

原告提交的北京师范大学中文系时任主管分配教师吴某秋给该校分配办公室的留条、1987 年时主管分配的学生处周伦启关于黄某分配问题的回忆作为本案书证，经庭审审查，可以证明原告黄某毕业后经学校同意暂留校等候改派的事实。当事人向本院的陈述可以证明原告黄某在等候改派期间学校学生处负责人与其谈话及对其做出取销毕业分配资格决定的事实。以上证据已经本院在庭审中予以审查，被告由于中途退庭而未对上述证据进行质证，不影响本院对上述证据的认定。

本院认为，毕业分配资格是高等学校毕业生依照法律享有的参与毕业分配、要求国家派遣的重要权利，关系到毕业生能否及时顺利就业。被告关于取销黄某毕业分配资格的决定是于 1989 年 3 月 1 日作出的，并于 1989 年 3 月 7 日前送达原告。该决定作出时的法律法规尚未规定可以对该决定提起诉讼，《中华人民共和国行政诉讼法》于 1990 年 10 月 1 日生效实施，该法也没有规定对该法生效前的行为可以适用，故依照该行为作出时的法律，原告尚无权对被告的这一决定提起行政诉讼。原告不服该决定，应向有关部门提出申诉予以解决。

依照《中华人民共和国行政诉讼法》第七十五条、1982 年公布实施的原《中华人民共和国民事诉讼法（试行）》第三条第二款，参照最高人民法院《关于贯彻执行《中华人民共和国行政诉讼法》若干问题的意见（试行）》第三十三条之规定，裁定如下：

驳回原告黄某的起诉。

诉讼费 80 元，由原告黄某负担（已缴纳）。

如不服本裁定，可于本裁定送达之日起十日内，向本院递交上诉状，并按对方当事人的人数提出副本，上诉于北京市第一中级人民法院。

审　判　长　　饶亚东

人民陪审员　　张士臣

人民陪审员　　熊烈锁

一九九九年十二月三十日

书　记　员　　石红心

六、刘某案件二审判决书

北京市第一中级人民法院（2005）一中行终字第 633 号行政判决书

上诉人（一审原告）刘某，北京联合大学旅游学院国际酒店管理系 2001 级市场营销班学生。

被上诉人（一审被告）北京市教育委员会，住所地北京市西城区前门西大街 109 号。

法定代表人耿学超，主任。

一审第三人北京联合大学旅游学院，住所地北京市朝阳区北四环东路 99 号。

法定代表人赵鹏，院长。

上诉人刘某因学生申诉处理决定一案，不服北京市西城区人民法院（2005）西行初字第 57 号行政判决，向本院提起上诉。本院受理后，依法组成合议庭，于 2005 年 7 月 13 日公开开庭审理，并当庭作出判决。上诉人刘某及其委托代理人马亦凡、丁利明，被上诉人的委托代理人李开发，一审第三人的委托代理人罗桂霞、李秀娜到庭参加了诉讼。现本案已经审理终结。

一审法院（2005）西行初字第 57 号行政判决认定：根据《中华人民共和

国教育法》（以下简称《教育法》）第四十二条第四项的规定，刘某因对联合大学旅游学院（以下简称旅游学院）的处理决定不服而向北京市教育委员会（以下简称市教委）提出申诉，市教委有权对其依法进行处理。同时根据《普通高等学校学生管理规定》（以下简称《7号令》）第六十三条的规定，刘某作为受教育者应当遵守法律、法规及所在学校的各项规章制度。因刘某二次在考试中作弊，违反了学院关于考试作弊的规定，其行为已造成了较严重的后果。市教委对刘某的申诉作出京教法申字［2005］第2号学生申诉处理决定（以下简称被诉行为），维持旅游学院于2004年6月30日作出的"关于对国际酒店营销专业2002级本科生刘某考试问题的处理决定"（以下简称068号决定），认定事实清楚，证据充分。同时，市教委在作出被诉行为时超过了《高等学校校园秩序管理若干规定》（以下简称《校园秩序规定》）中关于处理申诉时限的相关规定，但并未对刘某的实体权利产生影响。故刘某要求撤销被诉行为的诉讼请求，不予支持。一审法院于2005年5月13日依照《中华人民共和国行政诉讼法》第五十四条第（一）项，判决维持被诉行为。

上诉人刘某不服，上诉称：一审判决认定事实不清，证据不足，适用法律、法规错误，审查对象错位，对被上诉人的违法行为一点不判。请求二审法院依法撤销一审判决，并撤销被诉行为。理由如下：

一、旅游学院作出的068号决定的主体不合法，程序不合规，而且一审判决对旅游学院已经自认的大量事实刻意回避，不予认定。旅游学院至今没有向刘某送达068号决定，且刘某直至本案庭审交换证据时才第一次知道曾有61号文（即：联旅院字［2004］61号审批意见）。在学校公告栏中公告的是未生效的068号决定，而61号文不仅从未公告，而且也不是市教委维持068号决定的依据。而且，068号决定记载的考试时间错误，且是在考试后一个小时内作出的决定，没有经过校长办公会议讨论通过。

二、一审法院在认定被诉行为合法时无依据，而是旅游学院在一审庭审时才提供的证据，一审判决不仅违法认证，而且有意隐瞒刘某提供的关键证据。

三、一审判决认为行政行为只要不影响上诉人的实体权利，即使超过法定期限也不构成行政违法的判决，不仅没有法律、法规的依据，而且与依法行政的基本法治精神背道而驰。市教委的超期延误对刘某的受教育权利能否及时获得实现具有极为不利的影响。一审判决认定市教委超过法定期限不影响上诉人实体权利的观点，不仅于法无据，而且于理不合。

四、一审判决没有遵循行政诉讼审理的基本原则，未重点审查市教委和学院的行为是否合法，却严格审查刘某的行为是否违法。根据《行政诉讼法》确定的诉讼目的是保护相对人的合法权益，且法院的审理原则也是审查具体行政行为的合法性。据此，行政诉讼审查的对象只能是行政机关的合法性，而不是相对人的违法性。因此，市教委的行政行为才应当是一审法院审查的重点。但一审判决却通过集中审查刘某的行为是否违法来证明市教委的合法性，审查对象显然主次颠倒、本末倒置。

被上诉人辩称：同意一审判决，请求二审法院依法维持。理由如下：

第一，我委对刘某处理的事实清楚。刘某两次作弊，第一次作弊以后，旅游学院对他作出了记过处分，刘某没有提出异议。第二次作弊，有刘某本人的检查和两位老师的证人证言可以证明刘某在考试中作弊。

第二，旅游学院对刘某的处理是恰当的。高等学校可以实施教育教学活动，国家教育委员会有一个普通高等学校教育规定，可以制定学生自己管理实施的细则，旅游学院享有处分学生规则的权利。同时，我委对该学院制定的规则进行了审查，旅游学院对刘某两次作弊的处理没有违反相关法律、法规的规定。因此，旅游学院依据规则对刘某的处理，是明确的、恰当的。

第三，旅游学院对刘某的处理程序合法，正确。同时，由于刘某申诉时，正值期末考试和学生放假期间，我委本着认真负责的态度，对刘某申诉的问题进行调查后，作出被诉行为的确超出了《校园秩序规定》的期限，但没有影响刘某行使诉讼权利，程序不违法。

一审第三人发表陈述意见：旅游学院是对刘某第二次作弊行为进行处理，作出勒令退学决定的事实清楚，有刘某当时的检查，还有监考老师的证明。经过旅游学院院长办公会研究，对刘某的处理是正确的。所以，同意一审判决。

经审理，本院查明事实如下：

刘某系旅游学院国际酒店管理系市场营销专业2001级本科学生。其因为考试作弊，旅游学院曾在2002年1月对刘某作出记过处分，取消学位等决定。2002年9月24日，因刘某6门课程考试成绩不及格，旅游学院对其作出学籍问题的处理决定，内容是降至同专业下一年级，留在原年级继续学习。

2004年6月30日，刘某在参加《经济法》考试时，将处于开机状态的手机带入考场。在考试中，监考人员在刘某的课桌内发现该手机，其在考场记录中记录了以下内容："手机在课桌内，处于开机短信状态，内容是与考试有关的"。当即，刘某被请出考场。旅游学院教学科研处于当日作出068号决定，给予刘某勒令退学处分。经旅游学院院长办公会研究决定，于第二日作出"关于刘某考试作弊问题处理决定的审批意见"，内容是"同意教科处作出的处理决定。根据《7号令》第六十五条的规定，相关部门尽快向上级有关部门办理备案手续，并通知学生办理退学手续"。

之后，在刘某的要求下，旅游学院于同年11月24日向刘某送达了一份068号决定复印件。同年12月2日，刘某向市教委申诉。2005年1月10日，被告作出被诉行为，维持旅游学院对刘某作出的勒令退学处理决定。

在法定期限内，市教委提交了如下证据，用以证明被诉行为合法：

1. 旅游学院联旅教［2002］072号处理决定；

2. 旅游学院考场记录；

3. 刘某于2004年6月30日写的检查；

4. 刘某在2004年7月1日写的补充说明；

5. 秦明的情况说明；

6. 田彤的情况说明；

7.《旅游学院考场规则》；

8.《旅游学院关于处理考试作弊的规定》；

9. 旅游学院关于学生手册的说明；

10. 068号决定。

刘某向一审法院提交了以下的证据，用以支持其诉讼主张：

1. 涉案手机（该手机原物由刘某保管）；

2. 关于考试时间的证明（学生田嵩、张奥博、王淼、薛潇洋、王洋、牛跃强、董坤、马欣的证言）；

3. 关于068号决定公布时间的证明（学生王淼、王洋、牛跃强的证言）；

4. 刘某的2004—2005年度学生证；

5.《经济法》教科书；

6. 申诉申请书；

7.《旅游学院学生违纪处分条例》（以下简称《处分条例》）。

旅游学院向一审法院提交了以下证据，用于支持其诉讼意见：

1. 考试试卷；

2. 联旅院字［2004］61号审批意见；

3. 曹庆红关于通知刘某办理手续的证明；

4. 联旅教字［2002］008号处理决定；

5.《学生手册》；

6.《教学管理文件汇编》。

经质证，一审法院认为市教委的证据1-4；刘某的证据1、4-6；旅游学院的证据1、2、4予以认可，认为市教委的证据5、6；刘某的证据2、3；旅游学院的证据 3 不符合最高人民法院《关于行政诉讼证据若干问题的规定》的要求，不予认可。

经审查，本院认证如下：

市教委的证据 5、6 是监考人员对 2004 年 6 月 30 日《经济法》考试时发现的情况说明，与证据 2、3 没有冲突，能够作为本案的定案证据，本院予以确认。

刘某的证据 1 缺乏相应的证据，无法证明与本案有关联，本院不予认证；刘某的证据 2、3 是证人证言，虽然这几位证人没有出庭接受质证，但是证据 2 能够证明 2004 年 6 月 30 日下午考《经济法》，证据 3 能够证明旅游学院将 068 号决定在 2004 年 6 月 30 日下午 16 时至 18 时之间在教学楼 1 楼公告栏中公布的事实。所以，上述两份证据本院予以确认；证据 7 是刘某为了证明其诉讼主张的成立，在收到旅游学院的证据后向一审法院提供的，一审法院在判决中没有记载，本院予以纠正，该证据能够作为本案的定案证据。

旅游学院的证据 5、6 是在法定期限内提交的证据，一审法院未将上述两份规范性文件作为证据，本院予以纠正，该证据能够作为本案的定案证据；证据 3 虽然可以证明该证人在 2004 年 7 月 1 日让刘某看了 068 号决定，但与刘某的证据 3 有冲突，不能作为证明 068 号决定是在 2004 年 7 月 1 日作出的事实。

其他证据能够作为本案的定案证据，本院予以确认。

本院认为：根据《教育法》第四十二条的规定，市教委有权受理学生不服学校处理决定的申诉，并根据相关的法律法规以及规章的规定，进行调查处理，并作出学生申诉处理决定。

根据《7 号令》第十二条的规定，"对于考试作弊的，应予以纪律处分。"由于刘某将处于开机状态的手机带入考场，违反了旅游学院的《考场规则》。监考人员当场发现其放在课桌内的手机呈翻盖状态，且显示的短信与考试内容有关，认定刘某作弊，将其请出考场的事实清楚。旅游学院针对刘某有两次考试作弊行为的事实，对其作出 068 号决定没有违反法律、法规的规定，且与《7 号令》第六十二条、第六十三条的规定，以及《旅游学院关于处理考试作弊的规定（试行）》一致。所以，市教委维持旅游学院对刘某作出的 068 号决定的主要证据充分。对于市教委作出被诉行为的时间超过了《校园秩序规定》第十八条第二款关于在 30 日内处理申诉的规定，一审判决已经指出，本院予以支持。

虽然，刘某在 068 号决定之后进行了学籍注册，但是旅游学院仍坚持 068

号决定的内容，并在刘某本人申诉的情况下，向刘某送达 068 号决定的复印件时，应视为旅游学院正式向刘某作出 068 号决定。至此，刘某向市教委申诉，行使了行政救济权。但是，对于旅游学院的职能部门在作出 068 号决定后，没有经过院长办公会议研究，即将决定的内容在学校布告栏中公开，与旅游学院制定并向学生公布的《处分条例》第十五条不一致的行为不当，本院予以指出。

综上，一审判决结果正确，本院应予维持。上诉人的上诉请求缺乏事实和法律依据，本院不予支持。

据此，依照《中华人民共和国行政诉讼法》第六十一条第（一）项，判决如下：

驳回上诉，维持一审判决。

二审案件受理费 80 元，由上诉人刘某负担（已缴纳）。

本判决为终审判决。

审　判　长　饶亚东

审　判　员　李纪红

代理审判员　张靛卿

二〇〇五年七月十三日

书　记　员　王　丽

七、赵某某诉中国传媒大学不予授予博士生学位案二审判决书

北京市第三中级人民法院（2022）京 03 行终 1041 号行政判决书

上诉人（一审原告）赵某某，女，住北京市朝阳区。

被上诉人（一审被告）中国传媒大学，住所地北京市朝阳区定福庄东街 1 号。

上诉人赵某某因诉被上诉人中国传媒大学不授予博士学位决定一案，不服北京市朝阳区人民法院（2021）京 0105 行初 922 号行政判决，向本院提起上诉。本院受理后，依法组成合议庭，于 2022 年 9 月 7 日公开开庭审理了本案。上诉人赵某某及其委托代理人孙丽业、张胜勇，被上诉人中国传媒大学的委托代理人刘江红、周海华到庭参加诉讼。本案现已审理终结。

赵某某诉至一审法院，请求判决：（1）撤销中国传媒大学对赵某某作出的不授予博士学位决定；（2）中国传媒大学对赵某某的博士学位授予事宜重新作出决定。

一审法院经审理查明，赵某某系中国传媒大学 2013 级文化产业专业博士研究生，研究方向为区域文化产业，培养年限为 3 年，最长修业年限为 8 年。赵某某毕业论文题目为《网络社群与创意消费的互动关系研究》，论文原申请答辩时间为 2016 年 5 月。赵某某分别于 2016 年 3 月、2016 年 11 月、2017 年 5 月、2020 年 1 月分别提出学位论文延期答辩申请及延期毕业申请，经中国传媒大学审批同意。2020 年 3 月，赵某某向中国传媒大学提出《延迟论文外审申请》。2020 年 12 月 23 日，中国传媒大学作出《关于对即将超出有效修业年限研究生进行学业预警的通知》，通知包含赵某某在内的学生其最长修业年限至 2021 年夏季学期到期，如逾期未完成学位论文答辩或未达到毕业要求，将按清退处理。2020 年 12 月 30 日，赵某某填写《承诺书》，承诺在规定时间内完成学位论文答辩和相关工作，如预期未完成学位论文答辩或未达到毕业要求，将终止学业，同意由学校按照规定进行清退处理。

赵某某于 2021 年春季向中国传媒大学提交毕业论文，并提出中国传媒大学博士学位论文评阅和答辩申请书、中国传媒大学博士研究生在读期间科研和奖励情况统计表、中国传媒大学指导教师对博士学位论文的学术评语等申请材料。中国传媒大学将赵某某论文送交校外专家匿名评阅，其中 1 位专家评审意见为"不同意答辩"。中国传媒大学学位办将赵某某的论文提交另外两校外专家进行复评，复评专家的意见为"通过"。2021 年 5 月 27 日，中国传媒大学学位论文答辩委员会组织赵某某进行正式答辩，表决结果为通过，实到答辩委员 5 人，建议授予博士学位者 3 人，不建议授予博士学位者 2 人。2021 年 6 月 3 日，中国传媒大学文化产业管理学院分委员会召开学位评定委员会分委员会会议，对包括赵某某在内的学位授予事宜进行审议，表决结果为 5 票为"不支持原答辩结果，不建议授予学位"，1 票为"支持原答辩结果，建议授予学位"，不建议授予学位。2021 年 6 月 16 日，中国传媒大学学位评定委员会召开第九届学位评定委员会第二十三次会议，应到委员 35 人，实到委员 30 人，经采取无记名投票方式进行表决，对赵某某的表决结果为 30 票"不同意授予"。同日，中国传媒大学作出《关于对学位评定委员会分委会不建议授予学位的 15 人学位申请的处理决议》（以下简称《处理决议》），决定不授予包括赵某某在内等 15 人相应学位，同意其在规定的时间内（不得超过学校规定的最长有效修业年限）修改论文后，重新申请答辩一次，并经学位评定委员会分委会审议批准后，呈报当学期学位评定委员会审议。2021 年 6 月 18 日，中国传媒大学文化产业管理学院老师将决议内容以微信方式告知赵某某。赵某某不服，遂诉至一审法院。

一审法院经审理认为，根据《中华人民共和国教育法》《学位条例》《中华人民共和国学位条例暂行实施办法》（以下简称《实施办法》）的相关规定，中国传媒大学作为具有学位授予权的高等学校，有权对学位申请人提出的学位授予申请进行审查并决定是否授予其学位。

《实施办法》第二十五条规定，学位授予单位可根据本暂行实施办法，制定本单位授予学位的工作细则。该办法赋予学位授予单位在不违反学位条例所规定授予学位基本原则的基础上，在学术自治范围内制定学位授予规则的权利和职责。中国传媒大学制发的《中国传媒大学硕士学位、博士学位授予工作实施细则》（以下简称《实施细则》）《章程》等文件系其依法行使教育自主权，对所培养学生的教育质量和学术水平做出具体要求，对学位论文水平判断的方式和程序进行的规定，是中国传媒大学根据学校实际情况制定的学位授予的具体细则，其内容与上位法的规定不相冲突，可以作为中国传媒大学作出相应行为的依据。《实施细则》第十八条第三款规定，凡论文答辩委员会不建议授予博士学位的，学位评定委员会一般不进行审核。对某些经论文答辩委员会通过的论文，但经过学位评定委员会审核后，认为不合格的，可以做出明确的决议；或允许在两年内修改论文，重新申请答辩一次（已按第十六条规定重新答辩者除外）；或缓授；或做出不同意授予博士学位的决议。《章程》第十一条规定，分委员会对召开学位授予审查会议时，须有全体委员的2/3以上出席方为有效。分委员会对本培养单位硕士、博士学位申请情况进行审查。对拟授予学位人员中学位论文匿名评阅出现复评、答辩表决票中存在反对票、答辩成绩处于"及格"分数段（60-69分）的情况，要针对其匿名版纸质论文进行单独审查，单独投票、计票。会议一般采用无记名投票方式进行表决，经全体委员半数以上同意为通过。表决情况报送校学位办，由校学位委员会审议。本案中，中国传媒大学产业文化管理学院分委员会召开学位评定委员会分委员会会议针对赵某某论文进行审查和表决符合上述规定，表决结果为不建议授予学位；中国传媒大学学位评定委员会召开会议中采取无记名投票方式表决结果为不同意授予学位，故中国传媒大学据此做出《处理决议》决定不授予赵某某博士学位，并同意其在规定的时间内（不得超过学校规定的最长有效修业年限）修改论文后，重新申请答辩一次，后向赵某某进行必要告知，中国传媒大学的行为符合相关规定，并无不当。此外，有关论文评阅人的具体评阅意见及评议表决程序等事项，属于高校学术自主权范畴，不属于本案审查范围。综上，赵某某要求撤销中国传媒大学对赵某某作出的不授予博士学位决定并对其博士学位授予事宜重新作出决定的诉讼请求缺乏事实依据和法律依据，一审法院不予支持。

综上，依据《中华人民共和国行政诉讼法》第六十九条之规定，判决驳回赵某某的诉讼请求。

赵某某不服一审判决，向本院提起上诉，其事实与理由主要为：一、被上诉人作出"不授予博士学位"的决议后，既未依法向上诉人送达，也未向上诉人告知符合上诉人情况的权利救济途径。一审法院所认定的被上诉人作出具体行政行为"后向上诉人进行必要告知"严重违背客观事实，明显错误。本案中，上诉人经向被上诉人的工作人员询问校委员会的决议结果后，被上诉人的工作人员仅是通过微信回复上诉人"还是没有通过……没有博士学位，但毕业是可以的"，毫无任何有关权利救济或路径的说明。被上诉人作为上诉人的培养单位，明知上诉人已达到最长修学年限根本无法重新申请学位，明知决议内容明显不利于上诉人，涉及上诉人的受教育权、财产权、人身权甚至人生之路如何走的重大权益，但自始至终未能告知上诉人任何救济权利或路径，已经严重违背了法律的强制性规定。在一审中上诉人就上述事实已进行了充分的陈述及举证，而被上诉人却未能举证证明向上诉人送达了校委员会决议结果并告知符合上诉人情况的救济途径，被上诉人在一审中提交的证据也是借用了上诉人的证据，上诉人提交该证据恰恰是要证明被上诉人未就决议进行送达并告知救济途径，一审法院认定为其"后向上诉人进行必要告知"，违背客观事实，明显错误。二、一审法院一方面认定学术自主权应当在上位法的范围内行使权利和履行职责，另一方面对于被上诉人明显违反上位法的行为和规定均以"学术自主权"作为理由认为"符合相关规定，并无不当"，一审法院对于本案的判定观点自相矛盾。（一）被上诉人自制的《学位评定委员会章程》违反上位法的限制性规定，不符合学术自主权范畴。（二）被上诉人未能依据上位法及其所谓自制《学位委员会章程》规定的程序和内容进行学位授予工作，因缺乏依据且程序违法，校委员会作出的决议根本不合法，应当予以撤销。1. 被上诉人认定上诉人"答辩成绩为69.8"毫无依据，被上诉人对上诉人启动单独评阅程序也违反了《中国传媒大学学位评定委员会章程》第十一条的适用。2. 被上诉人下设的分委员会的组成人员对于被单独审查的论文为上诉人所著都提前知悉，分委员会的人员组成违反了《学位委员会章程》第十一条关于"匿名版纸质论文"的审查要求，其表决结果不能成立。3. 被上诉人校委员会及分委员会的人员组成违背上位法的强制性规定，程序违法，由此作出的决议应予撤销。4. 校委员会依据分委员会的建议作出不授予上诉人博士学位的决议属程序违法，应予撤销。（三）一审法院刻意回避其法定审查义务，认定"有关论文评阅人的具体评阅意见及评议表决程序等事项，属于高校学术自主权范畴，不属于本案审查范围"，该等认定无疑放大了"学术自主权范畴"违反法律规定的同时极大侵害了上诉人的合法权益。三、被上诉人表示其分委会依据中国传媒大学学位评定委员会章程进行审议并最终做出不受理的建议，其在一审中并未向法庭提交该行政行为的依据，且经过上诉人提出异议，一审法官亦未责令其提交章程，一审庭审中更不存在章程材料被质证的环节，但是一审判决却载明中国传媒大学提交的依据包括章程。一审法院明显背离事实的错误认定，导致判决结果错误。第二，中国传媒大学在一审提交的授予工作实施细则当中，并无关于分委员会的规定，在一审中也未提交学位评定委员会章程作为证据，因此以分委会不建议授予学位的建议作出决议没有法律效力。中国传媒大学始终未提出合法依据，应当视为没有依据。最后，一审认定的"传媒大学决议作出……"认定错误，关于学位评定委员会分委会作出的决议含糊不清，自相矛盾，依据该内容，似乎上诉人可以再次答辩，但上诉人无法重新申请学位救济权利。综上，请求二审法院：（1）依法撤销一审判决；（2）改判撤销被上诉人对上诉人作出的不授予博士学位决定；（3）依法改判被上诉人对上诉人博士学位授予事宜重新作出决定；（4）本案一、二审诉讼费用由被上诉人承担。

中国传媒大学同意一审判决，请求予以维持。

赵某某在指定期限内向一审法院提交以下证据：

证据组一：1. 博士研究生毕业证书，2. 科研成果发表及录用情况，3. 中国传媒大学博士研究生在读期间科研和奖励情况统计表，4. 中国传媒大学指导教师对博士学位论文的学术评语，5. 中国传媒大学博士学位论文答辩委员会决议书，该组证据证明赵某某依法依规完成博士学位课程且成绩优异、具备授予博士学位要求的学术水平、审核通过论文答辩提交学位申请相关材料且论文答辩委员会决议建议授予博士学位，中国传媒大学应授予赵某某博士学位。

证据组二：6. 学位评定委员会分委员会成员名单节录及专业材料，7. 中国传媒大学博士学术学位论文评阅书，该组证据证明中国传媒大学宣称"学术自治"，但其实际依据分委会越权作出的"不授予博士学位建议"并决议不授予赵某某博士学位是对学术自治的曲解以及国家学位立法的错误适用，该决议作出的依据不合法，依法应当予以撤销。

证据组三：8. 李某老师的身份及其与赵某某的聊天记录，9. 文产学院硕博学委通知群消息，10. 赵某某与教学管理老师李某2的聊天记录，11. 关于赵某某信息公开申请及中国传媒大学回复材料，该组证据证明中国传媒大学作出"不授予博士学位"的错误决议后未依法送达赵某某，该决议无论从实体上还是程序上均应当予以撤销；中国传媒大学未能在举证期内完成其举证责任，依法应当承担相应的不利法律后果。

中国传媒大学在法定期限内向一审法院提交了以下证据：

1. 事业单位法人证书，证明中国传媒大学具有授予艺术类博士学位的法定权限；

2. 中国传媒大学研究生手册（2013 年 9 月）－与本案相关部分《实施细则》《中国传媒大学研究生学籍管理规定》《中国传媒大学博士学位论文匿名评审暂行实施办法》，证明经统一入学考试录取的博士研究生学制为 3-4 年（脱产为 3 年，半脱产为 4 年）；研究生需在学制规定年限内，符合学位授予条件者，授予学位证书；博士研究生延期期限最长 4 年；

3. 文化产业专业《博士研究生培养方案（2013 版）》（以下简称《培养方案》），证明赵某某的培养年限为 3 年；

4. 《中国传媒大学研究生学籍管理规定（修订）》，证明 2019 年中国传媒大学对《中国传媒大学研究生学籍管理规定》进行修订，根据修订版第三十五条规定，博士研究生的最长有效修业年限（含休学、保留学籍、延期在内）为八年，因该规定对赵某某有利，中国传媒大学按照最长八年的期限对赵某某进行管理；

5. 《中国传媒大学博士研究生学位论文延期答辩申请表》《中国传媒大学研究生申请延期毕业审批表》《延迟论文外审申请》，证明赵某某应于 2016 年 5 月进行学位论文答辩，但其多次申请延期；

6. 《关于对即将超出有效修业年限研究生进行学业预警的通知》，证明 2020 年 12 月 23 日，中国传媒大学通知包含赵某某在内的学生其最长修业年限，如逾期未完成学位论文答辩或未达到毕业要求，将按清退处理；

7. 《承诺书》及赵某某提交承诺书的电子邮件截屏，证明赵某某于 2020 年 12 月 30 日作出《承诺书》，承诺在规定时间内完成学位论文答辩和相关工作，如预期未完成学位论文答辩或未达到毕业要求，将终止学业，同意由学校按照规定进行清退处理；

8. 中国传媒大学博士学位论文评阅和答辩申请书、中国传媒大学博士研究生在读期间科研和奖励情况统计表、中国传媒大学指导教师对博士学位论文的学术评语，证明赵某某于 2021 年春季向中国传媒大学提交其毕业论文，提出论文评阅和答辩申请书，并提交了导师意见、在读期间科研和奖励情况统计表；

9. 《博士学术学位论文评阅书》，证明中国传媒大学将赵某某论文送交校外专家进行匿名评阅，因1位专家的评审意见位"不同意答辩"，中国传媒大学学位办将其论文提交另外两位专家进行复评，复评专家的意见为通过；

10. 《2021夏季毕业博士学位论文答辩公示汇总（持续更新中）[2021-4-30]》，证明2021年4月30日中国传媒大学安排赵某某将于2021年5月27日在39号楼401进行毕业答辩；

11. 中国传媒大学博士学位论文答辩评分表、中国传媒大学博士学位论文答辩委员会决议书、中国传媒大学博士研究生学位论文答辩记录，证明中国传媒大学于2021年5月27日组织赵某某进行答辩，学位论文答辩委员会委员共5名，实到5名，答辩结果为通过，建议授予博士学位3人，不建议授予博士学位2人，答辩成绩为69.8；赵某某对论文进行全面阐述的权利已由答辩程序予以保障；

12. 学位评定委员会分委员会成员名单、文化产业管理学院学位评定委员会分委会学位论文单独评议结果汇总表及对应投票、会议记录，证明2021年6月3日，分委员会召开学位评定委员会分委员会会议，对包括赵某某在内的学位授予事宜进行审议，应到委员7人，实到6人，达到三分之二以上的规定人数，根据《中国传媒大学学位评定委员会章程》（以下简称《章程》）第十一条的规定，因赵某某的毕业论文存在论文匿评阅（盲审）出现复评、答辩出现2个反对票及答辩成绩处于及格分数段的情形，分委会针对其匿名版纸质论文进行了单独审查，并以单独投票、计票的无记名投票方式，表决结果：5票"不支持原答辩结果，不建议授予学位"，1票"支持原答辩结果，建议授予学位"，不建议授予学位；

13. 中国传媒大学第九届学位评定委员会名单、表决情况说明、投票情况、《处理决议》、中国传媒大学专题工作会纪要，证明2021年6月16日，中国传媒大学学位评定委员会召开中国传媒大学第九届学位评定委员会第二十三次会议，会议应当35人，实到30人，达到三分之二以上出席人数要求，经无记名投票表决，30人不同意授予赵某某学位，最终作出《处理决议》并由学位评定委员会主席签发，决议内容为不授予包括赵某某在内等15人相应学位，同意其在规定的时间内（不得超过学校规定的最长有效修业年限）修改论文后，重新申请答辩一次；

14. 学位与导师工作群聊天记录截屏、李某2老师与赵某某聊天记录截屏，证明上述决议后，中国传媒大学研究生院将结果在学位与导师工作群中通知学生的各培养单位，再由中国传媒大学文化产业管理学院教学秘书李某2老师负责将决议内容向赵某某转达。

中国传媒大学提交的依据为：《学位条例》《实施办法》《实施细则》《章程》。

经一审庭审质证，一审法院对以上证据认证如下：（1）赵某某提交的证据具备真实性，能够证明赵某某毕业、申请学位、中国传媒大学回复情况，一审法院予以采纳；（2）中国传媒大学提交的证据符合证据的形式要件，与本案具有关联性，能够证明针对赵某某提出的授予博士学位申请进行评议的相关情况，一审法院予以采纳。

一审法院已将上述证据材料随案移送本院。经审查，本院认为一审法院的认证意见并无不当，予以确认。

经审查，本院对一审法院经审理查明的事实予以确认。

本院认为，根据《中华人民共和国教育法》第二十九条第（五）项、《学位条例》第八条、《实施办法》第十条之规定，中国传媒大学作为具有学位授予权的高校，有权对赵某某的博士学位申请作出是否授予博士学位的决定。根据当事人的诉辩主张及案件查明的事实，本案二审期间的争议焦点主要有三个方面：一、中国传媒大学制发的《实施细则》《章程》是否符合上位法规定，能否作为其作出相应行为的依据；二、本案不授予博士学位决定的实体审查问题；三、本案不授予博士学位决定的程序是否合法。

关于争议焦点一，中国传媒大学制发的《实施细则》《章程》是否符合上位法规定。中国传媒大学制发的《实施细则》第十八条第三款规定，凡论文答辩委员会不建议授予博士学位的，学位评定委员会一般不进行审核。对某些经论文答辩委员会通过的论文，但经过学位评定委员会审核后，认为不合格的，可以做出明确的决议；或允许在两年内修改论文，重新申请答辩一次（已按第十六条规定重新答辩者除外）；或缓授；或做出不同意授予博士学位的决议。《章程》第十一条规定，分委员会对召开学位授予审查会议时，须有全体委员的2/3以上出席方为有效。分委员会对本培养单位硕士、博士学位申请情况进行审查。对拟授予学位人员中学位论文匿名评阅出现复评、答辩表决票中存在反对票、答辩成绩处于"及格"分数段（60-69分）的情况，要针对其匿名版纸质论文进行单独审查，单独投票、计票。会议一般采用无记名投票方式进行表决，经全体委员半数以上同意为通过。表决情况报送校学位办，由校学位委员会审议。根据《高等教育法》的相关规定，高等学校具有自主办学、民主管理的权利，《实施办法》第二十五条规定，学位授予单位可根据本暂行实施办法，制定本单位授予学位的工作细则。故一审法院认定《实施细则》《章程》等文件系中国传媒大学根据学校实际情况，依法行使教育自主权所制发，其内容与上位法的规定不相冲突，可以作为中国传媒大学作出相应行为的依据，本院不持异议。上诉人认为上述《实施细则》《章程》违反上位法规定的主张不能成立，本院不予支持。

关于争议焦点二，本案不授予博士学位决定的实体审查问题。本院认为，各高等学校根据自身的教学水平和实际情况在法定的基本原则范围内确定各自学位授予的学术水平衡量标准，是学术自治原则在高等学校办学过程中的具体体现。学位评价判断，是对学生所学专业知识能力的综合判断，教育部门的决定具有不可替代的专业性，对于论文评审成绩、答辩要求等学位授予相关概念的具体解释适用应当由高等院校作出。对学位授予的司法审查不能干涉和影响高等学校的学术自治。本案中，赵某某于2021年春季向中国传媒大学提交毕业论文并提出相关申请材料，中国传媒大学根据《实施细则》《章程》的相关规定，经过校外专家匿名评阅、专家复评、组织正式答辩等环节后，于2021年6月16日召开第九届学位评定委员会第二十三次会议，应到委员35人，实到委员30人，经采取无记名投票方式进行表决，对赵某某的表决结果为30票"不同意授予"。同日，中国传媒大学作出《处理决议》，决定不授予包括赵某某在内等15人相应学位，同意其在规定的时间内（不得超过学校规定的最长有效修业年限）修改论文后，重新申请答辩一次，并经学位评定委员会分委会审议批准后，呈报当学期学位评定委员会审议。因此，上述有关论文评阅、专家复评的具体评阅意见等事项，属于高校学术自主权范畴，本院同意一审法院的意见。

关于焦点三，本案被诉不授予博士学位决定的程序是否合法。本院认为，中国传媒大学作为法律、法规授权的组织，其在行使学位授予权时应当遵守正当程序原则。正当程序原则作为最基本的公正程序规则，要求行政机关作出任何使他人遭受不利影响的行使权力的决定前，应当听取当事人的意见。正当程序原则旨在保障相对人的程序参与权，相对人只有在充分了解案件事实、法律规定以及可能面临的不利后果之情形下，才能够有针对性地进行陈述和申辩，发表有价值的意见，尽量避免因为信息不对称而导致失误和偏差，进而避免当事人的合法权益受到侵害。《普通高等学校学生管理规定》（2017年）亦对此予以规定，其中第五十五条规定，在对学生作出处分或者其他不利决定之前，学校应当告知学生作出决定的事实、理由及依据，并告知学生享有陈述和申辩的权利，听取学生的陈述和申辩。

本案中，赵某某作为中国传媒大学的学生，不授予博士学位的决定无疑会对其产生不利影响。中国传媒大学本可以与赵某某进行面对面的交流，针对博士学位授予的相关决定直接交换意见，进一步澄清事实，消除双方因观察问题的角度和利害关系的不同所产生的认识上的不一致，作出公正处理，使得赵某某充分了解作出决定所依据的法律法规和相关事实，提高学校决定的可接受性。在案证据显示，中国传媒大学作为上诉人的培养单位，确已知晓上诉人已达到最长修学年限无法通过重新申请答辩方式申请学位，二审庭审中，中国传媒大学对此亦再次确认。赵某某主张系 2021 年 6 月 18 日以微信主动询问方式才得知中国传媒大学不授予其博士学位，二审庭审中，中国传媒大学亦认可最终对外生效的不授予博士学位决定的载体是 2021 年 6 月 18 日微信告知。因此，中国传媒大学在以微信方式告知赵某某不授予博士学位决定前，未告知赵某某作出决定的事实、理由及依据，未告知赵某某依法享有陈述、申辩权和救济途径，也未根据《处理决议》内容向赵某某作出书面、正式的不授予博士学位决定并依法送达赵某某，违反了《普通高等学校学生管理规定》第五十五条之规定，系程序违法。

综上所述，中国传媒大学所作被诉不授予博士学位决定违反法定程序，本院应予纠正。一审法院以中国传媒大学根据《处理决议》决定不授予赵某某博士学位，并同意其在规定的时间内（不得超过学校规定的最长有效修业年限）修改论文后，重新申请答辩一次，后向赵某某进行必要告知为由，认定中国传媒大学的行为符合相关规定系适用法律错误，本院予以纠正。依照《中华人民共和国行政诉讼法》第七十条第（三）项、第八十九条第一款第（二）项的规定，判决如下：

一、撤销北京市朝阳区人民法院（2021）京 0105 行初 922 号行政判决；

二、撤销中国传媒大学对赵某某作出的不授予博士学位决定；

三、责令中国传媒大学于本判决生效之日起 60 日内对赵某某博士学位授予事宜重新作出决定。

本案一、二审案件受理费各 50 元，由被上诉人中国传媒大学负担（本判决生效后七日后缴纳）。

本判决为终审判决。

审判长　　饶亚东

审判员　　董　巍

审判员　　陈金涛

二○二二年十一月二日

法官助理　　任丹阳

法官助理　　林淡萍

法官助理　　武文慧

法官助理　　徐逍阳

附 录
涉案的相关法律、法规及其他规范性文件

中华人民共和国教育法

(1995 年 3 月 18 日第八届全国人民代表大会第三次会议通过)

第九条 中华人民共和国公民有受教育的权利和义务。

公民不分民族、种族、性别、职业、财产状况、宗教信仰等,依法享有平等的受教育机会。

第二十一条 国家实行学业证书制度。

经国家批准设立或者认可的学校及其他教育机构按照国家有关规定,颁发学历证书或者其他学业证书。

第二十二条 国家实行学位制度。

学位授予单位依法对达到一定学术水平或者专业技术水平的人员授予相应的学位,颁发学位证书。

第二十八条 学校及其他教育机构行使下列权利:

(一)按照章程自主管理;

(二)组织实施教育教学活动;

(三)招收学生或者其他受教育者;

(四)对受教育者进行学籍管理,实施奖励或者处分;

(五)对受教育者颁发相应的学业证书;

(六)聘任教师及其他职工,实施奖励或者处分;

(七)管理、使用本单位的设施和经费;

(八)拒绝任何组织和个人对教育教学活动的非法干涉;

(九)法律、法规规定的其他权利。

国家保护学校及其他教育机构的合法权益不受侵犯。

第四十二条 受教育者享有下列权利:

（一）参加教育教学计划安排的各种活动，使用教育教学设施、设备、图书资料；

（二）按照国家有关规定获得奖学金、贷学金、助学金；

（三）在学业成绩和品行上获得公正评价，完成规定的学业后获得相应的学业证书、学位证书；

（四）对学校给予的处分不服向有关部门提出申诉，对学校、教师侵犯其人身权、财产权等合法权益，提出申诉或者依法提起诉讼；

（五）法律、法规规定的其他权利。

中华人民共和国教师法

（1993 年 10 月 31 日第八届全国人民代表大会常务委员会第四次会议通过）

第五条 国务院教育行政部门主管全国的教师工作。

国务院有关部门在各自职权范围内负责有关的教师工作。

学校和其他教育机构根据国家规定，自主进行教师管理工作。

第七条 教师享有下列权利：

（一）进行教育教学活动，开展教育教学改革和实验；

（二）从事科学研究、学术交流，参加专业的学术团体，在学术活动中充分发表意见；

（三）指导学生的学习和发展，评定学生的品行和学业成绩；

（四）按时获取工资报酬，享受国家规定的福利待遇以及寒暑假期的带薪休假；

（五）对学校教育教学、管理工作和教育行政部门的工作提出意见和建议，通过教职工代表大会或者其他形式，参与学校的民主管理；

（六）参加进修或者其他方式的培训。

第八条 教师应当履行下列义务：

（一）遵守宪法、法律和职业道德，为人师表；

（二）贯彻国家的教育方针，遵守规章制度，执行学校的教学计划，履行教师聘约，完成教育教学工作任务；

（三）对学生进行宪法所确定的基本原则的教育和爱国主义、民族团结的教育，法制教育以及思想品德、文化、科学技术教育，组织、带领学生开展有益的社会活动；

（四）关心、爱护全体学生，尊重学生人格，促进学生在品德、智力、体质等方面全面发展；

（五）制止有害于学生的行为或者其他侵犯学生合法权益的行为，批评和抵制有害于学生健康成长的现象；

（六）不断提高思想政治觉悟和教育教学业务水平。

第九条 为保障教师完成教育教学任务，各级人民政府、教育行政部门、有关部门、学校和其他教育机构应当履行下列职责：

（一）提供符合国家安全标准的教育教学设施和设备；

（二）提供必需的图书、资料及其他教育教学用品；

（三）对教师在教育教学、科学研究中的创造性工作给以鼓励和帮助；

（四）支持教师制止有害于学生的行为或者其他侵犯学生合法权益的行为。

第三十九条 教师对学校或者其他教育机构侵犯其合法权益的，或者对学校或者其他教育机构作出的处理不服的，可以向教育行政部门提出申诉，教育行政部门应当在接到申诉的三十日内，作出处理。

教师认为当地人民政府有关行政部门侵犯其根据本法规定享有的权利的，可以向同级人民政府或者上一级人民政府有关部门提出申诉，同级人民政府或者上一级人民政府有关部门应当作出处理。

第四十三条 本法自 1994 年 1 月 1 日起施行。

中华人民共和国高等教育法

（1998 年 8 月 29 日第九届全国人民代表大会常务委员会第四次会议通过）

第二十条 接受高等学历教育的学生，由所在高等学校或者经批准承担研究生教育任务的科学研究机构根据其修业年限、学业成绩等，按照国家有关规定，发给相应的学历证书或者其他学业证书。

接受非学历高等教育的学生，由所在高等学校或者其他高等教育机构发给相应的结业证书。结业证书应当载明修业年限和学业内容。

第二十二条 国家实行学位制度。学位分为学士、硕士和博士。

公民通过接受高等教育或者自学，其学业水平达到国家规定的学位标准，可以向学位授予单位申请授予相应的学位。

中华人民共和国高等教育法（2018 年修正）

（1998 年 8 月 29 日第九届全国人民代表大会常务委员会第四次会议通过　根据 2015 年 12 月 27 日第十二届全国人民代表大会常务委员会第十八次会议《关于修改〈中华人民共和国高等教育法〉的决定》第一次修正　根据 2018 年 12 月 29 日第十三届全国人民代表大会常务委员会第七次会议《关于修改〈中华人民共和国电力法〉等四部法律的决定》第二次修正）

第九条　公民依法享有接受高等教育的权利。

国家采取措施，帮助少数民族学生和经济困难的学生接受高等教育。

……

第十条　国家依法保障高等学校中的科学研究、文学艺术创作和其他文化活动的自由。

在高等学校中从事科学研究、文学艺术创作和其他文化活动，应当遵守法律。

第四十二条　高等学校设立学术委员会，履行下列职责：

（一）审议学科建设、专业设置，教学、科学研究计划方案；

（二）评定教学、科学研究成果；

（三）调查、处理学术纠纷；

（四）调查、认定学术不端行为；

（五）按照章程审议、决定有关学术发展、学术评价、学术规范的其他事项。

第六十三条　……学校所办产业或者转让知识产权以及其他科学技术成果获得的收益，用于高等学校办学。

第六十四条　高等学校收取的学费应当按照国家有关规定管理和使用，其他任何组织和个人不得挪用。

第六十五条　高等学校应当依法建立、健全财务管理制度，合理使用、严格管理教育经费，提高教育投资效益。

高等学校的财务活动应当依法接受监督。

第六十九条　本法自 1999 年 1 月 1 日起施行。

中华人民共和国学位条例

(1980 年 2 月 12 日第五届全国人民代表大会常务委员会第十三次会议通过)

第四条 高等学校本科毕业生，成绩优良，达到下述学术水平者，授予学士学位：

（一）较好地掌握本门学科的基础理论、专门知识和基本技能；

（二）具有从事科学研究工作或担负专门技术工作的初步能力。

第九条 学位授予单位，应当设立学位评定委员会，并组织有关学科的学位论文答辩委员会。

学位论文答辩委员会必须有外单位的有关专家参加，其组成人员由学位授予单位遴选决定。学位评定委员会组成人员名单，由学位授予单位提出，报主管部门批准。主管部门应将批准的学位评定委员会组成人员名单报国务院学位委员会备案。

第十条 学位论文答辩委员会负责审查硕士和博士学位论文、组织答辩，就是否授予硕士学位或博士学位作出决议。决议以不记名投票方式，经全体成员三分之二以上通过，报学位评定委员会。

学位评定委员会负责审查通过学士学位获得者的名单；负责对学位论文答辩委员会报请授予硕士学位或博士学位的决议，作出是否批准的决定。决定以不记名投票方式，经全体成员过半数通过。决定授予硕士学位或博士学位的名单，报国务院学位委员会备案。

第十一条 学位授予单位，在学位评定委员会作出授予学位的决议后，发给学位获得者相应的学位证书。

第二十条 本条例自 1981 年 1 月 1 日起施行。

中华人民共和国学位条例（2004 年修正）

(1980 年 2 月 12 日第五届全国人民代表大会常务委员会第十三次会议通过
根据 2004 年 8 月 28 日第十届全国人民代表大会常务委员会第十一次会议
《关于修改〈中华人民共和国学位条例〉的决定》修正)

第八条 学士学位，由国务院授权的高等学校授予；硕士学位、博士学位，由国务院授权的高等学校和科学研究机构授予。

授予学位的高等学校和科学研究机构（以下简称学位授予单位）及其可以

授予学位的学科名单，由国务院学位委员会提出，经国务院批准公布。

第九条　学位授予单位，应当设立学位评定委员会，并组织有关学科的学位论文答辩委员会。

学位论文答辩委员会必须有外单位的有关专家参加，其组成人员由学位授予单位遴选决定。学位评定委员会组成人员名单由学位授予单位确定，报国务院有关部门和国务院学位委员会备案。

第十条　学位论文答辩委员会负责审查硕士和博士学位论文、组织答辩，就是否授予硕士学位或博士学位作出决议。决议以不记名投票方式，经全体成员三分之二以上通过，报学位评定委员会。

学位评定委员会负责审查通过学士学位获得者的名单；负责对学位论文答辩委员会报请授予硕士学位或博士学位的决议，作出是否批准的决定。决定以不记名投票方式，经全体成员过半数通过。决定授予硕士学位或博士学位的名单，报国务院学位委员会备案。

第十一条　学位授予单位，在学位评定委员会作出授予学位的决议后，发给学位获得者相应的学位证书。

第二十条　本条例自 1981 年 1 月 1 日起施行。

中华人民共和国学位条例暂行实施办法

（国发〔1981〕89 号）

第三条　学士学位由国务院授权的高等学校授予。

高等学校本科学生完成教学计划的各项要求，经审核准予毕业，其课程学习和毕业论文（毕业设计或其他毕业实践环节）的成绩，表明确已较好掌握本门学科的基础理论、专科知识和基本技能，并具有从事科学研究工作或担负专门技术工作的初步能力的，授予学士学位。

第四条　授予学士学位的高等学校，应当由系逐个审核本科毕业生的成绩和毕业鉴定等材料，对符合本暂行办法第三条及有关规定的，可向学校学位评定委员会提名，列入学士学位获得者的名单。

非授予学士学位的高等学校，对达到学士学术水平的本科毕业生，应当由系向学校提出名单，经学校同意后，由学校就近向本系统、本地区的授予学士学位的高等学校推荐。授予学士学位的高等学校有关的系，对非授予学士学位的高等学校推荐的本科毕业生进行审查考核，认为符合本暂行办法第三条及有关规定的，可向学校学位评定委员会提名，列入学士学位获得者的名单。

第五条　学士学位获得者的名单，经授予学士学位的高等学校学位评定委员会审查通过，由授予学士学位的高等学校授予学士学位。

第十条　博士学位由国务院授权的高等学校和科学研究机构授予。

申请博士学位人员应当在学位授予单位规定的期限内，向学位授予单位提交申请书和申请博士学位的学术论文等材料。

学位授予单位应当在申请日期截至后两个月内进行审查，决定是否同意申请，并将结果通知申请人及其所在单位。

同等学力人员申请时，应当送交两位教授或相当职称的专家的推荐书。学位授予单位对未获得硕士学位的申请人员，可以在接受申请前，采取适当方式，考核其某些硕士学位的基础理论课和专业课。

申请人员不得同时向两个学位授予单位提出申请。

第十八条　学位授予单位的学位评定委员会根据国务院批准的授予学位的权限，分别履行以下职责：

（一）审查通过接受申请硕士学位和博士学位的人员名单；

（二）确定硕士学位的考试科目、门数和博士学位基础理论课和专业课的考试范围，审批主考人和论文答辩委员会成员名单；

（三）通过学士学位获得者的名单；

（四）作出授予硕士学位的决定；

（五）审批申请博士学位人员免除部分或全部课程考试的名单；

（六）作出授予博士学位的决定；

（七）通过授予名誉博士学位的人员名单；

（八）作出撤销违反规定而授予学位的决定；

（九）研究和处理授予学位的争议和其他事项。

第十九条　学位授予单位的学位评定委员会由九至二十五人组成，任期二至三年。成员应当包括学位授予单位主要负责人和教学、研究人员。

授予学士学位的高等学校，参加学位评定委员会的教学人员应当从本校讲师以上教师中遴选。授予学士学位、硕士学位和博士学位的单位，参加学位评定委员会的教学、研究人员，主要应当从本单位副教授、教授或相当职称专家中遴选。授予博士学位的单位，学位评定委员会中至少应当有半数以上的教授或相当职称的专家。

学位评定委员会主席由学位授予单位具有教授、副教授或相当职称的主要负责人（高等学校校长，主管教学、科学研究和研究生工作的副校长，或科学研究机构相当职称的人员）担任。

学位评定委员会可以按学位的学科门类，设置若干分委员会，各由七至十五人组成，任期二至三年。分委员会主席必须由学位评定委员会委员担任。分委员会协助学位评定委员会工作。

学位评定委员会成员名单，应当由各学位授予单位报主管部门批准，主管部门转报国务院学位委员会备案。

学位评定委员会可根据需要，配备必要的专职或兼职的工作人员，处理日常工作。

第二十五条 学位授予单位可根据本暂行实施办法，制定本单位授予学位的工作细则。

普通高等学校学生管理规定（7号令）❶

（1990年1月20日国家教育委员会令第7号发布）

第一章 总 则

第一条 为了维护高等学校正常的教学工作和生活秩序，保障学生身心健康，促进学生德、智、体诸方面的发展，特制定本规定。

第二条 高等学校的学生应当有坚定正确的政治方向，热爱社会主义祖国，拥护中国共产党的领导，努力学习马克思列宁主义，积极参加社会实践，走与工农相结合的道路；应当具有为国家富强和人民富裕而艰苦奋斗的献身精神；应当遵守宪法、法规、校规校纪，有良好的道德品质和文明风尚；应当勤奋学习，努力掌握现代科学文化知识。

第三条 高等学校的主要任务是为社会主义建设培养合格人才。要不断提高教育、教学质量，从严治校，优化办学环境，保证培养目标的实现。健全管理制度应同加强思想教育相结合，对学生以正面引导为主，警惕并抵制国外敌对势力的思想政治渗透和国内资产阶级自由化思潮的侵袭，做好教育和管理工作。

第四条 本规定所称学生管理，是指对学生入学到毕业在校阶段的管理，

---

❶ 教育部于2005年3月29日发布第21号令，废止7号令，于同年9月1日起施行《普通高等学校学生管理规定》。2017年2月4日，教育部发布《普通高等学校学生管理规定》第41号令，废止原第21号令，其他有关文件规定与本规定不一致的，以41号令为准。

是对高等学校学生学习、生活、行为的规范。

第二章　学籍管理

第一节　入学与注册

第五条　普通高等学校按照招生规定录取的新生，持录取通知书和学校规定的有关证件，按期到校办理入学手续。因故不能按期入学者，应写信并附原单位或所在街道、乡镇证明，向学校请假。假期一般不得超过两周。未经请假或请假逾期报到的，以旷课论，超过两周不报到者，取消入学资格。

第六条　新生入学后，学校应在三个月内按照招生规定进行复查。经过注册后复查合格，即取得学籍。复查不符合招生条件者，由学校区别情况，予以处理，直至取消入学资格。凡属徇私舞弊者，一经查实，取消学籍，予以退回。情节恶劣的，须请有关部门查究。

第七条　新生进行体检复查患有疾病者，经医疗单位证明，短期治疗可达到健康标准的，本人申请，由学校批准，可准许保留入学资格一年，并应回家医疗。保留入学资格的学生，必须在下学年开学前向学校申请入学，经县级以上医院证明，学校复查合格，方可重新办理入学手续。复查不合格或逾期不办理入学手续者，取消入学资格。

第八条　每学期开学时，学生必须按时到校办理入学手续。因故不能如期注册者，必须履行请假手续，否则以旷课论。未经请假逾期两周不注册的，按自动退学处理。

第二节　成绩考核与记载办法

第九条　学生必须参加教学计划规定的课程考核，考核成绩载入成绩记分册，并归入本人档案。

第十条　考核分为考试和考查两种。成绩的评定，采用百分制或五级制（优秀、良好、中等、及格、不及格）记分。

实行学分制的学校，学生按照教学计划规定学完某门课程，成绩及格，即获得该门课程的学分。

第十一条　公共体育课为必修课，不及格者应重修。体育课的成绩要与考勤以课内教学和课外锻炼活动进行综合评定。

第十二条　凡擅自缺考或考试作弊者，该课程成绩以零分计，不准正常补考，如确实有悔改表现的，经教务部门批准，在毕业前可给一次补考机会。考试作弊的，应予以纪律处分。

第十三条　学生要按时参加教学计划规定和学校统一安排、组织的一切活动。学生上课、实习、军训等都应实行考勤。不能参加者应事先经过批准。对旷课的学生，根据旷课时数及情节，给予批评教育，直至纪律处分。无矿旷课累计超过某门课程教学时数三分之一者，不得参加本课程的考核，并视其具体情况决定是否给以补考机会。

第十四条 对学生思想品德的考核、鉴定，要以《高等学校学生行为准则》为主要依据，采取个人小结，师生民主评议的形式，写出有关实际表现的评语。对犯有政治思想、道德品质和其它错误的学生，按照有关处分规定处理。

第三节 升级与留、降级

第十五条 学生学完本学年教学计划规定的课程，经考核成绩及格，准予升级。

第十六条 学业成绩特别优秀的学生，如本人申请跳级，进行考核后，经学校批准，允许跳级。

第十七条 学生考核不及格的课程，按学校的规定补考。一学期或连续两学期累计有三门课程或两门主要课程不及格者，应予留、降级。一年级学生第一学期不及格课程达到留、降级规定时，可跟班试读，准予第一学年结束时再补考一次。补考后视全学年成绩决定升级或留级。

公共体育课不及格，不计入留、降级课程门数。

第十八条 实行学分制的学校，学生所修课程未达到规定学分数的，可编入下一年级。

第十九条 本科学生在校学习期间留、降级不得连续两次，累计不得超过两次；专科学生在校学习期间只能留、降级一次。

第四节 转系（专业）与转学

第二十条 学生有下列情况之一者，可允许转系（专业）、转学：

（一）学生确有专长，转系（专业）、转学更能发挥其专长者；

（二）学生入学后发现某种疾病或生理缺陷，经学校指定的医疗单位检查证明，不能在原系（专业）学习，但尚能在本校或其他高等学校别的系（专业）学习者；

（三）经学校认可，学生确有某种特殊困难，不转系（专业）或不转学则无法继续学习者。

根据毕业生分配制度的改革和社会对人才需求情况的发展变化，必要时学校可以适当调整部分学生的专业、系。

第二十一条 学生转系（专业）、转学均由本人向所在系申请。转系（专业）、转学的手续，按下列办法办理：

（一）学生在本校范围内转系（专业），由系主任提出，所在系（专业）推荐，拟转入系（专业）审核同意，由学校教务部门审批；

（二）转入其它学校者，经两校同意，还须由学校所在省（自治区、直辖市）主管高教部门批准（跨省者须两地主管高教部门批准）。并由转入省（自治区、直辖市）抄送转入校所在地区公安、粮油部门。

学生转系（专业）、转学的手续，应在每学年开学前办理。

第二十二条 有下列情况之一者，不予考虑转系（专业）、转学：

（一）新生入学未满一学期者；

（二）由一般院校转入重点院校者；

（三）由专科转入本科者；

（四）本科三年级（含三年级）以上或专科二年级（含二年级）以上者；

（五）师范院校（学校认为不宜学师范者除外）转入其他院校者；

（六）自费转为公费者；

（七）无正当理由者。

第五节　休学、停学与复学

第二十三条 学生有下列情况之一者，应予休学：

（一）因病经指定医院诊断，须停课治疗、休养占一学期总学时三分之一以上者；

（二）根据考勤，一学期请假、缺课超过该学期总学时三分之一者；

（三）因某种特殊原因，本人申请或学校认为必须休学者。

第二十四条 学生休学一般以一年为期（因病经学校批准，可连续休学两年），累计不得超过两年。

第二十五条 休学学生的有关问题，按照下列规定办理：

（一）休学学生，原来享受专业奖学金、定向奖学金的按最低等级发放；特殊专业的伙食补助停发。实行贷学金的院校，休学学生不享受贷学金。

（二）因病休学的学生，应回家疗养。病休期间享受公费医疗一年，连续病休第二年停止公费医疗，医疗费用自理。享受公费医疗期间，应在当地公立医院就诊，凭医院正式单据向学校报销。

（三）学生休学回家，往返路费自理。

（四）休学学生的户口不迁出学校。

第二十六条 学生因特殊困难等原因须中途停学，但又不符合休学条件，经本人申请，学校批准，可保留学籍一年。保留学籍期满不办理复学手续者，取消学籍。保留学籍的学生不享受在校生和休学生待遇。

第二十七条　学生复学按下列规定办理：

（一）因伤病休学的学生，申请复学时必须由县级以上医院诊断，证明恢复健康，并经学校复查合格，方可复学。

（二）学生休学期满，应于学期开学前持有关证件，向学校申请复学。

（三）休学期间，如有严重违法乱纪行为者，应取消复学资格。

第二十八条　学生在保留入学资格、保留学籍、休学期间，不得报考其他学校。

<h3 style="text-align:center">第六节　退　学</h3>

第二十九条　学生有下列情形之一者，应予退学：

（一）一学期或连同以前各学期考试成绩不及格课程有三门主要课程或四门（含四门）以上课程不及格者；

（二）实行学分制的学校，不及格课程学分达到退学规定学分数者；

（三）连续留、降级或留、降级累计超过两次者；

（四）不论何种原因，在校学习时间超过其学制两年者；

（五）休学期满不办理复学手续者；

（六）复学经复查不合格不准复学者；

（七）经学校动员，因病该休学而不休学，且在一学年内缺课超过该学年总学时三分之一者；

（八）经过指定医院确诊，患有精神病、癫痫等疾病者；

（九）意外伤残不能再坚持学习者；

（十）本人申请退学，经说服教育无效者。

按本条规定处理的学生，对学生不是一种处分。

第三十条　在校学习期间擅自结婚而未办理退学手续的学生，作退学处理。

第三十一条　退学学生，由学校审批。

第三十二条　学生退学的善后问题，按下列规定办理：

（一）退学和因各种原因处理离校的学生，回家长或抚养人所在地落户。入学前是在职职工的，参加工作后的工龄与入学前的工龄合并计算。

（二）经诊断为精神病等不符合体检标准之疾病（包括意外致残）者，由家长或抚养人负责领回。

（三）退学学生发给退学证明，并根据学习年限发给肄业证书（至少学满一年）。未经学校批准，擅自离校的学生不发给肄业证书和退学证明。

第三十三条　取消学籍或退学的学生，均不得申请复学。

第七节　毕　业

第三十四条　学生毕业时作全面鉴定，其内容包括德、智、体三方面。包括政治态度、思想意识、道德品质以及学习、劳动和健康状况等方面。

第三十五条　具有学籍的学生，德、体合格，学完或提前学完教学计划规定的全部课程，考核及格或修满规定的学分，准予毕业，发给毕业证书。本科生按照《中华人民共和国学位条例》规定的条件授予学士学位。

第三十六条　公共体育课不及格者，不准毕业，作结业处理，发给结业证书。

第三十七条　毕业时不及格的课程未达到留级规定或未修满学分者，作结业处理，发给结业证书。结业后按学校的规定补考，及格后换发毕业证书。

第三十八条　无学籍学生不得发给任何形式的毕业证书。

第三章　课外活动

第一节　学生社团

第三十九条　学生社团是本校学生自愿组织的群众性团体。在校学生可以申请加入。

学生成立社团，必须提出社团宗旨、章程、活动内容、形式和负责人的书面申请，报学校批准。

第四十条　学校鼓励和提倡学生社团开展科技、文化、艺术、体育等活动。

第四十一条　学生社团必须服从学校的领导和管理。学生社团在宪法、法律和校纪校规范围内活动，不得从事与本社团宗旨无关的活动。

第四十二条　学生社团邀请校外人员到学校进行社会政治和学术活动，均须经学校同意。

第四十三条　学生社团和个人创办面向校内的刊物，须经学校批准，并接受学校管理。

学生建立跨学校、跨地区的团体和举办面向校外的刊物，须经政府主管部门批准。

学校禁止非法组织活动和出版非法刊物。

第二节　文娱体育

第四十四条　学校提倡和支持学生开展有益于身心健康的文娱体育活动。

学生文娱体育活动不得影响正常的教学秩序和生活秩序。邀请校外文艺团体到校演出，须经学校批准。

第四十五条　学校引导学生养成高尚、健康的审美情趣，树立正确的审美观念，提高识别美丑的能力。严禁传播、复制、观看、贩卖反动、淫秽书刊和声像制品。

第四十六条　学校规定学生参加适当的体育锻炼，鼓励学生参加体育竞赛活动。

第三节　勤工俭学

第四十七条　学校提倡和支持学生开展勤工俭学活动，依法保护学生以诚实劳动和服务获得的收入。

学生勤工俭学活动的主要内容是，与专业学习相结合的科学技术和文化服务；有利于培养劳动观点和自立精神的劳动服务。依照学校和工商行政管理规定，学生可以参加学校组织的各种勤工俭学活动。

第四十八条　学生应树立劳动观念，虚心向工、农、兵学习。学校提倡学生积极参加公益劳动、生产劳动和假期社会实践活动。

第四十九条　除商业和旅游类校（院）系科（专业）可举办实习商店外，学生个人不得从事经商活动。

第四节　社会活动

第五十条　鼓励学生对学校工作提出批评和建议，支持学生参加学校民主管理。学生对国家政务和社会事务的意见和建议，学校应负责向上级组织和有关部门反映。

第五十一条　学生对有关切身利益的问题，应通过正常渠道积极向学校和当地政府反映。

第五十二条　学生举行游行、示威活动，按法律程序的规定进行。

学校有权依法劝阻或制止未经批准的游行、示威等活动。

第五十三条　校园内禁止张贴大、小字报。

第五十四条　任何组织和个人均不得在学校进行宗教活动。

第四章　校园秩序

第五十五条　学生必须遵守校园管理制度，爱护校园公共设施，维护校园正常秩序；讲究文明礼貌，公共卫生；团结同学，关心集体，热爱劳动；创造整洁、优美、安静、安全的学习和生活环境。

第五十六条　出入校门遵守学校门卫制度，主动接受门卫管理。

第五十七条　禁止酗酒、赌博、打架斗殴、聚众喧哗，树立良好的社会道德风尚。

第五十八条 图书馆、阅览室、教室、试验室、宿舍等是学生学习、生活的场所，其设备，是国家财产，学生有责任爱惜和保护，损坏应予赔偿。

第五十九条 学校要健全学生宿舍管理制度，指定职能部门负责管理。学生须遵守宿舍管理制度。

未经学校同意，学生宿舍不得留宿外人，注意人身、财产安全。

第六十条 尊敬师长，尊重教职工人员的劳动，服从管理。

第五章　奖励与处分

第六十一条 对德智体诸方面发展或在思想品德、学业成绩、锻炼身体、课外活动等某一方面表现突出的学生，可分别授予"三好学生"称号或其他单项荣誉称号。

实行精神鼓励和物质奖励相结合、以精神鼓励为主的办法。表扬和奖励的方式有：口头表扬、通报表扬、发给奖状、证书、奖章、奖品或奖学金等。

第六十二条 对犯有错误的学生，学校可视其情节轻重给予批评教育或纪律处分。处分分下列六种：（1）警告；（2）严重警告；（3）记过；（4）留校察看；（5）勒令退学；（6）开除学籍。

留校察看以一年为期。受留校察看处分的学生，一年内有显著进步表现的，可解除留校察看；经教育不改的可勒令退学或开除学籍。

第六十三条 有下列情形之一的学生，学校可酌情给予勒令退学或开除学籍的处分：

（1）有反对四项基本原则的反动言论和行为者；组织和煽动闹事、扰乱社会秩序、破坏安定团结、侮辱和诽谤他人而坚持不改者；

（2）触犯国家刑律，构成刑事犯罪者；

（3）破坏公共财产，偷窃国家、集体、私人财物造成严重损失和危害者；

（4）有偷窃行为而又屡教不改者；酗酒、赌博、打架斗殴，情节严重者；品行极为恶劣，道德败坏者；

（5）违反学校纪律，情节严重者；

（6）一学期旷课超过五十学时（旷课一天，按实际授课时间计）者。

上述学生，经教育后认识错误较好，并有真诚悔改或立功表现者，可酌情减为留校察看的处分。

第六十四条 对犯错误的学生，要热情帮助，严格要求。处理时要持慎重态度，坚持调查研究，实事求是，善于将思想认识问题同政治立场问题相区别，处分要适当。处理结论要同本人见面，允许本人申辩、申诉和保留不同意见。

对本人的申诉,学校有责任进行复查。

第六十五条　对学生作出勒令退学、开除学籍的处分,由学校审批,报省、自治区、直辖市主管高教部门备案。其中因政治问题而作出勒令退学、开除学籍处分的,须报经省、自治区、直辖市党委有关部门同意,由省、自治区、直辖市主管高教部门审批。

勒令退学、开除学籍的学生,其善后问题按照退学学生的有关规定处理。

第六十六条　对学生的鉴定、奖励、处分材料,均归入本人档案,不得撤销。

第六十七条　勒令退学的学生只发给学历证明;开除学籍的不发给学历证明。

第六章　附　则

第六十八条　各省、自治区、直辖市教育行政部门和各高等学校可根据本规定制定实施细则。

第六十九条　本规定由国家教育委员会解释。

第七十条　本规定自1990年1月20日起施行。

普通高等学校学生管理规定（2005年）

第五条　学生在校期间依法享有下列权利:

(一)参加学校教育教学计划安排的各项活动,使用学校提供的教育教学资源;

(二)参加社会服务、勤工助学,在校内组织、参加学生团体及文娱体育等活动;

(三)申请奖学金、助学金及助学贷款;

(四)在思想品德、学业成绩等方面获得公正评价,完成学校规定学业后获得相应的学历证书、学位证书;

(五)对学校给予的处分或者处理有异议,向学校或者教育行政部门提出申诉;对学校、教职员工侵犯其人身权、财产权等合法权益,提出申诉或者依法提起诉讼;

(六)法律、法规规定的其他权利。

第六条　学生在校期间依法履行下列义务:

(一)遵守宪法、法律、法规;

（二）遵守学校管理制度；

（三）努力学习，完成规定学业；

（四）按规定缴纳学费及有关费用，履行获得贷学金及助学金的相应义务；

（五）遵守学生行为规范，尊敬师长，养成良好的思想品德和行为习惯；

（六）法律、法规规定的其他义务。

第十一条 学生应当参加学校教育教学计划规定的课程和各种教育教学环节（以下统称课程）的考核，考核成绩记入成绩册，并归入本人档案。

第十六条 学生严重违反考核纪律或者作弊的，该课程考核成绩记为无效，并由学校视其违纪或者作弊情节，给予批评教育和相应的纪律处分。给予留校察看及以下处分的，经教育表现较好，在毕业前对该课程可以给予补考或者重修机会。

第二十七条 学生有下列情形之一，应予退学：

（一）学业成绩未达到学校要求或者在学校规定年限内（含休学）未完成学业的；

（二）休学期满，在学校规定期限内未提出复学申请或者申请复学经复查不合格的；

（三）经学校指定医院诊断，患有疾病或者意外伤残无法继续在校学习的；

（四）未请假离校连续两周未参加学校规定的教学活动的；

（五）超过学校规定期限未注册而又无正当事由的；

（六）本人申请退学的。

第二十八条 对学生的退学处理，由校长会议研究决定。

对退学的学生，由学校出具退学决定书并送交本人，同时报学校所在地省级教育行政部门备案。

第二十九条 退学的本专科学生，按学校规定期限办理退学手续离校，档案、户口退回其家庭户籍所在地。

退学的研究生，按已有毕业学历和就业政策可以就业的，由学校报所在地省级毕业生就业部门办理相关手续；在学校规定期限内没有聘用单位的，档案、户口退回其家庭户籍所在地。

第三十条 学生对退学处理有异议的，参照本规定第六十一条、第六十二条、第六十三条、第六十四条办理。

第六十条 学校应当成立学生申诉处理委员会，受理学生对取消入学资格、退学处理或者违规、违纪处分的申诉。

学生申诉处理委员会应当由学校负责人、职能部门负责人、教师代表、学生代表组成。

第六十一条　学生对处分决定有异议的，在接到学校处分决定书之日起 5 个工作日内，可以向学校学生申诉处理委员会提出书面申诉。

第六十二条　学生申诉处理委员会对学生提出的申诉进行复查，并在接到书面申诉之日起 15 个工作日内，作出复查结论并告知申诉人。需要改变原处分决定的，由学生申诉处理委员会提交学校重新研究决定。

第六十三条　学生对复查决定有异议的，在接到学校复查决定书之日起 15 个工作日内，可以向学校所在地省级教育行政部门提出书面申诉。

省级教育行政部门在接到学生书面申诉之日起 30 个工作日内，对申诉人的问题给予处理并答复。

第六十四条　从处分决定或者复查决定送交之日起，学生在申诉期内未提出申诉的，学校或者省级教育行政部门不再受理其提出的申诉。

第六十五条　被开除学籍的学生，由学校发给学习证明。学生按学校规定期限离校，档案、户口退回其家庭户籍所在地。

普通高等学校学生管理规定（2017 年修订）（教育部令第 41 号）

第一章　总　　则

第一条　为规范普通高等学校学生管理行为，维护普通高等学校正常的教育教学秩序和生活秩序，保障学生合法权益，培养德、智、体、美等方面全面发展的社会主义建设者和接班人，依据教育法、高等教育法以及有关法律、法规，制定本规定。

第二条　本规定适用于普通高等学校、承担研究生教育任务的科学研究机构（以下称学校）对接受普通高等学历教育的研究生和本科、专科（高职）学生（以下称学生）的管理。

第三条　学校要坚持社会主义办学方向，坚持马克思主义的指导地位，全面贯彻国家教育方针；要坚持以立德树人为根本，以理想信念教育为核心，培育和践行社会主义核心价值观，弘扬中华优秀传统文化和革命文化、社会主义先进文化，培养学生的社会责任感、创新精神和实践能力；要坚持依法治校，科学管理，健全和完善管理制度，规范管理行为，将管理与育人相结合，不断提高管理和服务水平。

第四条　学生应当拥护中国共产党领导，努力学习马克思列宁主义、毛泽东思想、中国特色社会主义理论体系，深入学习习近平总书记系列重要讲话精神和治国理政新理念新思想新战略，坚定中国特色社会主义道路自信、理论自信、制度自信、文化自信，树立中国特色社会主义共同理想；应当树立爱国主义思想，具有团结统一、爱好和平、勤劳勇敢、自强不息的精神；应当增强法治观念，遵守宪法、法律、法规，遵守公民道德规范，遵守学校管理制度，具有良好的道德品质和行为习惯；应当刻苦学习，勇于探索，积极实践，努力掌握现代科学文化知识和专业技能；应当积极锻炼身体，增进身心健康，提高个人修养，培养审美情趣。

第五条 实施学生管理，应当尊重和保护学生的合法权利，教育和引导学生承担应尽的义务与责任，鼓励和支持学生实行自我管理、自我服务、自我教育、自我监督。

第二章 学生的权利与义务

第六条 学生在校期间依法享有下列权利：

（一）参加学校教育教学计划安排的各项活动，使用学校提供的教育教学资源；

（二）参加社会实践、志愿服务、勤工助学、文娱体育及科技文化创新等活动，获得就业创业指导和服务；

（三）申请奖学金、助学金及助学贷款；

（四）在思想品德、学业成绩等方面获得科学、公正评价，完成学校规定学业后获得相应的学历证书、学位证书；

（五）在校内组织、参加学生团体，以适当方式参与学校管理，对学校与学生权益相关事务享有知情权、参与权、表达权和监督权；

（六）对学校给予的处理或者处分有异议，向学校、教育行政部门提出申诉，对学校、教职员工侵犯其人身权、财产权等合法权益的行为，提出申诉或者依法提起诉讼；

（七）法律、法规及学校章程规定的其他权利。

第七条 学生在校期间依法履行下列义务：

（一）遵守宪法和法律、法规；

（二）遵守学校章程和规章制度；

（三）恪守学术道德，完成规定学业；

（四）按规定缴纳学费及有关费用，履行获得贷学金及助学金的相应义务；

（五）遵守学生行为规范，尊敬师长，养成良好的思想品德和行为习惯；

（六）法律、法规及学校章程规定的其他义务。

第三章 学籍管理

第一节 入学与注册

第八条 按国家招生规定录取的新生，持录取通知书，按学校有关要求和规定的期限到校办理入学手续。因故不能按期入学的，应当向学校请假。未请假或者请假逾期的，除因不可抗力等正当事由以外，视为放弃入学资格。

第九条 学校应当在报到时对新生入学资格进行初步审查，审查合格的办理入学手续，予以注册学籍；审查发现新生的录取通知、考生信息等证明材料，与本人实际情况不符，或者有其他违反国家招生考试规定情形的，取消入学资格。

第十条 新生可以申请保留入学资格。保留入学资格期间不具有学籍。保留入学资格的条件、期限等由学校规定。

新生保留入学资格期满前应向学校申请入学，经学校审查合格后，办理入学手续。审查不合格的，取消入学资格；逾期不办理入学手续且未有因不可抗力延迟等正当理由的，视为放弃入学资格。

第十一条 学生入学后，学校应当在 3 个月内按照国家招生规定进行复查。复查内容主要包括以下方面：

（一）录取手续及程序等是否合乎国家招生规定；

（二）所获得的录取资格是否真实、合乎相关规定；

（三）本人及身份证明与录取通知、考生档案等是否一致；

（四）身心健康状况是否符合报考专业或者专业类别体检要求，能否保证在校正常学习、生活；

（五）艺术、体育等特殊类型录取学生的专业水平是否符合录取要求。

复查中发现学生存在弄虚作假、徇私舞弊等情形的，确定为复查不合格，应当取消学籍；情节严重的，学校应当移交有关部门调查处理。

复查中发现学生身心状况不适宜在校学习，经学校指定的二级甲等以上医院诊断，需要在家休养的，可以按照第十条的规定保留入学资格。

复查的程序和办法，由学校规定。

第十二条 每学期开学时，学生应当按学校规定办理注册手续。不能如期注册的，应当履行暂缓注册手续。未按学校规定缴纳学费或者有其他不符合注册条件的，不予注册。

家庭经济困难的学生可以申请助学贷款或者其他形式资助，办理有关手续后注册。

学校应当按照国家有关规定为家庭经济困难学生提供教育救助，完善学生资助体系，保证学生不因家庭经济困难而放弃学业。

第二节　考核与成绩记载

第十三条　学生应当参加学校教育教学计划规定的课程和各种教育教学环节（以下统称课程）的考核，考核成绩记入成绩册，并归入学籍档案。

考核分为考试和考查两种。考核和成绩评定方式，以及考核不合格的课程是否重修或者补考，由学校规定。

第十四条　学生思想品德的考核、鉴定，以本规定第四条为主要依据，采取个人小结、师生民主评议等形式进行。

学生体育成绩评定要突出过程管理，可以根据考勤、课内教学、课外锻炼活动和体质健康等情况综合评定。

第十五条　学生每学期或者每学年所修课程或者应修学分数以及升级、跳级、留级、降级等要求，由学校规定。

第十六条　学生根据学校有关规定，可以申请辅修校内其他专业或者选修其他专业课程；可以申请跨校辅修专业或者修读课程，参加学校认可的开放式网络课程学习。学生修读的课程成绩（学分），学校审核同意后，予以承认。

第十七条　学生参加创新创业、社会实践等活动以及发表论文、获得专利授权等与专业学习、学业要求相关的经历、成果，可以折算为学分，计入学业成绩。具体办法由学校规定。

学校应当鼓励、支持和指导学生参加社会实践、创新创业活动，可以建立创新创业档案、设置创新创业学分。

第十八条　学校应当健全学生学业成绩和学籍档案管理制度，真实、完整地记载、出具学生学业成绩，对通过补考、重修获得的成绩，应当予以标注。

学生严重违反考核纪律或者作弊的，该课程考核成绩记为无效，并应视其违纪或者作弊情节，给予相应的纪律处分。给予警告、严重警告、记过及留校察看处分的，经教育表现较好，可以对该课程给予补考或者重修机会。

学生因退学等情况中止学业，其在校学习期间所修课程及已获得学分，应当予以记录。学生重新参加入学考试、符合录取条件，再次入学的，其已获得学分，经录取学校认定，可以予以承认。具体办法由学校规定。

第十九条　学生应当按时参加教育教学计划规定的活动。不能按时参加的，应当事先请假并获得批准。无故缺席的，根据学校有关规定给予批评教育，情节严重的，给予相应的纪律处分。

第二十条　学校应当开展学生诚信教育，以适当方式记录学生学业、学术、品行等方面的诚信信息，建立对失信行为的约束和惩戒机制；对有严重失信行为的，可以规定给予相应的纪律处分，对违背学术诚信的，可以对其获得学位及学术称号、荣誉等作出限制。

第三节　转专业与转学

第二十一条　学生在学习期间对其他专业有兴趣和专长的，可以申请转专业；以特殊招生形式录取的学生，国家有相关规定或者录取前与学校有明确约定的，不得转专业。

学校应当制定学生转专业的具体办法，建立公平、公正的标准和程序，健全公示制度。学校根据社会对人才需求情况的发展变化，需要适当调整专业的，应当允许在读学生转到其他相关专业就读。

休学创业或退役后复学的学生，因自身情况需要转专业的，学校应当优先考虑。

第二十二条　学生一般应当在被录取学校完成学业。因患病或者有特殊困难、特别需要，无法继续在本校学习或者不适应本校学习要求的，可以申请转学。有下列情形之一，不得转学：

（一）入学未满一学期或者毕业前一年的；

（二）高考成绩低于拟转入学校相关专业同一生源地相应年份录取成绩的；

（三）由低学历层次转为高学历层次的；

（四）以定向就业招生录取的；

（五）研究生拟转入学校、专业的录取控制标准高于其所在学校、专业的；

（六）无正当转学理由的。

学生因学校培养条件改变等非本人原因需要转学的，学校应当出具证明，由所在地省级教育行政部门协调转学到同层次学校。

第二十三条　学生转学由学生本人提出申请，说明理由，经所在学校和拟转入学校同意，由转入学校负责审核转学条件及相关证明，认为符合本校培养要求且学校有培养能力的，经学校校长办公会或者专题会议研究决定，可以转入。研究生转学还应当经拟转入专业导师同意。

跨省转学的，由转出地省级教育行政部门商转入地省级教育行政部门，按转学条件确认后办理转学手续。须转户口的由转入地省级教育行政部门将有关文件抄送转入学校所在地的公安机关。

第二十四条　学校应当按照国家有关规定，建立健全学生转学的具体办法；对转学情况应当及时进行公示，并在转学完成后 3 个月内，由转入学校报所在地省级教育行政部门备案。

省级教育行政部门应当加强对区域内学校转学行为的监督和管理，及时纠正违规转学行为。

第四节　休学与复学

第二十五条　学生可以分阶段完成学业，除另有规定外，应当在学校规定的最长学习年限（含休学和保留学籍）内完成学业。

学生申请休学或者学校认为应当休学的，经学校批准，可以休学。休学次数和期限由学校规定。

第二十六条　学校可以根据情况建立并实行灵活的学习制度。对休学创业的学生，可以单独规定最长学习年限，并简化休学批准程序。

第二十七条　新生和在校学生应征参加中国人民解放军（含中国人民武装警察部队），学校应当保留其入学资格或者学籍至退役后 2 年。

学生参加学校组织的跨校联合培养项目，在联合培养学校学习期间，学校同时为其保留学籍。

学生保留学籍期间，与其实际所在的部队、学校等组织建立管理关系。

第二十八条　休学学生应当办理手续离校。学生休学期间，学校应为其保留学籍，但不享受在校学习学生待遇。因病休学学生的医疗费按国家及当地的有关规定处理。

第二十九条　学生休学期满前应当在学校规定的期限内提出复学申请，经学校复查合格，方可复学。

第五节　退　学

第三十条　学生有下列情形之一，学校可予退学处理：

（一）学业成绩未达到学校要求或者在学校规定的学习年限内未完成学业的；

（二）休学、保留学籍期满，在学校规定期限内未提出复学申请或者申请复学经复查不合格的；

（三）根据学校指定医院诊断，患有疾病或者意外伤残不能继续在校学习的；

（四）未经批准连续两周未参加学校规定的教学活动的；

（五）超过学校规定期限未注册而又未履行暂缓注册手续的；

（六）学校规定的不能完成学业、应予退学的其他情形。

学生本人申请退学的，经学校审核同意后，办理退学手续。

第三十一条　退学学生，应当按学校规定期限办理退学手续离校。退学的研究生，按已有毕业学历和就业政策可以就业的，由学校报所在地省级毕业生就业部门办理相关手续；在学校规定期限内没有聘用单位的，应当办理退学手续离校。

退学学生的档案由学校退回其家庭所在地，户口应当按照国家相关规定迁回原户籍地或者家庭户籍所在地。

第六节　毕业与结业

第三十二条　学生在学校规定学习年限内，修完教育教学计划规定内容，成绩合格，达到学校毕业要求的，学校应当准予毕业，并在学生离校前发给毕业证书。

符合学位授予条件的，学位授予单位应当颁发学位证书。

学生提前完成教育教学计划规定内容，获得毕业所要求的学分，可以申请提前毕业。学生提前毕业的条件，由学校规定。

第三十三条　学生在学校规定学习年限内，修完教育教学计划规定内容，但未达到学校毕业要求的，学校可以准予结业，发给结业证书。

结业后是否可以补考、重修或者补作毕业设计、论文、答辩，以及是否颁发毕业证书、学位证书，由学校规定。合格后颁发的毕业证书、学位证书，毕业时间、获得学位时间按发证日期填写。

对退学学生，学校应当发给肄业证书或者写实性学习证明。

第七节　学业证书管理

第三十四条　学校应当严格按照招生时确定的办学类型和学习形式，以及学生招生录取时填报的个人信息，填写、颁发学历证书、学位证书及其他学业证书。

学生在校期间变更姓名、出生日期等证书需填写的个人信息的，应当有合理、充分的理由，并提供有法定效力的相应证明文件。学校进行审查，需要学生生源地省级教育行政部门及有关部门协助核查的，有关部门应当予以配合。

第三十五条　学校应当执行高等教育学籍学历电子注册管理制度，完善学籍学历信息管理办法，按相关规定及时完成学生学籍学历电子注册。

第三十六条　对完成本专业学业同时辅修其他专业并达到该专业辅修要求的学生，由学校发给辅修专业证书。

第三十七条　对违反国家招生规定取得入学资格或者学籍的，学校应当取消其学籍，不得发给学历证书、学位证书；已发的学历证书、学位证书，学校应当依法予以撤销。对以作弊、剽窃、抄袭等学术不端行为或者其他不正当手段获得学历证书、学位证书的，学校应当依法予以撤销。

被撤销的学历证书、学位证书已注册的，学校应当予以注销并报教育行政部门宣布无效。

第三十八条 学历证书和学位证书遗失或者损坏，经本人申请，学校核实后应当出具相应的证明书。证明书与原证书具有同等效力。

第四章　校园秩序与课外活动

第三十九条 学校、学生应当共同维护校园正常秩序，保障学校环境安全、稳定，保障学生的正常学习和生活。

第四十条 学校应当建立和完善学生参与管理的组织形式，支持和保障学生依法、依章程参与学校管理。

第四十一条 学生应当自觉遵守公民道德规范，自觉遵守学校管理制度，创造和维护文明、整洁、优美、安全的学习和生活环境，树立安全风险防范和自我保护意识，保障自身合法权益。

第四十二条 学生不得有酗酒、打架斗殴、赌博、吸毒，传播、复制、贩卖非法书刊和音像制品等违法行为；不得参与非法传销和进行邪教、封建迷信活动；不得从事或者参与有损大学生形象、有悖社会公序良俗的活动。

学校发现学生在校内有违法行为或者严重精神疾病可能对他人造成伤害的，可以依法采取或者协助有关部门采取必要措施。

第四十三条 学校应当坚持教育与宗教相分离原则。任何组织和个人不得在学校进行宗教活动。

第四十四条 学校应当建立健全学生代表大会制度，为学生会、研究生会等开展活动提供必要条件，支持其在学生管理中发挥作用。

学生可以在校内成立、参加学生团体。学生成立团体，应当按学校有关规定提出书面申请，报学校批准并施行登记和年检制度。

学生团体应当在宪法、法律、法规和学校管理制度范围内活动，接受学校的领导和管理。学生团体邀请校外组织、人员到校举办讲座等活动，需经学校批准。

第四十五条 学校提倡并支持学生及学生团体开展有益于身心健康、成长成才的学术、科技、艺术、文娱、体育等活动。

学生进行课外活动不得影响学校正常的教育教学秩序和生活秩序。

学生参加勤工助学活动应当遵守法律、法规以及学校、用工单位的管理制度，履行勤工助学活动的有关协议。

第四十六条 学生举行大型集会、游行、示威等活动，应当按法律程序和有关规定获得批准。对未获批准的，学校应当依法劝阻或者制止。

第四十七条　学生应当遵守国家和学校关于网络使用的有关规定，不得登录非法网站和传播非法文字、音频、视频资料等，不得编造或者传播虚假、有害信息；不得攻击、侵入他人计算机和移动通讯网络系统。

第四十八条　学校应当建立健全学生住宿管理制度。学生应当遵守学校关于学生住宿管理的规定。鼓励和支持学生通过制定公约，实施自我管理。

第五章　奖励与处分

第四十九条　学校、省（区、市）和国家有关部门应当对在德、智、体、美等方面全面发展或者在思想品德、学业成绩、科技创造、体育竞赛、文艺活动、志愿服务及社会实践等方面表现突出的学生，给予表彰和奖励。

第五十条　对学生的表彰和奖励可以采取授予"三好学生"称号或者其他荣誉称号、颁发奖学金等多种形式，给予相应的精神鼓励或者物质奖励。

学校对学生予以表彰和奖励，以及确定推荐免试研究生、国家奖学金、公派出国留学人选等赋予学生利益的行为，应当建立公开、公平、公正的程序和规定，建立和完善相应的选拔、公示等制度。

第五十一条　对有违反法律法规、本规定以及学校纪律行为的学生，学校应当给予批评教育，并可视情节轻重，给予如下纪律处分：

（一）警告；

（二）严重警告；

（三）记过；

（四）留校察看；

（五）开除学籍。

第五十二条　学生有下列情形之一，学校可以给予开除学籍处分：

（一）违反宪法，反对四项基本原则、破坏安定团结、扰乱社会秩序的；

（二）触犯国家法律，构成刑事犯罪的；

（三）受到治安管理处罚，情节严重、性质恶劣的；

（四）代替他人或者让他人代替自己参加考试、组织作弊、使用通讯设备或其他器材作弊、向他人出售考试试题或答案牟取利益，以及其他严重作弊或扰乱考试秩序行为的；

（五）学位论文、公开发表的研究成果存在抄袭、篡改、伪造等学术不端行为，情节严重的，或者代写论文、买卖论文的；

（六）违反本规定和学校规定，严重影响学校教育教学秩序、生活秩序以及公共场所管理秩序的；

（七）侵害其他个人、组织合法权益，造成严重后果的；

（八）屡次违反学校规定受到纪律处分，经教育不改的。

第五十三条 学校对学生作出处分，应当出具处分决定书。处分决定书应当包括下列内容：

（一）学生的基本信息；

（二）作出处分的事实和证据；

（三）处分的种类、依据、期限；

（四）申诉的途径和期限；

（五）其他必要内容。

第五十四条 学校给予学生处分，应当坚持教育与惩戒相结合，与学生违法、违纪行为的性质和过错的严重程度相适应。学校对学生的处分，应当做到证据充分、依据明确、定性准确、程序正当、处分适当。

第五十五条 在对学生作出处分或者其他不利决定之前，学校应当告知学生作出决定的事实、理由及依据，并告知学生享有陈述和申辩的权利，听取学生的陈述和申辩。

处理、处分决定以及处分告知书等，应当直接送达学生本人，学生拒绝签收的，可以以留置方式送达；已离校的，可以采取邮寄方式送达；难于联系的，可以利用学校网站、新闻媒体等以公告方式送达。

第五十六条 对学生作出取消入学资格、取消学籍、退学、开除学籍或者其他涉及学生重大利益的处理或者处分决定的，应当提交校长办公会或者校长授权的专门会议研究决定，并应当事先进行合法性审查。

第五十七条 除开除学籍处分以外，给予学生处分一般应当设置 6 到 12 个月期限，到期按学校规定程序予以解除。解除处分后，学生获得表彰、奖励及其他权益，不再受原处分的影响。

第五十八条 对学生的奖励、处理、处分及解除处分材料，学校应当真实完整地归入学校文书档案和本人档案。

被开除学籍的学生，由学校发给学习证明。学生按学校规定期限离校，档案由学校退回其家庭所在地，户口应当按照国家相关规定迁回原户籍地或者家庭户籍所在地。

第六章　学生申诉

第五十九条 学校应当成立学生申诉处理委员会，负责受理学生对处理或者处分决定不服提起的申诉。

学生申诉处理委员会应当由学校相关负责人、职能部门负责人、教师代表、学生代表、负责法律事务的相关机构负责人等组成，可以聘请校外法律、教育等方面专家参加。

学校应当制定学生申诉的具体办法，健全学生申诉处理委员会的组成与工作规则，提供必要条件，保证其能够客观、公正地履行职责。

第六十条　学生对学校的处理或者处分决定有异议的，可以在接到学校处理或者处分决定书之日起 10 日内，向学校学生申诉处理委员会提出书面申诉。

第六十一条　学生申诉处理委员会对学生提出的申诉进行复查，并在接到书面申诉之日起 15 日内作出复查结论并告知申诉人。情况复杂不能在规定限期内作出结论的，经学校负责人批准，可延长 15 日。学生申诉处理委员会认为必要的，可以建议学校暂缓执行有关决定。

学生申诉处理委员会经复查，认为做出处理或者处分的事实、依据、程序等存在不当，可以作出建议撤销或变更的复查意见，要求相关职能部门予以研究，重新提交校长办公会或者专门会议作出决定。

第六十二条　学生对复查决定有异议的，在接到学校复查决定书之日起 15 日内，可以向学校所在地省级教育行政部门提出书面申诉。

省级教育行政部门应当在接到学生书面申诉之日起 30 个工作日内，对申诉人的问题给予处理并作出决定。

第六十三条　省级教育行政部门在处理因对学校处理或者处分决定不服提起的学生申诉时，应当听取学生和学校的意见，并可根据需要进行必要的调查。根据审查结论，区别不同情况，分别作出下列处理：

（一）事实清楚、依据明确、定性准确、程序正当、处分适当的，予以维持；

（二）认定事实不存在，或者学校超越职权、违反上位法规定作出决定的，责令学校予以撤销；

（三）认定事实清楚，但认定情节有误、定性不准确，或者适用依据有错误的，责令学校变更或者重新作出决定；

（四）认定事实不清、证据不足，或者违反本规定以及学校规定的程序和权限的，责令学校重新作出决定。

第六十四条　自处理、处分或者复查决定书送达之日起，学生在申诉期内未提出申诉的视为放弃申诉，学校或者省级教育行政部门不再受理其提出的申诉。

处理、处分或者复查决定书未告知学生申诉期限的，申诉期限自学生知道或者应当知道处理或者处分决定之日起计算，但最长不得超过 6 个月。

第六十五条 学生认为学校及其工作人员违反本规定，侵害其合法权益的；或者学校制定的规章制度与法律法规和本规定抵触的，可以向学校所在地省级教育行政部门投诉。

教育主管部门在实施监督或者处理申诉、投诉过程中，发现学校及其工作人员有违反法律、法规及本规定的行为或者未按照本规定履行相应义务的，或者学校自行制定的相关管理制度、规定，侵害学生合法权益的，应当责令改正；发现存在违法违纪的，应当及时进行调查处理或者移送有关部门，依据有关法律和相关规定，追究有关责任人的责任。

第七章 附 则

第六十六条 学校对接受高等学历继续教育的学生、港澳台侨学生、留学生的管理，参照本规定执行。

第六十七条 学校应当根据本规定制定或修改学校的学生管理规定或者纪律处分规定，报主管教育行政部门备案（中央部委属校同时抄报所在地省级教育行政部门），并及时向学生公布。

省级教育行政部门根据本规定，指导、检查和监督本地区高等学校的学生管理工作。

第六十八条 本规定自 2017 年 9 月 1 日起施行。原《普通高等学校学生管理规定》（教育部令第 21 号）同时废止。其他有关文件规定与本规定不一致的，以本规定为准。

研究生学籍管理规定

（教学〔1995〕4 号）

第一章 总 则

第一条 为了贯彻国家的教育方针，维护正常的教学秩序，加强和完善研究生的学籍管理，促进研究生德、智、体全面发展，保证研究生的培养质量，特制定本规定。

第二条 本规定适用于普通高等学校和科研单位（以下简称培养单位）按照国家招生政策、招生规定录取的接受学历教育的研究生。

第三条 研究生培养单位要紧紧围绕为国家培养高层次专门人才这一任务，不断加强、完善研究生管理工作。要建立健全规章制度，严格管理。要坚持行政管理与思想教育相结合，以教育为主的原则，调动研究生自我管理的积极性。

第四条　研究生要热爱祖国，拥护中国共产党的领导，努力学习马克思主义；遵守宪法、法律和培养单位的规章制度，具有良好的道德品质和文明风尚；勤奋学习，刻苦钻研，努力掌握现代科学文化知识。

第二章　入学与注册

第五条　新生凭录取通知书及其它有关证件，按培养单位规定的日期入学报到。因故不能按时报到者，须经培养单位批准。

第六条　新生报到后，经培养单位按照招生规定复查合格，准予注册者，取得学籍。

第七条　在体检复查中发现患有疾病不能坚持学习者，经县以上医疗单位证明在短期内可治愈的，由培养单位批准可保留入学资格一年，回家或回原单位治疗。

保留入学资格的新生，不享受在校研究生待遇。

保留入学资格的新生，须在下学年开学前向培养单位提出入学申请，经复查合格，方可重新办理入学手续。

第八条　新生有下列情况之一者，取消入学资格：

（一）未经请假或请假逾期超过两周不报到者；

（二）入学复查不合格者；

（三）保留入学资格期满的新生未按规定申请入学，或虽申请入学但经复查不合格者。

第九条　每学期开学时，研究生要按时注册。因故不能如期注册者应请假，否则按旷课处理。

第三章　纪律与考勤

第十条　研究生要按时参加培养计划规定和培养单位统一组织的活动。因故不能参加者，必须请假。未经批准擅自缺席者，按旷课处理。

对旷课者应进行批评教育，情节严重的，要给予纪律处分。

第十一条　研究生必须按培养方案的要求，学习规定的课程。按规定参加所修课程的考试（考查），严格遵守考试纪律。

第十二条　研究生必须按培养方案的要求，参加科学研究、教学实践、社会实践和专门技术训练，遵守论文答辩和实践考核的规定。

第十三条　在学期间不受理研究生请假出国探亲。出国进修、留学等按国家有关规定办理。

第十四条　研究生在学习期间提倡晚婚。对符合国家规定的晚婚年龄而要求结婚者，由培养单位根据实际情况从严掌握。

第四章　休学与复学

第十五条　研究生因病不能坚持学习，经培养单位医院或县级以上医院证明需要休养治疗的可申请休学。

第十六条　休学一般以一学期为限，期满后仍不能复学的，可继续申请休学，但累计不得超过一年。

第十七条　经批准休学的研究生应离开培养单位，回家或回原单位治疗。其往返路费由本人自理。休学期间的医疗费等按培养单位的规定办理。

第十八条　休学期满的研究生，持培养单位指定的县级以上医院健康证明，办理复学手续。经复查合格，准许复学。

第十九条　研究生休学期间违法乱纪情节严重的，取消其复学资格，给予退学或其它相应处理。

第五章　转学与转专业

第二十条　一般不受理研究生转学、转专业，如因所学专业调整，原指导教师变动，本单位无法继续培养，或有其它特殊情况必须转学、转专业的，须经转出和转入培养单位批准。

第二十一条　经批准转学的，一般应在本地区本系统进行。个别无法解决的，可转到外地专业对口的培养单位，接受专业必须符合培养研究生的条件。研究生转学由本人申请，经转出和转入培养单位同意后，报所在省（自治区、直辖市）高教部门审批（跨省者须两地高教部门批准），并由转入省（自治区、直辖市）抄送转入单位所在地公安部门。

第六章　退　学

第二十二条　研究生有下列情形之一者，应予退学：

（一）休学期满不办理复学手续者；

（二）休学期满复学复查不合格者；

（三）硕士生一学期有两门学位课程考试不及格，或一门学位课程考试不及格经补考后仍不及格者；博士生有一门学位课程考试不及格者；

（四）培养单位经过考核认为不宜继续培养者或学位论文工作中，明显表现出科研能力差者；

（五）经过指定医院确诊，患有精神病、癫痫病以及患有其它疾病不能再继续学习者；

（六）意外伤残不能坚持学习者；

（七）本人申请退学，经说服教育无效者。

第二十三条　研究生退学由培养单位发给退学证明。学习满一年及以上、完成培养计划要求且成绩合格者，发给肄业证书；学习不满一年者，发给学习证明。未经批准擅自离校的，作自动退学处理，不发给肄业证书和学习证明。

第二十四条　研究生退学后的善后问题按下列办法处理：

（一）入学前为在职人员的，退回到原单位。

（二）入学前为应届毕业生，因学业成绩不及格退学的，由培养单位负责，原则上在其来源省（入本科学习前的户口所在地。后同。）安排、推荐就业，报培养单位所在省的毕业生调配部门审批，办理派遣手续；

研究生退学后就业按入学前的学历安排、推荐。在培养单位规定时间之内没有接收单位的，退回其来源省。

（三）其它研究生，退回其生源所在地。

第七章　奖励与处分

第二十五条　培养单位要定期对研究生进行德、智、体全面考核，对于品学兼优的研究生应予以奖励和表扬。奖励和表扬采取精神鼓励和物质奖励相结合，以精神鼓励为主的原则。奖励与表扬的形式有：通报表扬，发给奖状、证书、奖章、奖品、奖学金，授予荣誉称号等。

第二十六条　对犯有错误的研究生，培养单位可视其情节轻重给以批评或纪律处分。处分分六种：（1）警告；（2）严重警告；（3）记过；（4）留校察看；（5）勒令退学；（6）开除学籍。

留校察看以一学年为期。受留校察看处分的研究生，在察看期满时确已改正错误，可按期解除察看；在留校察看期间有显著进步表现的，可提前解除察看；经教育不改的，可勒令退学或开除学籍。

第二十七条　研究生有下列情形之一者，培养单位可酌情给予勒令退学或开除学籍的处分：

（一）有反对宪法确定的基本原则的行为者，组织和煽动闹事、扰乱社会秩序，侮辱和诽谤他人而坚持不改者；

（二）触犯国家刑律，构成刑事犯罪者；

（三）破坏公共财产，偷窃他人财物，造成严重损失和危害者；

（四）酗酒、赌博、打架斗殴，情节严重者，品行恶劣，道德败坏者；

（五）考试作弊或剽窃他人研究成果，影响恶劣者；

（六）经查实属靠徇私舞弊考取研究生者；

（七）违反培养单位其它纪律，情节严重者。

第二十八条　对犯错误的研究生，要严格要求，热情帮助。处理时要持慎重态度，坚持调查研究，实事求是。处分要适当。允许本人申辩。

当事人对处分决定不服的，应在15日内向培养单位研究生申诉处理委员会提出申诉，研究生申诉处理委员会应组织有关人员进行复查，在接到申诉请求后的15日内作出申诉处理决定。

研究生申诉处理委员会的组成，由培养单位确定。

第二十九条　对研究生作出勒令退学、开除学籍的处分，由培养单位审批，报上级主管部门及其所在省（自治区、直辖市）高教部门和国家教委备案。其中有特殊情况，须报省（自治区、直辖市）高教部门审批。

第三十条　研究生被勒令退学、开除学籍后回其生源所在地。对勒令退学者发给学习证明，开除学籍者不发给学习证明。

第三十一条　研究生的鉴定、奖励、处分等材料要归入本人档案，不得撤销。

第三十二条　被取消学籍、退学、勒令退学、开除学籍者，不得申请复学。

第八章　毕业与就业

第三十三条　研究生按培养计划的规定，完成课程学习和必修环节，成绩合格，完成毕业（学位）论文并通过答辩，德体合格，准予毕业并发给毕业证书。

第三十四条　研究生提前达到毕业要求的，经培养单位考核批准，可以提前毕业，按国家有关规定就业。

第三十五条　研究生在校学习年限，硕士生一般为二至三年；博士生一般为三年。研究生应在规定的年限内完成学习任务，一般不能延长。因特殊原因未能完成学习任务，经培养单位批准，可适当延长学习年限。

第三十六条　研究生毕业时，培养单位要做好毕业鉴定。鉴定内容包括德、智、体三方面。

第三十七条　研究生通过培养计划规定的学习，德体合格，但毕业（学位）论文未能通过者，准予结业，发给结业证书。

第三十八条　研究生毕业证书和结业证书由国家教委统一印制。肄业证书、学习证明由培养单位印制。

第三十九条 毕业研究生依据国家有关就业规定由国家安排就业或推荐就业；结业研究生由培养单位推荐就业。

第九章 附 则

第四十条 定向、委托培养研究生的学籍管理，除定向、委托合同另有规定外，按本规定执行。

第四十一条 培养单位可根据本规定制定具体实施细则。本规定由国家教育委员会负责解释。

第四十二条 本《规定》自发布之日起施行。

普通高等学校毕业生就业工作暂行规定

（国家教育委员会一九九七年三月二十四日颁发 教学〔1997〕6号）

第二条 普通高等学校毕业生凡取得毕业资格的，在国家就业方针、政策指导下，按有关规定就业。

第三条 毕业生是国家按计划培养的专门人才，各级主管毕业生就业部门、高等学校和用人单位应共同做好毕业生就业工作。

毕业生有执行国家就业方针、政策和根据需要为国家服务的义务。

必要时，国家采取行政手段，安置毕业生就业。

第九条 高等学校的主要职责：

1. 根据国家的就业方针、政策和规定以及学校主管部门的工作意见，制定本学校的工作细则；

2. 负责本校毕业生的资格审查工作，及时向主管部门和地方调配部门报送毕业生资源情况；

3. 收集需求信息，开展毕业生就业供需见面和双向选择活动，负责毕业生的推荐工作；

4. 按照主管部门的要求提出毕业生就业建议计划；

5. 开展毕业教育和就业指导工作；

6. 负责办理毕业生的离校手续；

7. 开展与毕业生就业有关的调查研究工作；

8. 完成主管部门交办的其他工作。

第十二条　毕业生就业工作程序分为就业指导、收集发布信息、供需见面及双向选择、制订就业计划、计划毕业生资格审查、派遣、调整、接收等阶段。

第三十一条　地方主管毕业生调配部门和高等学校按照国家下达的就业计划派遣毕业生。派遣毕业生统一使用《全国普通高等学校毕业生就业派遣报到证》和《全国毕业研究生就业派遣报到证（以下简称《报到证》）》，《报到证》由国家教委授权地方主管毕业生就业调配部门审核签发，特殊情况可由国家教委直接签发。

第三十五条　符合国家规定申请自费留学的毕业生，要学校规定的期限内提出申请并按规定偿还教育培养费，经批准后，学校不再负责其就业。派遣时未获准出境的，学校可将其档案、户粮关系转至家庭所在地自谋职业。

后 记

法官的责任

作为一名法官，传承法治精神，要善于发现问题，勇于挑战；要善于抓住机遇，敢于创先。

年轻时候的我，1983 年进入法院工作，做书记员，自觉还算一名比较优秀的书记员。1984 年国庆节前，我们穿上了新中国第一套法院制服，头顶大盖帽，肩扛法徽，好威武啊！"法官"，是在《法官法》颁布后才有的称谓。以前都称审判员、助审员，助审员是初步具备了一名法官的基本能力后，由本院院长任命，代行审判员职责；助审员在司法程序中被称为"代理审判员"，之后经过人大常务委员会任命后，成为审判员。所以，在裁判文书上合议庭成员的称谓是审判长、审判员，或代理审判员。而"书记员"的称谓一直延用到现在。老百姓不明白"书记员"的含义，都管书记员叫"书记"。1984 年，我在海淀法院最艰苦的山后法庭工作，1988 年，正式开启了法官职业生涯。那个年代，法官很辛苦，亲力亲为，开庭、调查、现场勘验、写判决、打印判决书，甚至还包括案件的最终执行，经过磨砺的法官都是行家里手；那个年代，法院的办案条件非常艰苦，不会骑车就不能在一线办案，下乡就审的马锡武式工作方式是那个年代法院的标志。上山下乡，走村串巷，深入田间地头，甚至有时候还要帮助不识字的当事人写诉状。在艰苦的工作环境中，法官们形成了刻苦钻研业务、善于发现问题、勇于挑战创先的工作理念。

"法律是一门艺术"。对法官而言，这门艺术的关键在于如何根据查明的事实去选择应该适用的法律。在法院要做一个安静会思考的人，秉持"一日不为、三日不安"的责任心，尽职履责，把大事做好，把难事办成，把小事做精心，把急事做稳妥，锲而不舍，驰而不息。1989 年 4 月，我国首次颁布实施《行政诉讼法》，而我从 1990 年 2 月开始就与行政审判事业结下了三十年不解之缘。从一名法官的基础工作开始，到提升，再到升华，我始终保持着对职业的热情和坚守。

"请保持法庭肃静"！

这一幕发生在当庭宣判后，旁听席上三百名旁听群众以鼓掌致意，而我以一贯的严肃宣布："请保持法庭肃静"。此时，掌声再次响起……无疑，这是经典的一幕。有人在互联网上说："恰恰是这最后的一幕，印证了法官对法律本身的信仰和尊重，希望这成为电影的结尾，如果这个审判被拍成电影的话。"

田某案例在 2014 年被确定为指导案例后，封存已久的书稿给了我写作的动力。在我成为一名审判业务专家后，更加下定决心，要对自己三十几年行政审判职业生涯中的实践、学习和思考进行深度总结。我在写作过程中，备受多位前辈和老师们的鼓励，从开始整理这本书稿到完成写作，从材料的收集、研究资料来源、写作框架选定、作品整合，直至最终定型，整个过程凝聚了很多朋友们的关爱和指导，在此一并向他们致以诚挚的谢意。

在本书出版之际，有幸得到于安教授、王敬波教授和梁凤云法官的指教，本书编辑给出了有益指导。陈金涛法官、李露希助理在紧张忙碌的工作之余为这本书仔细校核，加速了本书的出版，在此深表谢意。

这本专著，献给一直陪伴和支持我的家人，唯有如此，才能表达我内心的感激，感谢你们自始至终做我忠实的第一读者。

2023 年 6 月于北京广顺北大街 32 号